高等院校"十四五"规划餐饮类专业新形态一体化系列教材

■ 总主编 ◎杨铭铎

餐厅服务实务

CAN TING FU WU SHI WU

主 编 ◎ 刘 畅 陈 兰

副主编 ◎ 鲍亦璐 谢宗福 刘 宁

参 编 ◎ 陈咏淑 罗建中 张 俊

李铁山 马 瑞 陈梦醒

华中科技大学出版社
http://press.hust.edu.cn
中国·武汉

内容简介

本书分为六个模块,分别为中西方饮食文化与餐饮礼仪、中西餐服务方式与台席设计、中西方宴会服务设计、中国传统节日定制餐厅服务、餐厅信息服务、餐饮产品营销与管理。

本书采用模块化教学设计,通过任务驱动学习,配有大量图片,注重激发学生学习兴趣,培养实践应用能力。旨在为学生提供系统化、实用化的学习资源,以应对餐饮服务行业对现代餐饮服务技能的要求。

本书适合职业院校餐饮类专业学生使用,也可作为餐饮爱好者的参考书。

图书在版编目(CIP)数据

餐厅服务实务 / 刘畅,陈兰主编. -- 武汉:华中科技大学出版社,2025. 1. -- ISBN 978-7-5772-1602-7

Ⅰ. F719.3

中国国家版本馆 CIP 数据核字第 2025QF9621 号

餐厅服务实务
Canting Fuwu Shiwu

刘 畅 陈 兰 主编

策划编辑:汪飒婷
责任编辑:张 寒 袁梦丽
封面设计:廖亚萍
责任校对:刘小雨
责任监印:周治超
出版发行:华中科技大学出版社(中国·武汉)   电话:(027)81321913
　　　　　武汉市东湖新技术开发区华工科技园   邮编:430223
录　　排:华中科技大学惠友文印中心
印　　刷:武汉科源印刷设计有限公司
开　　本:889mm×1194mm　1/16
印　　张:14
字　　数:409 千字
版　　次:2025 年 1 月第 1 版第 1 次印刷
定　　价:58.00 元

网络增值服务

使用说明

欢迎进入华中科技大学出版社图书中心

1 教师使用流程

（1）登录网址：**https://bookcenter.hustp.com**（注册时请选择教师用户）

注册 〉 登录 〉 完善个人信息 〉 等待审核

（2）审核通过后，您可以在网站使用以下功能：

浏览教学资源　　建立课程　　管理学生　　布置作业　　查询学生学习记录等

教师

2 学生使用流程

（建议学生在PC端完成注册、登录、完善个人信息的操作）

（1）PC端操作步骤

① 登录网址：https://bookcenter.hustp.com（注册时请选择普通用户）

注册 〉 完善个人信息 〉 登录

② 查看课程资源：（如有学习码，请在个人中心-学习码验证中先验证，再进行操作）

选择课程

首页课程 〉 课程详情页 〉 查看课程资源

（2）手机端扫码操作步骤

手机扫码 → 登录 → 查看数字资源

注册

加强餐饮教材建设，提高人才培养质量

　　餐饮业是第三产业的重要组成部分，改革开放40多年来，随着人们生活水平的提高，作为传统服务行业，餐饮业在刺激消费、推动经济增长方面发挥了重要作用，在扩大内需、繁荣市场、吸纳就业和提高人们生活质量等方面都做出了积极贡献。就经济贡献而言，2022年，全国餐饮收入43941亿元，占社会消费品零售总额的10.0%。全国餐饮收入增速、限额以上单位餐饮收入增速分别较上一年下降了24.9%、29.4%，较社会消费品零售总额增幅下降了6.1%。2022年餐饮市场经受了新型冠状病毒感染疫情的冲击、国内经济下行等多重考验，充分展现了餐饮经济韧性强、潜力大、活力足等特点，虽面对多种不利因素，但各大餐饮企业仍然通过多种方式积极开展自救，相关政策也支持餐饮业复苏。目前餐饮消费呈现回暖迹象，消费市场已初现曙光。党的二十大指出为全面建设社会主义现代化国家、全面推进中华民族伟大复兴而团结奋斗，作为人民基本需求的饮食生活，餐饮业的发展与否，不仅关系到其能否在扩内需、促消费、稳增长、惠民生方面发挥市场主体的重要作用，而且关系到能否满足人民对美好生活的需求。

　　一个产业的发展离不开人才支撑。科教兴国、人才强国是我国发展的关键战略。餐饮业的发展同样需要科教兴业、人才强业。经过60多年，特别是改革开放后40多年的发展，目前餐饮烹饪教育在办学层次上形成了中等职业学校、高等职业学校、本科（职业本科和职业技术师范本科）、硕士、博士5个办学层次，在办学类型上形成了烹饪职业技术教育、烹饪职业技术师范教育、烹饪学科教育3个办学类型，在办学格局上形成了中等职业学校、高等职业学校、高等师范院校、普通高等学校4个办学格局。

　　我曾经在拙著《烹饪教育研究新论》后记中写道，如果说我在餐饮烹饪领域有所收获的话，有一个坚守（30多年一直坚守在餐饮烹饪教育领域）值得欣慰，有两个选择（一是选择了教师职业，二是选择了餐饮烹饪专业）值得庆幸，有三个平台（学校平台、教育部平台、非政府组织（NGO）——行业协会平台）值得感谢。可以说，"一个坚守，两个选择，三个平台"是我在餐饮烹饪领域有所收获的基础和前提。

　　我从行政岗位退下来后，时间充裕了，就更加关注餐饮烹饪教育，探讨餐饮烹饪教育的内在发展规律，并关注不同层次餐饮烹饪教育的教材建设，特别感谢华中科技大学出版社给了我一个新的平台。在这个平台，一方面我出版了专著《烹饪教育研究新论》，把30多年的教学和科研经验及体会呈现给餐饮烹饪教育界；另一方面我与华中科技大学出版社共同承担了2018年在全国餐饮职业教育教学指导委员会立项的重点课题"基于烹饪专业人才培养目标的中高职课程体系与教材开发研究"（CYHZWZD201810）。该课题以培养目标为切入点，明晰烹饪专业人才的培养规格；以职业技能为结合点，确保烹饪人才与社会职业的有效对接；以课程体系为关键点，通过课程结构与课程标准精准实现培养目标；以教材开发为落脚点，开发教学过程与生产过程对接、中高职衔接的两套烹饪专业课程系列教材。这一课题的创新点在于将研究与编写相结合，中职与高职相同步，学生用教材与教师用参考书相联系。编写出的中职、高职烹饪专业系列教材，解决了烹饪专业理论课程与职业技能课程脱节，专业理论课程设置重复，烹饪技能课程交叉，职业技能倒挂，中职、高职教材内容拉不开差距等问题，是国务院《国家职业教育改革实施方案》完善教育教学相关标准中"持续更新并推进专业目录、专业教学标准、课程标准、顶岗实习标准、实训条件建设标准（仪器设备配备规范）建设和在职业院校落地实施"这一要求在餐饮烹饪职业教育落实的具体举措。《烹饪教育研究新论》和重点课题均获中餐科技进步奖一等奖。基于此，时任中国烹饪协会会长、全国餐饮职业教育教学指导委员会主任委员姜俊贤先生向全国餐饮烹饪院校和餐饮业推荐这两套烹饪专业教材。

进入新时代，我国职业教育受到了国家层面前所未有的高度重视。在习近平总书记关于职业教育的系列重要讲话指引下，国家出台了一系列政策。在国务院《国家职业教育改革实施方案》（简称职教 20 条），中共中央办公厅、国务院办公厅《关于推动现代职业教育高质量发展的意见》（简称职教 22 条），中共中央办公厅、国务院办公厅《关于深化现代职业教育体系建设改革的意见》（简称职教 14 条），以及新的《中华人民共和国职业教育法》颁布后，职业教育出现了大发展的良好局面。

在此背景下，餐饮烹饪职业教育也取得了令人瞩目的进展，2021 年 3 月教育部印发的《职业教育专业目录（2021 年）》及 2022 年 9 月教育部发布的《职业教育专业简介》（2022 年修订），为餐饮类专业提供了基本信息与人才培养核心要素的标准文本，对于落实立德树人的根本任务，规范餐饮烹饪职业院校教育教学、深化育人模式改革、提高人才培养质量等具有重要基础性意义，同时为餐饮烹饪职业教育的发展提供了良好的契机。

新目录、新简介、新教学标准，必然要有配套的新课程、新教材。国家在教学改革方面反复强调"三教"改革。当前，以职业教育教师、教材、教法为主的"三教"改革进入落实攻坚阶段，成为推进职业教育高质量发展的重要抓手。教材建设是其中一个重要的方面，国家对教材建设提出"制定高职教育教材标准""开发教材信息化资源"和"及时动态更新教材内容"三个核心要求。

在新时代、新形势、高标准的前提下，我们启动新教材的开发工作。它包括但不限于新版专业目录下的第一批中、高职教材（2018 年以来）的提档升级，新开设的职业本科烹饪与餐饮管理专业教材的编写，相关省、市、地方特色系列教材以及服务于餐饮业和饮食文化等方面教材的编写。与第一批教材建设相同，第二批教材建设也是作为一个体系来推进的。

一是以平台为依托。教材开发的最终平台是出版机构。华中科技大学出版社（简称"华中出版"）创建于1980年，是教育部直属综合性重点大学出版社，建社40多年来，秉承"超越传统出版，影响未来文化"的发展理念，打造了一支专业化的出版人才队伍和具备现代企业管理能力的职业化管理团队。在教材的出版上拥有丰富的经验，每年出版图书近3000种，服务全国3000多所大中专院校的教材建设。华中科技大学出版社于2018年全方位启动餐饮类专业教材的策划和出版，已有中职、高职高专、本科三个层次的若干种教材问世，并取得了令人瞩目的成绩。目前该社已有餐饮类"十三五"职业教育国家规划教材1种，"十四五"职业教育国家规划教材7种，"十四五"职业教育省级规划教材4种。特别令人欣慰的是，编辑团队已经不再囿于传统方式编写和推销教材，而是从国家宏观层面把握教材，到中观层面研究餐饮教育规律，最后从微观层面使教材得以出版，服务于"三教"改革。

二是以团队为根本。不同层次、不同课程的教材要服务于全国餐饮相关专业，其教材开发者（编著者）应来自全国各地的院校、教学研究机构和行业企业，具有代表性；领衔者应是这一领域有影响力的专家，具有权威性；同时考虑编写队伍专业、职称、年龄、学校、行业企业、研究部门的结构，最终通过教材建设，形成跨地区、跨界的某一领域的编写团队，达到建设学术共同体的目的。

三是以项目为载体。编写工作项目化，教材建设不是就编而编，而是应该将其与科研、教研项目有机结合起来，例如，高职与本科的"烹饪与餐饮管理"专业系列教材就是在哈尔滨商业大学承担的第二批国家级职业教育教师教学创新团队（"烹饪与餐饮管理"专业）与课题研究项目的基础上编写而成的。高职"餐饮智能管理"专业系列教材源于长沙商贸旅游职业技术学院承担的第二批国家级职业教育教师教学创新团队（"餐饮智能管理"专业）和上述哈尔滨商业大学课题研究项目的子课题。还有全国、各省（自治区、直辖市）成立的餐饮烹饪专业联盟、餐饮（烹饪）职教集团、共同体的立项；一些地区在教育行政部门、教育研究部门、行业协会以及学校自身等立项，达到"问题即是课题，课题解决问题"的目的。

四是以成果为目标。从需求导向、问题导向再到成果导向，这是教材开发的原则，教材开发不是孤立的，而是成系列的。在国家政策、方针指引下，国家层面的专业目录、专业简介框架下，形成专业教学标准、具有地方和院校特色的人才培养方案、课程标准、教学模式和方法。形成成果的内容如下：确定了中职、高职高专、本科各层次培养目标与规格；确定了教材中体现人才培养的中职技术技能、高职高专高层次技术技能、本科高素质技术技能三个层次的形式；形成了与教材相适应的项目式、任务式、案例式、行动导向、工作过程系统化、理实一体化、实验调查式、模拟式、导学式等教学模式。成果的形式体现了教材的新形态，如工作手册式、活页式、纸数融合、融媒体，特别是吸收了 VR、AR 等可视化、智能化、数字化技术。这些成果既可以作为课题的一部分，又可以作为论文、研究报告等独立的单项成果，最后都应用到教材中。

五是以共享为机制。在华中科技大学出版社的平台上，以教材开发为抓手，组成全国性的教材开发团队，在项目实施中通过对教育教学开展系列研究，把握具有特色的餐饮烹饪教育规律，形成共享机制，一方面提升教材开发团队每一位参与者的综合素质，加强团队建设；另一方面新形态一体化教材具有科学性、先进性、实用性，应用于教学能大大提高餐饮烹饪人才培养质量。教材开发中所形成的一系列成果能被教材开发者、使用者等所有相关者共享。

党的二十大报告指出，统筹职业教育、高等教育、继续教育协同创新，推进职普融通、产教融合、科教融汇，优化职业教育类型定位。中共中央办公厅、国务院办公厅《关于深化现代职业教育体系建设改革的意见》提出了"一体、两翼、五重点"，"一体"是探索省域现代职业教育建设新模式；"两翼"是打造市域产教联合体，打造行业产教融合共同体；"五重点"包括提升职业学校关键办学能力、加强"双师型"教师队伍建设、建设开放型区域产教融合实践中心、拓宽学生成长成才通道、创新国际交流与合作机制。其中重点提出要打造"四个核心"，即打造职业教育核心课程、核心教材、核心实践项目、核心师资团队。这为我们在餐饮烹饪职业教育上发力指明了方向。

随着经济社会的快速发展，餐饮业必将迎来更加繁荣的时代。为满足日益发展的餐饮业需求，提升餐饮烹饪人才培养质量，我们期待全国餐饮烹饪教育工作者紧密合作，与餐饮企业家、行业专家一起共同推动餐饮业的快速发展。让我们携手，共同推动餐饮烹饪教育和餐饮业的发展，为建设一个富强、民主、文明、和谐、美丽的社会主义现代化强国贡献力量。

杨铭铎

博士，教授，博士生导师
哈尔滨商业大学中式快餐研究发展中心博士后科研基地主任
哈尔滨商业大学原党委副书记、原副校长
全国餐饮职业教育教学指导委员会副主任委员
中国烹饪协会餐饮教育工作委员会主席

　　随着我国餐饮业的迅猛发展,餐饮服务行业对高素质、专业化人才的需求日益迫切。为了满足这一需求,我们编写了《餐厅服务实务》,旨在为学生提供系统化、实用化的学习资源,以应对行业对现代餐饮服务技能的要求。

　　本教材由顺德职业技术学院烹饪学院的刘畅和陈兰老师担任主编;副主编包括顺德职业技术学院烹饪学院的鲍亦璐、谢宗福老师,以及广州白天鹅宾馆的刘宁经理;参编老师包括顺德职业技术学院烹饪学院的陈咏淑老师、设计学院的陈梦醒老师,以及广东碧桂园职业学院的张俊老师、广州铁路职业技术学院的李铁山老师、广东农二商职业技术学院的马瑞老师和广东省调酒与品酒鉴赏协会的罗建中理事。本教材的编写结合了编者团队丰富的教学经验和行业实践经验,以确保教材内容的前沿性和实用性。本教材共分为以下六个模块。

　　1. 中西方饮食文化与餐饮礼仪　探讨中西方饮食文化及主流餐饮礼仪,帮助学生理解不同文化背景下的服务需求。通过掌握中西方主流饮食文化、哲学思想及餐饮礼仪,学生能够更好地适应国际化服务环境。

　　2. 中西餐服务方式与台席设计　涵盖中西餐宴会的服务方式介绍以及台席设计,强调传统与现代服务理念的融合。学生将在实际操作中掌握中西餐宴会服务方式的选择与台席设计、实施的技能。

　　3. 中西方宴会服务设计　包括宴会摆台、侍酒服务及茶饮服务技巧,提升学生在多元化环境中的适应能力。通过学习餐酒搭配艺术和无酒精饮品服务,学生将具备全面的餐厅服务技能。

　　4. 中国传统节日定制餐厅服务　聚焦节日定制服务及菜单设计,培养学生的创新能力和文化敏感性。通过实际案例分析,学生能够设计出符合节日特色的定制化服务方案。

　　5. 餐厅信息服务　介绍智能化技术在餐饮管理中的应用,提高学生对现代科技的运用能力。涵盖从菜品管理到顾客体验优化的一系列智能应用,为学生提供最新的行业趋势信息。

　　6. 餐饮产品营销与管理　从产品营销到顾客反馈,全面提升学生的营销和管理技能。通过学习平台口碑维护及顾客回访等技巧,学生将掌握如何提升顾客满意度和品牌忠诚度。

　　本教材采用模块化教学设计,通过任务驱动学习模式,培养学生自主学习和实践应用的能力。我们希望这本教材不仅能成为学生学习的重要资源,也能为推动餐饮服务行业的发展贡献力量。

　　在此,我们感谢所有支持和帮助过我们的单位和个人。由于编写时间有限,书中可能存在不足之处,恳请各位读者批评指正。

编　者

中西方饮食文化与餐饮礼仪

扫码看课件

模块描述

在全球化的背景下,餐饮业正面临着前所未有的挑战与机遇。随着国际交流的日益频繁,接待来自不同文化背景的宾客已成为餐饮业的常态。随着我国经济的快速发展和国际地位的提升,越来越多的外国游客和商务人士选择来华旅游和工作,这也对餐饮服务提出了更高的要求。

模块目标

(1)掌握中西方饮食文化知识。
(2)掌握中西方主流餐饮礼仪知识。

模块实践

· 实践案例与互动讨论

案例研究:通过分析国内、外成功的餐饮企业案例,展示如何巧妙地应对文化差异,提供卓越服务。

· 角色扮演和模拟练习

通过模拟实际就餐场景,让学生亲身体验并实践中西方餐饮服务。

宴会主题：（自拟）		
晚宴目的：庆祝一家国际大型旅游企业进入中国市场五周年，并促进中西方文化和商业交流。		
宾客情况	中方贵宾： （从八大菜系中选一个作为晚宴主打菜系）：	·中国商务人士 ·中国当地文化学者
	西方贵宾：	·美国企业家 ·英国文化交流使者 ·法国旅游业专家
宴会菜单：提供精心设计的中西合璧菜单，确保菜品既能体现中西方文化特色，又能迎合不同宾客的口味需求。		
岗位角色细化与任务		
餐厅经理	√ 统筹协调整个晚宴，确保每个细节符合中西方文化的标准 √ 妥善处理突发情况，确保晚宴顺利进行	
中餐服务员	√ 介绍中式菜品，特别强调食材的来源和烹饪方法 √ 观察中方宾客的需求，并及时提供服务	
西餐服务员	√ 介绍西式菜品，重点讲解西餐独特的食材和制作工艺 √ 注意西方宾客的餐饮习惯，提供相应服务	
迎宾员	√ 体验晚宴服务，提出建设性反馈 √ 与西方宾客进行文化交流，分享中国文化	
评估标准： √ 宾客的满意度和反馈 √ 服务员的专业性和适应性 √ 文化交流的有效性和深度		

中西方饮食文化

通过深入学习和理解中西方饮食文化的历史与发展、饮食习惯与礼仪及健康理念,学生可以在未来的餐饮服务和管理中提供更加多元化、个性化的餐饮体验。

项目引入

广州的高端餐饮集团"和谐餐饮"计划在其新开设的国际餐厅推出一项特别的"文化碰撞美食之夜"活动。活动的目标是为来自不同文化背景的宾客提供一个体验中西方饮食文化的独特机会。此次活动的主题是"中西方味觉之旅",旨在通过不同的菜品和服务形式,展示中西方文化在餐饮中的融合与碰撞。

餐厅团队计划将餐厅的大厅一分为二,一边布置为具有典型中式风格的传统宴席,另一边则展示现代西方正式晚宴的布局。通过这种对比,让宾客在同一个场地内感受到两种截然不同的用餐氛围。

(1)宾客在这种中西方文化融合的环境中,会有何反应?

(2)如何在平衡两种文化独特性的同时,确保活动的整体和谐与统一?

(3)如何在尊重两种文化独特性的前提下,将两种文化巧妙地融合在一次餐饮体验中?

项目目标

(1)理解中西方饮食文化:学习中西方饮食文化的起源、发展及其在现代的表现和特点,明晰中西方民众的基本饮食文化。

(2)掌握中西方的饮食习惯与礼仪:了解中西方在餐桌礼仪、用餐习惯、食材选择和烹饪技法上的差异和特点。

项目实训

学生角色扮演任务单	
实训任务计划书:中西方文化交流活动设计	
项目	描述
实训名称	中西方文化交流活动设计

续表

实训日期	
实训地点	
实训目标	教授学生中西方饮食文化特点及跨文化交流技巧

实训任务

任务编号	任务名称	负责人	具体任务内容
任务 1	饮食文化研究		研究中西方饮食文化特点
任务 2	跨文化交流策划		策划晚宴中的跨文化交流活动
任务 3	菜品选择		设计融合中西方元素的菜单,说明文化背景
任务 4	反馈收集与分析		设计宾客反馈表

任务一 中国饮食文化

→ 知识精讲

一、中国饮食文化的深远影响

❶ **历史渊源与发展** 中国饮食文化拥有着五千年的深厚历史底蕴,其发展贯穿于中华文明的各个时期。从早期的原始农耕时代开始,饮食已是人类生活的核心。古代的饮食文化不仅体现在日常饮食的选择和烹饪技艺上,而且在古籍如《周礼》《齐民要术》中也得到详细记载,展现了饮食与健康、礼仪和社会结构的密切关系。

❷ **烹饪技艺的传承** 中国的烹饪技艺极为丰富,以其独特的食材处理和调味方式闻名于世。中国烹饪注重色、香、味的和谐统一,每一道菜品都是视觉和味觉的艺术作品。烹饪技艺的传承和创新,不断推动中国饮食文化的发展。从家常小炒到宴会佳肴,从传统小吃到创新料理,这些烹饪技艺的传承和演变,不仅丰富了中国人的餐桌,也成为中国文化的重要组成部分。

❸ **社会与文化的交织** 在中国,饮食不仅是一种生理需求的满足,更是社会关系和文化传承的重要载体。家庭聚餐、节庆宴席、地方小吃等都承载着深厚的社会和文化意义。饮食文化在反映中国传统价值观、促进家庭与社区凝聚力等方面发挥着重要作用。中国人的饮食习惯展现了饮食与中国人情感和记忆的紧密联系。

❹ **全球化背景下的中国饮食文化** 随着经济全球化和文化交流的加深,中国饮食文化逐渐走向世界,成为国际饮食文化的重要组成部分。中国菜品以其独特的口味和饮食理念受到全球消费者

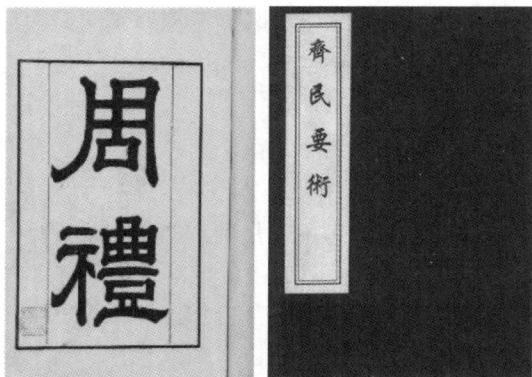

的喜爱。同时,中国饮食文化在全球化的影响下也在不断吸收和融合外来元素,展现出更加现代化和国际化的新面貌。

二、中国饮食的传统医学价值研究

大部分饮食研究都会提及中国饮食文化中特有的"寒-热"观念。因为中国传统阴阳哲学的现实投射为"阴阳五行",食物所展现的阴阳五行相生相克的规律与传统中医中的相关理论一致,形成"医食同源"的理念,所以中国的"食物"对身体的"医治"是中国饮食对传统文化的集中体现。中国饮食与药物的结合研究历史悠久,这也跟中国人全面开发可食用自然资源的态度紧密相关。中国最早分类记载可食用自然资源的食用功能与药用功能的著作是《山海经》,被中医尊为四大经典之中的《黄帝内经》《伤寒杂病论》《神农本草经》中也大量记载了食物的药用方法,比如《伤寒杂病论》中详细记载了糯米酒的制作方法及其驱散风寒的原理。可见在中国古代,食物研究、中医研究以及药学研究被视为一个整体学科。后来,在阴阳五行的基础上,中医理论又构建了脏象五系统学说、五运六气学说、气血精津液神学说等体系。与之相对应的,除了"寒-热"这一基本原理外,食材在中医体系中也被赋予了更多具体的功能属性。比如,黑芝麻被认为是一种"性平且补血"的食材,猪肝被认为是"性温且补气"的食材。

三、八大菜系

(一)鲁菜

❶ **地理和文化背景**　山东位于中国东部沿海地区,拥有广阔的平原和肥沃的土地,是中国的主要农业省份之一。山东靠海,海鲜资源丰富,同时内陆地区也生产各种农作物。山东饮食文化历史悠久、文化深厚,自古以来就是中国北方饮食文化的代表,特别是在齐鲁文化的影响下,鲁菜形成了自己独特的风格。胶东福山帮鲁菜,是京菜的主要组成部分,但"京菜"这一口味是多元饮食文化经本地化后形成的,这两种菜系比较接近,所以放在一起来讨论。北京作为中国首都,历史悠久,文化丰富。京菜的形成和发展受到了帝都文化的深厚影响,集中展现了中国北方饮食的特色。北京作为多民族聚居的城市,京菜在长期的发展过程中,融合了汉、满、蒙、回等多种民族的饮食文化,形成了自己独特的风味。

❷ **鲁菜的特点**　鲁菜以其鲜美、浓郁、丰富的口味而著称。鲁菜注重食材的质量和刀工的精细,以及在烹饪过程中对火候的严格控制。鲁菜的菜品种类繁多,既有海鲜,又有肉类和蔬菜,其中许多菜品展示了浓厚的地方特色和深厚的文化底蕴。京菜则在传统的北方风味基础上吸收了南方菜系的精华。

❸ **代表菜品**

(1)九转大肠:将猪大肠经过多道工序精心烹制,口感细腻,香味浓郁。

(2)糖醋黄河鲤鱼:典型的山东甜酸口味,鲤鱼肉质鲜美,酸甜适中。

（二）川菜

1 地理和文化背景　四川位于中国西南部,地理环境独特,拥有丰富的水资源和肥沃的土地,气候湿润,非常适宜种植花椒和各种香料。四川在历史上是重要的商贸中心,各种文化和食材在这里交汇融合,共同孕育了川菜独特的麻辣风味。川菜的发展也受到了历史上各民族文化的影响,尤其是对辛辣味的追求,这不仅与当地的气候条件相适应,还体现了四川人敢于尝试和创新的饮食文化精神。

2 川菜的特点　川菜以其多样的口味和复杂的烹饪方法而闻名,其中最广为人知的是其麻辣风味。使用大量的辣椒、花椒、姜、蒜等调料,创造出了层次丰富的味觉体验。川菜不仅注重味道的深度和层次,也注重菜品的色泽和造型,讲究菜品的"色、香、味、形"全方位的和谐统一。

3 代表菜品

(1)回锅肉:川菜中烹调猪肉的一种传统菜式,口味独特,色泽红亮,肥而不腻。所谓"回锅",就是"再次烹调"的意思。回锅肉的配料各有不同,除了蒜苗(青蒜)外,还可以用彩椒、洋葱、韭菜、锅盔等来搭配制作,是一道家常菜。"家常"顾名思义,是"调料家家常有"之意,故每一家制作出的味道都不相同,这一特性也赋予了回锅肉这道菜独特的魅力。回锅肉在川菜中的地位非常重要,被认为是川菜之首、川菜之化身,提到川菜往往就会想到回锅肉。

(2)麻婆豆腐:以其独特的麻辣味、豆腐的嫩滑和肉末的香醇而闻名,成为川菜的代表作,展现四川厨师在调味和掌控火候方面的高超技艺。

(3)水煮鱼:鱼片在沸水中快速烹饪,保持了肉质的鲜嫩,大量使用辣椒和花椒使其麻辣鲜香,体现了川菜对辣味的深入挖掘和巧妙利用。

（三）苏菜

1 地理和文化背景　江苏位于中国东部,地处长江下游和太湖周围的水网地带,土壤肥沃,气候温和,水产品和农产品种类丰富。江苏历史悠久,文化底蕴深厚,其饮食文化吸收了南、北方的烹饪精华,特别是在宋元时期,随着江南经济和文化的繁荣,苏菜逐渐形成了自己独特的风格。

2 苏菜的特点　苏菜以其精致的外形和细腻、清淡、鲜美的口味而著称,强调原料的质量和烹饪的精细。苏菜口味多样,但总体偏向于甜味和鲜味,不过分追求辣味和酸味。

3 代表菜品

(1)松鼠鳜鱼:外皮酥脆,内肉嫩滑,鱼肉味道鲜美,外形似松鼠,具有极高的观赏性。

(2)扬州炒饭:色泽金黄,米粒分明,配料丰富,味道鲜美,是苏菜中著名的家常美味。

(3)蟹粉狮子头:口感松软,肥而不腻,营养丰富。

（四）浙菜

1 地理和文化背景　浙江位于中国东南沿海地区,其地理环境多样,山地、丘陵和平原交错,拥有丰富的海洋和淡水资源。浙江自古以来就是经济和文化的发达地区,浙菜在长期的历史发展中,融合了南、北方的烹饪技艺,形成了独特的风格。

2 浙菜的特点　浙菜以其清新、清淡、嫩滑、鲜美的口味而著称,注重原料的新鲜和季节性。浙菜的口味比较温和,不过分追求辣味或重口味,强调食物的自然味道。在食材的选择上,浙菜偏爱使用当地的鱼类、家禽和时令蔬菜,充分展现了浙江地区丰富的自然资源。

❸ 代表菜品

(1)西湖醋鱼:选用西湖周边水域捕捞的鲜鱼,口味酸甜,鱼肉细嫩。

(2)龙井虾仁:将名贵的龙井茶与鲜美的虾仁巧妙结合,茶香和海味相互交融,口感清新独特。

(3)东坡肉:肥而不腻,酱红透亮,充分吸收酱料的香味,是浙菜中的经典之作。

(五)徽菜

❶ 地理和文化背景　安徽位于中国东部,地势以山地和丘陵为主,自然环境多样。安徽的山区盛产大量的野生食材,如山菌、竹笋等。徽菜的历史悠久,源远流长,早在宋代就有很高的声誉。徽菜的发展受到当地山水环境的影响,注重原材料的天然和纯净。

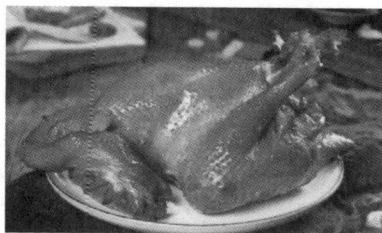

❷ 徽菜的特点　徽菜以其原料独特、口味醇厚、汤汁浓郁而闻名。徽菜注重火候的控制和原料的原汁原味,偏好采用慢火炖煮的烹饪方法。在调味上,徽菜追求味道的醇厚和层次感,通常使用酱油、糖和醋来增加菜品的香气和口感。徽菜还善于使用本地特产,如毛豆腐、石耳、竹笋等,这些食材赋予了徽菜独有的特色和风味。

❸ 代表菜品

(1)毛豆腐:采用特制的发酵工艺制成,表面覆盖着洁白的霉毛,口感独特,多以煎、炒、烧等方式进行烹饪。

(2)臭鳜鱼:选用新鲜鳜鱼,搭配豆豉、辣椒等调料,经过长时间腌制和烹饪,味道醇厚。

(3)歙县烧鸡:采用本地散养鸡,以其肉质鲜美、皮脆肉嫩而闻名。

(六)粤菜

❶ 地理和文化背景　广东位于中国南部,拥有得天独厚的地理环境,包括广阔的海岸线和富饶的珠江三角洲平原,气候温暖湿润,海产资源丰富。广东历来是中国对外开放的重要窗口,外来文化和食材的引入对粤菜的形成有着深远的影响。粤菜在吸收各地饮食精华的基础上,形成了独特的烹饪风格。广东人对食材的选择极其讲究,强调食材的新鲜和季节性,体现了对自然和生活品质的尊重与追求。

❷ 粤菜的特点　粤菜以其细腻的口味、精致的做工和丰富的食材而闻名。它强调原料的本味,不过度使用辛辣和重口味调料,而是让食材的鲜美成为主角。粤菜品种繁多,从海鲜到家禽,从蔬菜到水果,应有尽有。

❸ 代表菜品

(1)白切鸡:选用肉质细嫩的鸡肉简单烹煮,搭配特制的姜、葱、油,突出鸡肉的鲜美和嫩滑。

(2)烧乳鸽:外皮酥脆金黄,肉质鲜嫩多汁,是粤菜中对烹饪技巧要求极高的代表之作。

(3)清蒸鱼:强调鱼的新鲜,通常只需简单用姜丝、葱段和酱油蒸制,从而保留鱼肉的鲜嫩和甘甜。

(七)湘菜

❶ 地理和文化背景　湖南位于中国中南部,拥有丰富的自然资源和多样的地形地貌,包括山地、丘陵和平原。湖南的气候多雨且湿润,这种气候条件非常适合辣椒和各类香辛料的生长。湖南人喜爱辛辣的食物,这与当地的自然环境和历史文化紧密相关。

②湘菜的特点　湘菜以其酸辣可口、香浓油润和色泽鲜艳而著称。湘菜的辣味与川菜的麻辣不同,它更偏向于纯粹的辣味和酸辣口感。辣椒、蒜、姜和酸菜等被大量用于湘菜的制作中,使得湘菜味道浓烈而富有冲击力。湘菜的烹饪技法多样,既包括烧、烤、煮、炒等常见手法,又包括煨、熘、蒸等烹饪方法。

③代表菜品

(1)剁椒鱼头:以鲜嫩的鱼头配以剁椒烹制,酸辣鲜香,是湘菜的标志性菜品之一。

(2)干锅牛蛙:选用肉质鲜美的牛蛙,配以大量辣椒和特制酱料烹饪,辣而不燥。

(八)闽菜(福建菜)

①地理和文化背景　福建位于中国东南沿海地区,地形以山地和丘陵为主,拥有丰富的海洋资源和多样的农林产品。福建的气候温和多雨,适宜多种作物和海产品的生长。福建的饮食文化受到南、北方饮食习惯的影响,并结合了海岛风味,形成了独特的闽菜风格。

②闽菜的特点　闽菜以其清鲜、嫩滑、香醇和略带甜味而著称。在烹饪上,闽菜擅于运用当地的海鲜、山珍和时令蔬果,强调食材的新鲜和天然。闽菜的烹饪技法多样,常采用炖、煮、蒸等烹饪方式,注重汤料的制作,使得菜品味道清淡而不失层次。

③代表菜品

(1)佛跳墙:一道著名的海味煲,集合了海参、鲍鱼、鱼翅等多种珍贵食材,味道醇厚,营养价值极高。

(2)炒蛤蜊:新鲜的蛤蜊与蒜末、辣椒等调料一起烹饪,味道鲜美,充分展现了闽菜在海鲜烹饪方面的独特风格。

同步检测

任务二　西方饮食文化

→ 知识精讲

一、西方饮食文化的定义

西方饮食文化的概念并非一个地理概念,而是在全球化初期,东方人对外来饮食文化的一种笼统看法。"西方"习惯上是指欧洲国家和地区,以及以这些国家和地区为主要移民来源的北美洲、南美洲和大洋洲的广大区域。因此,西方饮食文化主要是指以上区域的饮食文化。

西方各国的饮食文化各具特色,各个国家的菜式也各有千秋。但在中国古代,人们往往以为中国就是世界的中心,将东方称为"夷",西方称为"番",北方称为"胡",南方称为"蛮"。因此,所谓的"番菜"指的就是西餐。另外,就西方各国而言,由于欧洲各国的地理位置相近,历史上又多次出现民族大迁移,其文化早已相互渗透融合,彼此之间有了很多共同之处。中国人民和其他东方人都将这部分大体相同,而又与东方饮食文化截然不同的西方饮食文化统称为"西方饮食文化"。

按照菜系的受欢迎程度,西餐大致可以分为法国菜、意大利菜、俄罗斯菜、美国菜、地中海饮食等多种不同风格的菜系。

二、西方饮食的概况

西方饮食文化主要起源于古希腊和古罗马时期,初期西餐以面包、葡萄酒和橄榄油为主食。进入中世纪后,饮食受教会影响,肉类和调味料成为菜品重点。从文艺复兴时期到现代,饮食逐渐精致化,新大陆食材的引入为西餐增添了更多异国风味。

三、西方饮食的主要分类

(一)法国菜

当我们探索法国菜时,首先需要了解它的背景和历史。法国菜是世界上最受尊敬的烹饪传统,它的历史可以追溯到古罗马时期。

❶ 法国的地理多样性　法国的地理多样性对法国菜产生了深远影响。法国位于欧洲西部,拥有大西洋沿岸、地中海沿岸和阿尔卑斯山等多种地理特征。这种地理多样性意味着法国不仅有各种新鲜的海鲜,还有山区的野味和奶制品,以及丰富的农田和葡萄园,为法国菜提供了丰富的食材选择。

❷ 法国菜的历史渊源　法国菜的历史受到了多元文化背景的影响,包括古罗马、凯尔特、日耳曼和意大利等国家和民族文化。中世纪时期,法国的烹饪技艺得益于修道院厨师的贡献,他们创造了许多经典的法国菜食谱。文艺复兴时期,法国烹饪受到了意大利烹饪的影响,引入了许多新的食材和技巧。路易十四时代,法国烹饪进一步精致化,成为欧洲宫廷的典范。

❸ 法国的美食大区　法国被划分为不同的大区,每个大区都以其特色菜品而闻名。以下是一些著名的法国美食大区和它们的特色,这些大区各自拥有独特的食材和烹饪传统,共同构成了法国的美食地图。

(1)波尔多(Bordeaux):著名的葡萄酒产区,出产优质红葡萄酒,如梅多克(Médoc)和圣埃美隆(Saint-Émilion)。

(2)勃艮第(Burgundy):以优质的葡萄酒和经典的法式炖菜(如勃艮第红酒炖牛肉)而闻名。

(3)普罗旺斯(Provence):地中海沿岸的美食大区,以橄榄油、蔬菜和薰衣草为特色。

(4)诺曼底(Normandy):以苹果酒(Calvados)和诺曼底苹果为原料的甜点而著名,同时还有丰富的海鲜。

(5)奥克西塔尼亚(Occitania):以卡苏莱(Cassoulet)炖菜和鹅肝酱而闻名。

(6)尼斯(Nice):位于地中海沿岸,以尼斯沙拉(La Salade Niçoise)和橄榄为特色。

❹ 法国菜的特点

(1)酱汁多样性:法国菜以其各种经典酱汁而著称,如贝夏梅酱、勃艮第红酒汁等,它们赋予菜品丰富的味道和口感。

(2)使用新鲜食材:法国菜强调使用新鲜、季节性的食材,以保持菜品的品质和口感。

(3)烹饪技巧:法国菜要求厨师掌握各种烹饪技巧,从切割到炖煮,以确保菜品的精致和完美。

(4)注重细节:法国菜注重细节和装饰,经常以精美的方式摆盘,让菜品更加吸引人。

总之,法国菜是一门复杂而精致的烹饪艺术,它融合了多样性和传统,为美食爱好者提供了丰富的口味和文化体验。

(二)意大利菜

意大利菜有着悠久的历史,可以追溯到古罗马时期。它深受某些地中海沿岸国家文化的影响。意大利的地理多样性,如西海岸、东海岸、南部和北部,使得意大利成为食材丰富多样的国家。

❶ 意大利的美食大区　意大利被划分为不同的大区,每个大区都有其独特的美食和烹饪传统。以下是著名的意大利美食大区和它们的特色。

(1)托斯卡纳(Tuscany):以橄榄油、基安蒂(Chianti)葡萄酒和托斯卡纳特色的面食(如宽面条、通心粉)而闻名。

Note

（2）皮埃蒙特（Piedmont）：以白松露，巴罗洛（Barolo）和巴巴莱斯科（Barbaresco）葡萄酒，以及丰富的意大利白葡萄酒品种而著名。

（3）西西里（Sicily）：作为地中海岛屿，以新鲜的海鲜、柑橘类水果和传统的意大利甜点而闻名。

（4）南部意大利（Southern Italy）：以比萨、扇贝帕斯塔等特色菜品而著名。

（5）伦巴第（Lombardy）：以米兰为中心，以奶酪（如帕尔马干酪）和米兰风味的菜品而闻名。

（6）拉齐奥（Lazio）：以意大利首都罗马为中心，以碎肉面食（如肉酱面）、卡尔博纳拉面食（如千层面）和特伦蒂诺风味的菜品而著名。

② 意大利菜的特点

（1）简单的食材：意大利菜注重使用新鲜、简单的食材，如番茄、橄榄油、大蒜和新鲜的香草。

（2）面食：意大利以其各种各样的面食而著名，包括意大利面、千层面等。这些面食常与各种酱汁搭配。

（3）橄榄油：作为意大利菜的主要调味品，它赋予了菜品丰富的口感和风味。

（4）奶酪：意大利以其丰富的奶酪而闻名，包括帕尔马干酪、莫扎里拉奶酪和意大利白干酪等。

（5）葡萄酒：意大利拥有多个世界著名的葡萄酒产区，如托斯卡纳的 Chianti 和皮埃蒙特的 Barolo。

（6）浓郁的甜点：意大利以其各种浓郁的甜点而著名，如提拉米苏、卡尼奥利、潘纳科塔等。

总之，意大利菜以其多样、简单和美味而闻名于世。它是一种强调食材品质和烹饪传统的美食，为人们提供了丰富的口感和文化体验。

（三）俄罗斯菜

俄罗斯地理上的多样性对俄罗斯菜产生了深远影响。西部地区的菜品常以肉类、面包和蔬菜为主，而东部地区则更侧重于鱼类、野味和莓果。俄罗斯的寒冷气候也影响了食材的选择，俄罗斯人擅长保存食材以备冬季之需。

① 俄罗斯菜的历史渊源　俄罗斯菜的历史可以追溯到古代斯拉夫人的烹饪传统，这包括了对肉类、面食和根茎蔬菜的广泛使用。在蒙古统治时期，蒙古人引入了馅饼（包子）等新面食。到了彼得大帝时期，俄罗斯受到西欧烹饪的启发，进一步引入了新的食材和烹饪技巧。

② 俄罗斯菜的特点

（1）肉类和鱼类：俄罗斯人喜欢各种肉类，如牛肉、猪肉和家禽，这些肉类通常被制作成烤肉或炖肉。鱼类也是重要的食材之一，包括熏鱼和鱼子酱。

（2）根茎蔬菜：土豆、胡萝卜、甜菜根等蔬菜在俄罗斯菜中十分常见，用于制作各种传统菜品，如俄罗斯肉饼（Kotlety）和罗宋汤。

（3）面食：俄罗斯有各种各样的面食，如饺子（Pelmeni）、馅饼（Pirozhki）和俄罗斯式甜饼（Pryaniki）。

（4）酸奶和酸黄瓜：酸奶和酸黄瓜在俄罗斯菜中常作为开胃菜或配菜出现，它们为菜品提供了清新的口感。

（5）莓类和蜂蜜：俄罗斯拥有丰富的野生莓果资源，如蓝莓和草莓，这些莓果被用于制作各种甜点和酱汁。同时，蜂蜜也是俄罗斯常见的甜味剂之一。

（6）伏特加：作为俄罗斯的国酒，通常用于庆祝和社交场合。

总之,俄罗斯菜反映了俄罗斯的多元文化和地理多样性。它强调了食材的可获得性、传统的烹饪技巧和对丰富口味的追求。俄罗斯菜为人们提供了一种与俄罗斯文化和传统相结合的美食体验。

(四)美国菜

美国菜是一种充满多元文化的美食,反映了美国历史上不同族裔和地区的烹饪传统。这种多样性源于美国的移民历史,各种文化的烹饪传统融合在一起,共同塑造了美国菜的独特口味。

❶ **美国的地理多样性**　美国地域辽阔,拥有多种地理特征,如大西洋沿岸、太平洋沿岸、南部、中西部和新英格兰等。每个地区都有其独特的食材和烹饪传统。以下是不同地区的美国菜特色。

(1)美国南方烹饪:美国南方以其独特的烹饪传统而著名,包括炸鸡、烤肉、炖菜、玉米面团。慢炖和烟熏法在美国南方尤其常见。

(2)新英格兰海鲜:新英格兰地区以其丰富的海鲜资源而闻名,包括龙虾、螃蟹、海鱼和贝类。

(3)中西部牛肉:中西部地区以牛肉为主打菜品,牛排和汉堡是其代表性菜品。

(4)太平洋沿岸:太平洋沿岸地区以其新鲜的海产品、有机蔬菜和特色比萨而著名。

(5)大西洋沿岸:大西洋沿岸地区以其丰富的海鲜和独特的海滨烧烤文化而著名。

❷ **美国菜的历史渊源**　美国菜的历史渊源,反映了多元文化的融合和演变。其起源可以追溯到印第安人的食物,他们种植的玉米、豆类和南瓜等,成为美国本土食材的基础。随着欧洲移民的涌入,美国开始接触欧洲烹饪传统,面包、奶酪、炖菜、烤肉和馅饼等食物被引入,成为美国经典的食物。非洲裔奴隶对美国南方烹饪产生了深远影响,他们将烟熏肉类、炖菜和玉米制品引入美国烹饪,炸鸡和炖牛肉就是其中的代表。随着亚洲移民的到来,亚洲烹饪传统也逐渐融入美国菜,美国人开始热爱寿司、中餐、泰国菜等亚洲美食。在大萧条和两次世界大战期间,食材短缺致使人们发明了新的烹饪方法,罐头食品成为当时的流行食品。到了20世纪中叶,快餐文化在美国兴起,麦当劳、肯德基和必胜客等快餐连锁店成为美国饮食文化的一部分。创新推动着美国菜的发展,食物卡车、食品网络节目和从农场到餐桌(Farm-to-Table)运动等不断塑造着美国的烹饪风格。总之,美国菜的历史渊源,代表了美国饮食文化的多元性和独特性。

❸ **美国菜的特点**

(1)多元文化:美国菜反映了各种饮食文化的影响,从墨西哥卷饼到意大利比萨再到日本寿司的影响。

(2)烧烤文化:烧烤在美国是一类重要的烹饪方式,烧烤食品包括烤鸡、烤肋排和烤玉米等。

(3)快餐:美国是快餐文化的发源地,麦当劳、肯德基和必胜客等快餐餐厅在全球范围内广受欢迎。

(4)甜点:美国以各种各样的甜点而著名,如苹果派、巧克力蛋糕、松饼和冰激凌等。

(5)海鲜:美国沿海地区以新鲜的海鲜为特色,包括龙虾、螃蟹和各种鱼类等。

(五)地中海饮食

❶ **地中海饮食的历史渊源**　地中海饮食的历史悠久,其源头可以追溯到公元前的古希腊和古罗马时期。这种饮食模式在地中海盆地的多个文明中形成和发展,尤其是在希腊、西班牙等

地。古代地中海地区的饮食文化受到当地气候和地理环境的影响,以橄榄、葡萄和小麦为基本食材。在罗马帝国时期,这些饮食习惯随着贸易扩张和军事征服传播到欧洲其他地区。中世纪时,阿拉伯文化的影响为地中海饮食带来了新的食材和烹饪方法,如咖啡和糖。到了文艺复兴时期,随着新大陆的发现,番茄、玉米和马铃薯等食材的引入进一步丰富了地中海饮食。

❷ 地中海饮食的特点

(1)主要食材:地中海饮食以全谷物、新鲜蔬菜(如番茄、茄子、青椒)、水果(如无花果、柑橘类)、豆类、坚果、种子和橄榄油为主。这种饮食模式还大量使用海鱼和海鲜,如沙丁鱼和鳕鱼。

(2)蛋白质来源:红肉的摄入相对较少,而偏重于鱼类和家禽。同时,蛋和奶制品(尤其是奶酪和酸奶)也是常见的蛋白质来源。

(3)调味品和香草:地中海饮食中使用的调味品和香草种类繁多,包括大蒜、洋葱、迷迭香、罗勒、香菜和柠檬等,这些调味品不仅增加了食物的风味,还有助于减少人们对盐的依赖。

(4)饮食习惯:地中海饮食重视餐饮的社交和享受属性,鼓励慢食,并强调与家人和朋友一同分享食物的美好时光。

❸ 地中海饮食的优势

(1)健康益处:研究表明,地中海饮食有助于降低慢性疾病(如心脏病、高血压、糖尿病和某些癌症)的风险。其富含的不饱和脂肪酸和抗氧化剂对心血管健康特别有益。

(2)营养均衡:地中海饮食提供了丰富的纤维素、维生素(尤其是维生素 C 和维生素 E)和矿物质(如钾和镁),有助于维持健康的体重并实现营养均衡。

(3)可持续性:地中海饮食鼓励本地生产和消费季节性食物,这不仅有利于个体健康,而且可促进环境的可持续性发展。例如,使用本地捕捞的鱼类和当季种植的蔬果,可有效减少对环境的污染。

同步检测

任务执行

任务执行流程:研究中西方饮食文化特点→策划晚宴中的跨文化交流活动→设计融合中西方元素的菜单,并说明文化背景→设计宾客反馈表。

学生活动:分组分工并填写任务表 1-1-1。

任务表 1-1-1

中西方文化交流晚宴			
项目	描述		
实训名称	中西方文化交流晚宴		
实训日期			
实训地点	□宴会餐厅　　□零点餐厅　　□后厨		
指导教师			
实训任务			
任务编号	任务名称	负责人	具体任务内容
任务 1	饮食文化研究		
任务 2	跨文化交流策划		
任务 3	菜品选择		

Note

续表

实训步骤			
实训步骤及内容	实训步骤	工作内容	学时分配
	第一步	布置任务	
	第二步	制订计划	
	第三步	工作准备	
	第四步	任务实施	
	第五步	实训评价	
	第六步	总结反思	
	负责人签名：		

实践任务一：学生小组进行内部分工，深入研究中西方饮食文化。研究流程：从中国八大菜系中选择一个→从西方主流饮食文化中选择一个→分别分析这两种饮食文化的历史演变→对比这两种饮食文化的异同→探讨两种饮食文化与身体健康的关系→形成研究报告→填写任务表1-1-2。

任务表 1-1-2

任务编号	任务名称	负责人	具体任务内容
任务 1-1-2	中西方饮食文化研究		从中国八大菜系中选择一个
			从西方主流饮食文化中选择一个
			分析这两种饮食文化的历史演变
			对比这两种饮食文化的异同
			探讨两种饮食文化与身体健康的关系
			形成研究报告

实践任务二：学生小组进行内部分工，负责进行跨文化交流活动的策划。研究流程：从研究报告的对比和健康部分抽取一个话题→设计活动框架→根据话题和参与讨论的宾客身份设计互动环节的提问内容→编写交流流程→形成交流方案报告→填写任务表1-1-3。

任务表 1-1-3

任务编号	任务名称	负责人	具体任务内容
任务 1-1-3	跨文化交流活动策划		从研究报告的对比和健康部分抽取一个话题
			设计一个时长为20分钟的活动框架，旨在促进中西方宾客之间的文化和商务交流，同时尊重每位宾客的个性特点
			根据话题和参与讨论的宾客身份设计互动环节的提问内容
			编写交流流程
			形成交流方案报告

实践任务三：学生小组进行内部分工，负责进行菜品选择。研究流程：确定菜品结构（西餐、中餐）→挑选菜品→编写菜单→分析菜单营养成分或荤素搭配情况→填写任务表 1-1-4。

任务表 1-1-4

任务编号	任务名称	负责人	具体任务内容
任务 1-1-4	菜品选择 目标：为跨文化交流活动精心挑选和准备一系列菜品，确保满足各位宾客的饮食偏好		确定菜品结构（西餐、中餐）
			按照菜品结构的规范和宾客的身份挑选营养均衡、符合文化背景的经典菜品
			编写菜单
			分析菜单营养成分或荤素搭配情况

重阳节的"菊花酒"

Note

中西方主流餐饮礼仪

在全球餐饮业的发展进程中,餐饮礼仪不仅是服务质量的体现,更是文化交流的重要载体。中西方餐饮礼仪由于文化背景、历史发展和社会习俗的不同而展现出鲜明的特色。本项目旨在引导学生深入理解中西方餐饮礼仪的本质差异,掌握跨文化交流的原则,并通过实际操作演练提高在多元文化背景下的服务技能与综合素养。

上海的某五星级酒店"海纳百川",每年都会接待大量国际游客和商务人士。由于酒店设有中西方餐饮,服务员需要面对来自不同文化背景的宾客。酒店管理层决定邀请一批高级服务顾问为员工开展关于中西方餐饮服务礼仪的培训。培训内容不仅涵盖理论知识,还包括实际操作演练,旨在帮助服务员在多元文化背景下提供更加专业和贴心的服务。培训结束后,酒店将安排服务员在真实的餐饮场景中进行餐饮礼仪展示,并邀请不同文化背景的宾客进行反馈。

作为服务团队的主管,你需要带领团队完成以下任务。

(1)深入了解中西方餐饮服务礼仪的本质差异,包括集体与个体的服务重点、座位安排、上菜顺序以及菜品介绍等方面。

(2)在培训中,通过模拟训练帮助团队成员掌握中西方餐饮的服务技巧,特别是在面对西方宾客时。

(3)通过实际操作演练,展示和评估服务员在多元文化背景下的服务表现,确保他们能够自信地为来自不同文化背景的宾客提供满意的服务。

(1)理解中西方餐饮礼仪的本质差异:深入了解中国餐饮服务中强调的集体和谐与主宾礼仪,与西方餐饮服务中注重的个人空间和细节精致的对比。例如,中餐厅可能更注重菜品作为集体分享的佳肴,而西餐厅则侧重于为每位宾客精心呈现个性化的菜品。

(2)了解跨文化背景交流的原则:掌握有效沟通的基本原则和技巧,包括尊重、倾听和非语言交流的重要性。同时,深入了解不同文化背景下的沟通偏好和禁忌,例如语言的敏感度和身体语言的差异。

(3)通过模拟训练,掌握如何在中西餐厅提供专业服务,包括座次设计、宾客接待、菜品介绍等。特别是在不同类型的餐饮环境中,要根据座次、上菜和分菜的文化差异,灵活运用服务策略与技术。

项目实训

学生角色扮演任务单

实训任务计划书:中西方餐饮礼仪设计

项目	描述
实训名称	中西方餐饮礼仪设计
实训日期	
实训地点	
实训目标	教授学生中西方餐饮礼仪设计以及相关饮食习惯的知识

实训任务

任务编号	任务名称	负责人	具体任务内容
任务 1	中餐礼仪研究		研究中餐礼仪的具体细节
任务 2	中餐宴会座位安排		根据宾客情况进行中餐宴会座位安排
任务 3	西餐宴会座位安排		根据宾客情况进行西餐宴会座位安排
任务 4	西餐宴会就餐礼仪演练		根据西餐礼仪以及菜单演练就餐过程

任务一　中国餐饮礼仪

知识精讲

一、中国餐饮礼仪的重要性

餐饮礼仪是指在饮食过程中遵守的各种礼节和行为规范。这些礼仪不仅包括用餐时的举止和姿态,还涵盖了从邀请宾客到用餐结束整个过程中的礼节。餐饮礼仪反映了一个人的教养、礼貌和社交能力,是人际交往中不可或缺的部分。

在中国,餐饮礼仪尤为重要。中国人秉持"民以食为天"的理念,饮食不仅是维持生命的基本需求,更是社交和文化交流的重要方式。通过餐饮礼仪,人们可以表达对他人的尊重和关怀,进而增强人际关系,促进社会和谐。良好的餐饮礼仪有助于提升个人形象,增强在社会交往中的自信心和影响力。在正式场合中,如商务宴请和国宴,遵循正确的餐饮礼仪显得至关重要,因为它不仅展示了主人的素养和待客之道,还关系到双方的互动氛围和合作关系。中国餐饮礼仪有着悠久的历史和深厚的文化底蕴,其起源可以追溯到先秦时期。《礼记》中详细记载了古代的餐饮礼仪,强调了进餐的次序、尊卑之分和饮食的节制。随着历史的发展,餐饮礼仪不断演变和丰富,逐渐形成了独具特色的中国饮食文化。

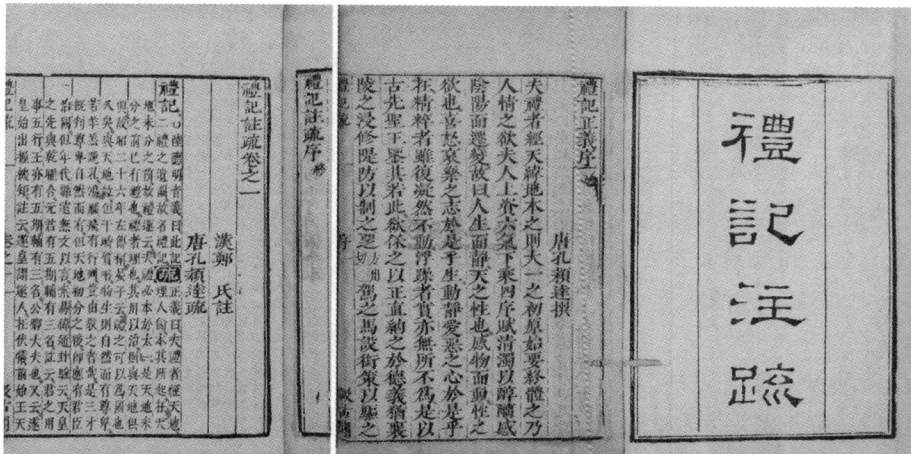

任务执行

实践任务一：调查中国传统餐饮礼仪的记录→从进餐的次序、尊卑之分和饮食的节制方面来研究中国传统餐饮礼仪的特点→制作演讲展示稿→形成研究报告→填写任务表 1-2-1。

任务表 1-2-1

任务编号	任务名称	负责人	具体任务内容
任务 1-2-1	中国传统餐饮礼仪研究		调查《礼记》中关于中国传统餐饮礼仪的记录
			从进餐的次序、尊卑之分和饮食的节制方面来研究中国传统餐饮礼仪的特点
			制作演讲展示稿
			形成研究报告

二、餐前准备

(一)餐前邀请宾客

邀请宾客是餐前准备的第一步。中国人素来重视礼节，因此在邀请宾客时，一般会提前几天甚至几周通知对方，以便对方妥善安排时间。邀请的方式包括电话、短信、电子邮件或正式邀请函。在正式的宴会场合，如婚宴、商务宴请或节庆宴会，使用正式邀请函会显得更加庄重和得体。在邀请过程中，主人需要明确告知宾客宴会的时间、地点、形式以及着装要求等细节。

例如，主人可以在邀请函中写明："诚挚地邀请您于 5 月 15 日晚上 6 点在东方大酒店参加我们的婚宴，敬请着正式服装出席。"如果宴会有特殊主题或需要携带礼物，也应在邀请

邀请函

尊敬的[客人姓名]：

您好！

诚挚地邀请您参加我们的[宴会类型]，共度美好时光。以下是宴会的详细信息：

时间：2024年5月15日（星期三）晚上6点
地点：东方大酒店，位于[具体地址]
形式：正式宴会
着装要求：敬请着正式服装出席
我们非常重视您的到来，希望您能够赏光出席。如果宴会有特殊主题或需要携带礼物，我们将在此特别说明：[特殊主题或携带礼物说明]。

收到此邀请后，请您及时回复确认是否能出席，以便我们妥善安排座位和准备餐饮。您可以通过以下联系方式回复我们：

电话：[主人的联系电话]
电子邮件：[主人的电子邮件地址]
期待您的回复，并希望能在宴会上与您共度美好时光。

此致

敬礼！

[主人的姓名]
[主人的联系方式]

函中一并说明。

收到邀请函后,宾客应及时回复是否出席。这既是对主人的礼貌,又方便主人安排座位和准备餐饮。在回复时,宾客应表达对邀请的感谢,并明确是否能够准时参加。例如:"感谢您的邀请,我深感荣幸并会准时赴约。"

(二)座位安排与主宾次序

❶ 座位安排 在正式的宴会中,餐桌通常会采用圆桌形式,这象征着团圆与和谐,也便于所有宾客能够平等地交流和互动。在安排座位时,主人需要根据宾客的身份、地位和亲疏关系进行合理的安排,以体现对每位宾客的尊重。

❷ 主人位置 主人通常会坐在面朝门口的位置。这一位置不仅便于主人迎接和照顾宾客,还能让主人在宴会过程中保持对整个场面的掌控。例如,在公司年会上,公司总经理通常会坐在面朝门口的位置,以便随时迎接贵宾和员工的到来。

❸ 主宾位置 主宾通常坐在主人的右手边。这一安排是因为右手边常被视为尊贵的位置,体现了主人对主宾的崇高敬意。例如,在商务宴请中,如果主宾是重要的合作伙伴或客户,主人会将其安排在自己的右手边,以示重视和尊敬。

❹ 次宾位置

(1)次宾的座位安排按照重要性依次排列,通常是在主宾的右手边按顺时针方向依次排列。

(2)如果主宾是公司的首席执行官,次宾可能是公司的副总裁、部门经理等。这样的安排不仅便于宾客之间的交流,还有助于维持宴会的和谐氛围。在家庭聚餐或非正式场合中,座位安排可以相对灵活,但仍需考虑到长幼尊卑的次序。

(3)在家庭聚餐中,家中的长辈通常会坐在主位,而晚辈则依次排列。比如,在春节家庭聚会上,祖父、母可能会被安排坐在主位,而子女和孙辈则依次坐在两旁。

❺ 主宾次序 确定主宾次序是宴会安排中极为重要的一环,主人需要充分考虑宾客的身份和地位,以确保每位宾客都能感受到应有的尊重和礼遇。

(1)主宾选择。

①在商务宴请中,主宾通常是最重要的商业伙伴或贵宾,这样的安排不仅体现了主人对主宾的重视,还有助于营造良好的合作氛围。例如,在中外合资企业的商务宴会上,中方的总经理会将外方

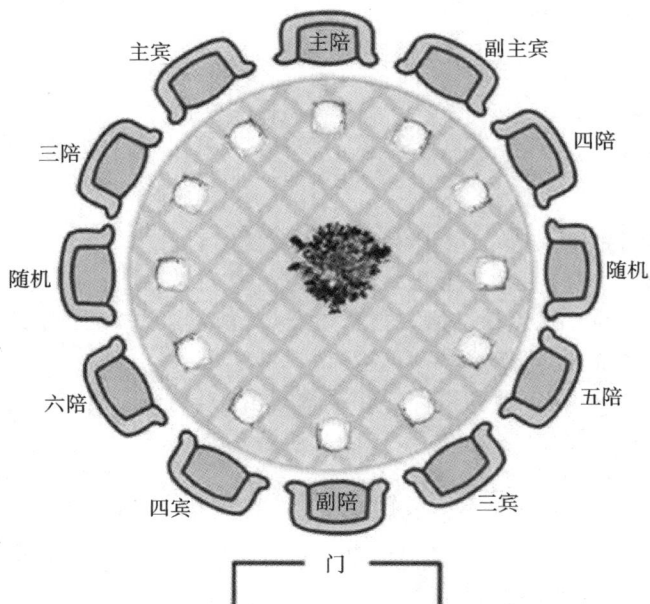

的首席执行官安排在主宾位置,以示对合作关系的重视。

②在家庭宴会中,主宾可能是长辈或尊贵的亲友,通过这种安排表达对亲情和友情的珍视。例如,在婚宴中,新人的祖父、母可能会被安排在主宾位置,以表达对他们的尊敬和感激。

(2)次宾选择:次宾的安排同样需要考虑其身份和地位。通常,地位较高或与宴会目的最为相关的宾客会被安排在主宾的位置,次宾则依次排列。

(3)宴会流程和互动:主宾次序不仅影响座位安排,还直接关系到整个宴会的流程和互动。在敬酒环节,主人首先要向主宾敬酒,然后依次向次宾敬酒,以示尊重和礼貌。例如,在婚宴中,新人的父母会首先向新人的祖父、母(主宾)敬酒,然后依次向其他长辈和亲友(次宾)敬酒,以示尊重和感恩。

任务执行

任务执行

实践任务二:阅读宾客信息→根据宾客信息以及座位安排规则安排座位→制作演讲展示稿→形成研究报告→填写任务表 1-2-2。

任务表 1-2-2

任务编号	任务名称	负责人	具体任务内容
任务 1-2-2	宾客座位安排练习		阅读宾客信息
			根据宾客信息以及座位安排规则安排座位
			制作演讲展示稿
			形成研究报告

三、用餐过程中的中餐服务礼仪

在餐饮经营中,用餐过程中的服务礼仪不仅影响着宾客的用餐体验,还体现了餐饮服务员的专业素养和服务质量。以下是餐饮服务员在迎宾与入座以及用餐过程中的具体礼仪规范和操作要点。

(一)迎宾与入座

迎宾与入座是整个用餐过程的起点,它为后续的服务奠定了基调。

❶ 迎宾

(1)餐厅经理:应确保门口设有专门的迎宾员,统一着装,面带微笑;确保迎宾员提前了解重要宾客名单和座位安排,以便迅速准确识别并迎接重要宾客。

(2)迎宾员:在宾客到达时,应主动上前迎接,微笑致意,并用礼貌的称呼问候,如"李总,欢迎您光临"。在迎宾过程中,需保持亲切的表情和温暖的目光。

例如,在高端餐厅的商务宴请中,迎宾员需要熟悉当晚的预订信息,并在门口迎接重要宾客,引导他们进入餐厅。当宾客到达时,迎宾员应快速上前确认宾客身份,并用温馨的问候语引导入座,如"李总,欢迎您! 今天的晚宴请随我来。"

(3)礼貌语言和表情:迎宾员应使用礼貌的语言,并保持友善的微笑,如"请跟我来,您的座位在这边。"

❷ 入座

(1)餐厅经理:应提前规划好座位安排,根据宾客的身份和地位合理安排座位。重要宾客的座位

Note

应安排在视野开阔且方便交流的位置。

（2）餐厅员工：引导宾客入座时，应确保宾客顺利找到自己的座位，并帮助他们拉开椅子入座。对于需要帮助的宾客，应及时提供帮助。例如，在企业年会上，总经理应坐在面朝门口的位置，以便迎接和照顾到来的贵宾和员工。餐厅员工应迅速、准确地引导其他宾客入座，避免混乱。

（3）礼貌语言和表情：在引导宾客入座时，餐厅员工应面带微笑，并使用礼貌用语，例如"请这边入座""请让我帮您拉开椅子"。

（二）用餐过程

用餐过程是体现餐饮服务质量的重要环节。

❶ 用餐开始

（1）餐厅经理：应培训餐厅员工在用餐前做好充分准备，包括摆放餐具、确认菜单、准备公筷公勺等。

（2）餐厅员工：当主人或主要宾客发出用餐信号时，餐厅员工应迅速、安静地开始上菜，并确保每位宾客都能及时享用。同时，餐厅员工应保持关注，随时提供服务。

例如，在婚宴上，餐厅员工应在新人致辞结束宣布开始用餐时迅速上菜，礼貌地说："请慢用。"并关注每桌的需求，确保每位宾客都能及时享用美食。

（3）礼貌语言和表情：餐厅员工应使用礼貌的语言，例如"请大家开始用餐""请慢用"，并保持微笑。

❷ 传递菜品

（1）餐厅经理：确保公筷、公勺的配备。餐厅经理应确保每桌都配备足够的公筷、公勺，并培训餐厅员工正确使用和摆放公筷、公勺的方法。

例如，餐厅经理可以每周安排一次培训会，让餐厅员工亲自练习如何正确使用和传递公筷、公勺。同时，在每次宴会前检查每张桌子上的公筷、公勺是否充足且干净。

（2）餐厅员工。

①使用公筷公勺：在家庭聚餐中，餐厅员工在将菜品用公筷夹到长辈的碗里时可以说："请您品尝这道特色菜。"在正式宴会中，餐厅员工应先将菜品递给主宾，再传递给次宾。

②流程细节：餐厅员工应确保公筷、公勺的摆放位置便于宾客取用，每次传递菜品时应注意观察宾客的反应，及时补充公筷、公勺，保持桌面整洁。

❸ 介绍菜品

（1）餐厅经理：安排餐厅员工熟悉菜品。餐厅经理应确保餐厅员工对每道菜品的特点和制作方法有详细了解，能够向宾客准确介绍和推荐菜品。可以通过定期培训和试吃会，提升餐厅员工对菜品的认识。

（2）餐厅员工。

①主动介绍菜品：在上菜时，餐厅员工应主动介绍每道菜品的特点和美味，鼓励宾客品尝不同的菜品。同时，应注意观察宾客的需求，及时为他们添加菜品或提供服务。

例如，在高端餐厅的用餐过程中，餐厅员工可以向宾客介绍："这道红烧肉是我们餐厅的招牌菜，采用秘制酱料，味道非常独特，请大家品尝。"同时，餐厅员工应观察每位宾客的用餐情况，及时为宾客添加菜品，并询问："您需要再来一些菜品吗？"

②个性化服务：餐厅员工应根据宾客的喜好和反馈提供个性化的推荐。

例如，如果宾客在用餐过程中提到喜欢辣味，餐厅员工可以说："我们还有一道麻辣鸡翅，味道也非常棒，需要为您点一份吗？"

③礼貌语言和表情：在介绍和分享菜品时，餐厅员工应面带微笑，并使用礼貌用语，通过亲切的语言和友好的表情，让宾客感受到尊重和热情。

例如,在婚宴上,餐厅员工在上菜时可以说:"这道菜是我们为今天的婚宴准备的特色菜,希望大家喜欢。"同时保持微笑,眼神友好,给宾客留下良好的印象。

❹ 用餐结束

(1)餐厅经理。

①检查服务质量:在用餐接近结束时,餐厅经理应巡视餐厅,确保所有服务均达到预期标准。这包括检查桌面是否整洁、宾客是否满意以及是否有额外的需求未被满足。

②指导餐厅员工进行收尾工作:确保餐厅员工了解如何妥善处理剩余食物、清理餐桌,并且在宾客离开前向他们表示感谢。

(2)餐厅员工。

①收拾餐具:当宾客用餐完毕后,餐厅员工应礼貌地询问是否可以开始清理餐桌。确保宾客用餐结束后再进行清理,避免打扰还在用餐的宾客。

例如,在朋友聚会中,当看到大部分宾客停止用餐时,餐厅员工可以轻声询问:"请问现在可以为您清理餐具吗?"得到肯定的答复后,餐厅员工应迅速而安静地收拾餐具,避免发出过多的声音,影响其他用餐者。

②提供结账服务:在适当的时候,餐厅员工应向宴请方提供结账服务。结账过程应迅速、准确,确保所有费用清晰明了。

例如,在公司年会结束后,餐厅员工可以主动向负责结账的财务人员递上账单,并解释账单明细。同时,餐厅员工应准备好应对账单上的问题或疑问,并确保在宾客离开前处理完毕。

③感谢宾客:在宾客离开时,餐厅员工应站立在适当的位置,用礼貌的语言和微笑向他们表示感谢,并希望他们再次光临。

例如,在婚宴结束后,餐厅员工可以站在出口处,面带微笑地说:"非常感谢您的光临,祝您有个美好的夜晚,期待您的下次光临。"这不仅让宾客感受到被尊重和重视,也为餐厅留下良好的印象。

(3)礼貌语言和表情:餐厅员工在宾客离开时应使用诚恳的语言表达感谢,如"感谢您的光临,期待再次为您服务",同时保持友好的表情,确保宾客感受到被尊重和欢迎。

(4)特别场合的注意事项:在特殊场合,如婚宴或庆典晚宴结束时,餐厅经理或宴请方可能需要发表讲话,感谢宾客的到来并送上祝愿。餐厅员工在这种情况下应保持静候,直至正式宣布结束。

例如,在婚宴结束时,新人可能会发表感谢辞,感谢所有来宾的光临和祝福。此时,餐厅员工应在旁边静候,待新人致辞结束后,再清理餐桌并送别宾客。餐厅员工可以准备好在宾客离开时递上小礼品或纪念品,进一步增强宾客的美好体验。

同步检测

任务二　西餐餐饮礼仪

▶ **知识精讲**

一、西餐餐饮礼仪概述

西餐是对西式餐饮的一种习惯称呼。客观地讲,西餐其实是一个十分笼统的概念,因为不论从形式上还是从内容上来看,西方各国的餐饮都存在很大的差异,难以一概而论。在中国人眼里,西餐除了与中餐在口味上大相径庭之外,还具有两个基本的共性:一方面,它们都源自西方国家的饮食文化;另一方面,它们通常需要使用刀叉取食。

Note

（一）座位安排的基本原则

❶ **主宾优先** 主宾通常坐在主人的右手边，因为这是最为尊贵的位置。这样的安排不仅是对主宾的尊重，也便于主人与主宾之间的交流。

❷ **男女交替** 在许多正式场合中，座位安排通常遵循男女交替的原则，以营造更为和谐的用餐氛围。这种安排也可以促进宾客之间的互动。

❸ **夫妻分开** 在正式宴会中，夫妻通常不会被安排坐在一起，而是分别坐在不同的座位上，以便夫妻双方都能与更多的人交流。

（二）座位安排的具体方法

❶ **长桌安排** 在长桌宴会中，主人和主宾通常坐在桌子的两端或中间位置，以便与所有宾客交流。次宾则坐在主人的左手边。

（1）法式就座方式：主人坐在中间位置，男、女主人对坐。女主人右边是男主宾，左边是男次宾；男主人右边是女主宾，左边是女次宾。陪客则尽量安排在旁边座位。

（2）英式就座方式：桌子两端分别为男、女主人，若夫妇一同受邀，则男士坐在女主人的右手边，女士坐在男主人的右手边，左边则是次宾的位置。陪客尽量往中间坐。

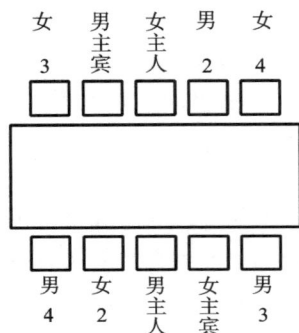

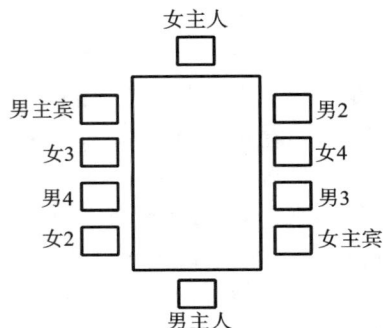

❷ **圆桌安排** 在圆桌宴会中，主人通常坐在靠近入口的位置，主宾坐在主人的右手边。次宾坐在主宾的右手边，依次类推。

示例：在家庭聚会上，主人坐在靠近入口的位置，主宾和次宾依次坐在右手边，其他宾客按顺序就座。

❸ **U形或马蹄形桌安排** 在较大的宴会上，可能会使用U形或马蹄形桌。主人和主宾通常坐在桌子中间的连接处，其他宾客沿着两边排列。

示例：在大型婚宴上，新人坐在U形桌的中间位置，双方的家长和重要宾客沿两侧排开，其他宾客依次排列。

（三）座位安排的文化差异

在国际会议或跨文化宴会中，座位安排还需考虑到不同文化的习惯和礼仪。例如，在某些国家，长者或重要人物应坐在面朝门口的位置，而在部分国家，这一位置可能被视为不吉利。

示例：在跨国商务晚宴中，主办方需要事先了解宾客的文化背景，确保座位安排符合各国文化背景的礼仪规范。

任务执行

实践任务三：阅读宾客信息→根据宾客信息以及座位安排规则安排座位→制作演讲展示稿→形成研究报告→填写任务表1-2-3。

任务表 1-2-3

任务编号	任务名称	负责人	具体任务内容
任务 1-2-3	宾客座位安排练习		阅读宾客信息
			根据宾客信息以及座位安排规则安排座位
			制作演讲展示稿
			形成研究报告

二、西餐的菜序

西餐的菜序与中餐具有明显的不同。例如,在中餐中,汤品是用餐的标准"结束曲";而在西餐中,汤品是被用来"打头阵"的。西餐同样有正餐与便餐之分,其菜序也有很大差异。

（一）正餐的菜序

西餐的正餐菜序不仅复杂多样,而且十分讲究。在大多数情况下,西餐正餐菜品数往往是单数,如 3、5、7 道菜品。对于一顿完整的正餐,进餐时间需 1～2 小时。

❶ **开胃菜（appetizer）** 开胃菜在西餐中起开胃和引导味觉的作用。由于它通常是第一道上桌的菜品,因此也被称为头盘。在正式的西餐中,开胃菜有时并未被列入正式的菜序之中,而仅作为"前奏曲"。开胃菜通常是由蔬菜、水果、肉类、海鲜等食材组成的拼盘通过各种调味汁凉拌而成,不仅色泽鲜艳,口感还十分宜人。

示例:典型的开胃菜包括凯撒沙拉、烟熏三文鱼、意大利熏火腿配蜜瓜等。

❷ **汤品（soup）** 汤品在西餐中是必不可少的,其芳香浓郁的口感具有极佳的开胃作用。根据传统,汤品是西餐中的"开路先锋",只有开始喝汤时,才算正式进入用餐阶段。西餐中的汤品有白汤、浓汤和清汤等多种类型。在享用西餐时,一般只会提供一种汤品。

示例:经典的西餐汤品包括法式洋葱汤、意大利番茄罗勒汤和奶油蘑菇浓汤等。

❸ **主菜(main course)** 主菜是西餐的核心,通常包括冷盘和热菜,但以热菜为主。在较为正式的西餐场合中,通常会提供一份冷盘和两份热菜,包括一份鱼类菜品、一份肉类菜品和一份海鲜类菜品。主菜的质量和种类通常代表用餐的档次和水平。

示例:常见的主菜包括牛排、烤鸡、烤鱼和龙虾等。

❹ **点心(snack)** 在享用主菜之后,可以根据需求选择点心,如蛋糕、饼干、吐司、馅饼和三明治等,以供还未完全饱腹的宾客食用。若宾客已经吃饱,则可以不食用点心。

示例:常见的点心有水果塔、马卡龙和巧克力慕斯等。

❺ **甜品(dessert)** 甜品是西餐中不可缺少的一道菜品,通常在正餐结束后呈上。最为常见的甜品包括布丁和冰激凌,甜品不仅是餐后的享受,更是一道固定菜品,因此建议宾客尽量品尝。

示例:经典甜品有法式焦糖布丁、意式提拉米苏和各类冰激凌。

❻ **热饮(hot beverage)** 在西餐用餐结束前,通常会为宾客提供热饮,作为"压轴戏"。最常见的热饮是红茶或黑咖啡,二者通常只选其一,不宜同时享用。热饮的主要作用是促进消化,宾客可以在餐桌上饮用,也可以移步到休息厅或客厅享用。

示例:在正式宴会上,宾客可以选择一杯英式红茶或一杯意式浓缩咖啡作为餐后热饮。

(二)便餐的菜序

西餐的正餐多见于宴会或其他重要的节假日场合。它虽然较为隆重,但往往耗资较多、耗时颇长。在一般情况下,人们总是将西餐正餐简化,即为西餐便餐,其菜序主要由开胃菜、汤品、主菜(各一份)、甜品、热饮等构成。

(三)西餐的餐具

学习西餐餐饮礼仪时,掌握西餐餐具的使用方法是其重点内容之一。在所有的西餐餐具之中,刀叉、餐匙和餐巾是最具代表性的,以下分别对其加以介绍。

❶ **刀叉** 刀叉是餐刀、餐叉的统称。二者既可以配合使用,又可以单独使用。在多数情况下,刀叉是配合使用的。掌握刀叉的使用方法,需要具体学习刀叉的类别及摆放位置、用法、暗示等三个方面的内容。

(1)刀叉的类别及摆放位置。

①在正规的西餐宴会上,菜品是一道一道分别上桌的,而每品尝一道菜品,都需更换一副刀叉。

也就是说,在每品尝一道菜品时,都要配以专用的刀叉,绝不可以从头到尾只使用一副刀叉或不加区分地胡乱使用刀叉。

②享用西餐正餐时,每位宾客面前的餐桌上都会摆放专门供其个人使用的刀叉,如用于吃黄油所用的刀叉、吃鱼所用的刀叉、吃肉所用的刀叉和吃甜品所用的刀叉等。除了形状各异之外,这些刀叉摆放的位置还有具体规定。

③吃黄油所用的餐刀是没有与之相匹配的餐叉的,它通常被放置在面包盘上。如果没有面包盘,则应放在宾客左手正前方。

④吃鱼和吃肉所用的刀叉通常应当右边放餐刀,左边放餐叉,分别纵向摆放在宾客面前的餐盘两侧,方便宾客分别从两侧由外向内依次取用。

⑤吃甜品所用的刀叉应最后使用,一般被横向放在每位宾客所用餐盘的正上方。

(2)刀叉的用法。

①正确持餐刀的方法:右手持餐刀,拇指抵于刀柄一侧,食指按于刀柄上,其余三指弯曲握住刀柄。不用餐刀时,应将其横放在餐盘的右上方。

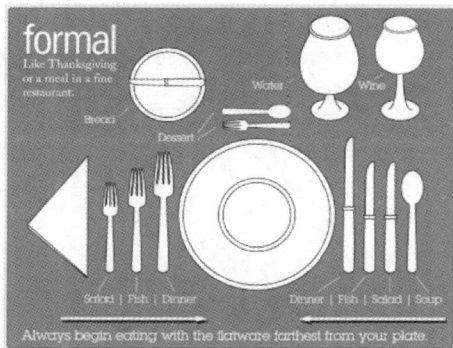

②正确持餐叉的方法:当餐叉不与餐刀并用时,应右手持餐叉取食,叉齿向上。当刀叉并用时,应右手持餐刀,左手持餐叉,叉齿向下叉住食物;切割完毕后,先将餐刀放下,餐叉换至右手,再用餐叉将食物送至口中。

③刀叉并用方式分为英国式和美国式两种。英国式的具体方法是宾客在使用刀叉时,始终保持右手持餐刀,左手持餐叉,一边切割一边叉住食之,这种方法显得比较文雅;美国式的具体做法是右刀左叉,一鼓作气将要吃的食物全部切好,然后将右手的餐刀斜放在餐盘前面,再将左手的餐叉换到右手,最后右手执叉就餐。

④使用刀叉时的注意事项如下。

a.切割食物时,避免发出声响。

b.切割食物时,应当从左侧开始,由左至右依次进行。

c.切割食物时,应当双肘下沉,前后移动,避免左右摆动或将肘部抬得过高。

d.切割后的食物大小应当适宜入口,一般应当以餐叉辅助食用,不可以用餐刀扎食或用餐叉叉起后逐口咬食。

e.双手同时使用刀叉时,叉齿朝下,右手持餐叉进食时则应使叉齿朝上;临时将刀叉放下时,切勿使刀叉朝外。

f.如果刀叉掉落地上,一般不继续使用,而应另换一副新刀叉。

(3)刀叉的暗示。通过刀叉的不同放置形式,宾客可以向服务员传达自己是否还想再品尝某道菜品。

①暗示尚未吃完:在进餐期间,宾客如果将餐刀放右,餐叉放左,刀刃朝内,叉齿朝下,二者呈"八"字状摆在餐盘之上,则暗示服务员此菜品尚未用毕。

②暗示可以撤掉:宾客如果吃完了某道菜品,或者因其不合口味而不想继续食用,则可以将餐刀放右,餐叉放左,刀刃朝内,叉齿向上并排纵放在餐桌上,或刀上叉下并排横放在餐盘上。这种做法则是在暗示服务员可以将刀叉连同餐盘一起撤下桌去。

❷ **餐匙** 餐匙又称调羹。品尝西餐时,餐匙是一种不可缺少的主要餐具。在西餐中,餐匙主要包括以下两种:①汤匙:其形状较大,通常被放在宾客右侧餐刀的最外端,并且与餐刀并排;②甜品匙:在一般情况下,甜品匙被放在吃甜品所使用的刀叉的正上方,并且与之并排。

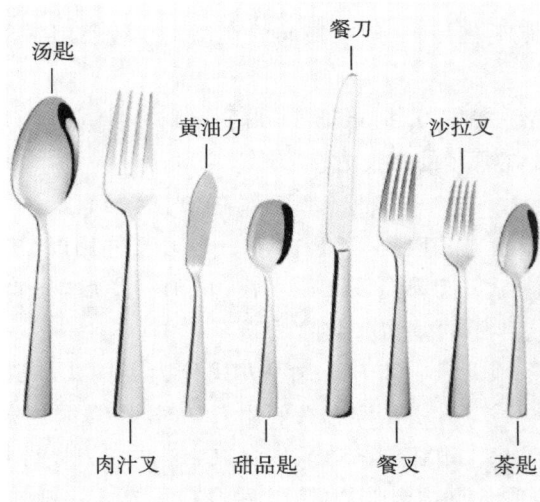

正确使用汤匙的方法:用右手拇指与食指持汤匙柄,手持汤匙,使其侧立,不要使汤滴在汤盘外面。正确使用甜品匙的方法:应保持动作优雅、轻缓,注意舀取适量甜品,避免发出声响或舔匙。餐桌上的茶匙通常用来调制饮品,喝完饮品后应将其从杯中取出,放入托盘。

使用餐匙时应注意以下几点。

(1)餐匙除了可以用于饮汤、品尝甜品外,绝不可以直接用于舀取红茶、咖啡及其他主食、菜品。

(2)用餐匙取食时,务必不要过量。一旦入口就要一次用完,避免反复品尝同一餐匙上的食物。

(3)使用餐匙的动作要干净利索,不要在汤品、甜品或者红茶、咖啡中反复搅拌。

(4)已经使用过的餐匙不可再次放回原处,也不可将其插入菜品或放在汤盘、红茶杯、咖啡杯中。正确的做法是将其暂放于餐盘上。

❸ **餐巾** 餐巾在西餐里除了具有保洁服装、擦拭口部的作用外,还有一大特殊的作用就是暗示。

(1)暗示用餐开始:按惯例,享用西餐时,宾客均向女主人自觉看齐,当女主人为自己铺上餐巾时,一般等于正式宣布用餐开始。

(2)暗示暂时离开:用餐时若需要中途暂时离开,往往不必大张旗鼓地向他人说明,只要把本人的餐巾置于自己座椅的椅面上即可。

(3)暗示用餐结束:当女主人把自己的餐巾放在餐桌上时,意在宣告用餐结束,其他宾客见状均应自觉停止用餐。

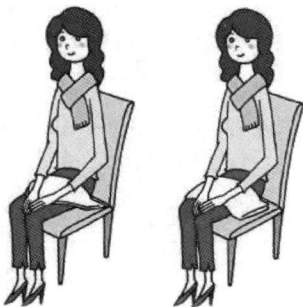

（四）西餐进餐礼仪

❶ 准时赴宴

（1）西餐宴会一般会准时开始。应邀赴宴绝不能迟到，也不能到得太早。

（2）男女主人在门口恭迎。

（3）见到主人，只要与主人握手即可，不必过多寒暄。因为宾客接踵而至，如跟男女主人聊天，不但不礼貌，还有碍男女主人接待其他宾客。

❷ 女士优先　入席时，男士应替身边的女士拉开椅子，请她入座后，自己再坐下；进餐时也要随时照顾女士。女士接受服务后，不要忘记向男士道谢。

❸ 宾客必须时刻注意女主人的举动　西餐进餐过程以女主人的动作为指令。比如，偶有迟到的宾客入座，当她从座位上站起来迎接、招呼时，座席上的男士也应陪同站起来。每上一道菜品时，要经女主人招呼，才能开始用餐。

❹ 合理运用餐巾　在宴会开始前，每位宾客的面前均摆着一条白色的西式餐巾，用于避免进食时弄污衣服。在西方家庭中，日常进餐时，多将餐巾塞在领口；但参加宴会时，都将其放在膝上。对于较大的餐巾，通常只打开一半，对折摊开使用。餐毕离席时，将餐巾拿起，随意搁在餐桌上即可。

❺ 注意分菜流程礼仪　在家中招待宾客时，重要的一道菜品多半由男主人呈上，尤其是需要切分的禽类或烤肉。通常等到每位宾客面前都有了菜品，并且女主人拿起自己的餐叉时，才一起用餐。有时，由于宾客太多，担心等久了菜品会凉，女主人可能会请宾客先用餐，那时，也得等邻近的宾客都有了菜品再开始用餐，这样才符合礼仪。

❻ 注意刀叉使用与餐食的匹配

（1）食用肉类菜品时，有两种方法：一是边割边吃；二是先把肉块（如牛排）切好，然后把餐刀放在食盘的右侧，单用餐叉进食。对于肉饼、煎蛋、沙拉，不需用餐刀而只用餐叉。肉盘中如有肉汁，可用面包蘸着吃。

（2）食用面包不使用刀叉，应用手撕着吃。

（3）对于炸薯片、炸肉片、芹菜、芦笋等物，也不用刀叉，可用手拿着吃。但取食时，仅限于用拇指和食指拈取，食用后可用摆在面前的小手巾抹手。

（4）食用甜点时可用餐叉或甜品匙。

❼ 用餐谈话礼仪

（1）谈话时无需将刀叉放下，可以一边说话，一边拿着刀叉。如果宾客把刀叉放下，女主人可能会认为他已经吃完了那道菜。

（2）女主人如果询问宾客是否愿意再添一点菜品，宾客可借机表示欣赏女主人所做的菜品。

比如，当主人问宾客："让我再给你一点鸡，好吗？"宾客可以说："好，谢谢你，这鸡真好吃。"或者说："谢谢你，我不要了，这鸡很好吃。"

❽ 用餐结束礼仪　和中国餐饮礼仪一样,女主人应一直陪着吃得最慢的宾客。在食用完所要吃的东西以后,应该把刀叉并排横放在餐盘上。汤匙应留在汤碗中。如果碗底有碟子托着,则放在碟子上。茶匙不可留在茶杯中,而应放在茶碟上。当想再喝一杯茶或咖啡时,茶杯、茶碟及茶匙应全部递给女主人。

❾ 用餐离席礼仪　宾客在进餐过程中离席,或在女主人表示用餐结束之前离席都是不礼貌的。若必须离席,则应请女主人原谅。当女主人表示宴会结束时,会从座位上起立,与此同时,所有的宾客也应随之起立。按礼节来说,在女士起立后,男士应帮助她们把椅子归回原处。

同步检测

任务执行

任务执行

实践任务四:宾客角色分配→用餐模拟→总结反馈→填写任务表 1-2-4。

任务表 1-2-4

任务编号	任务名称	负责人	具体任务内容
任务 1-2-4	根据西餐礼仪模拟就餐过程		宾客角色分配
			用餐模拟
			总结反馈

模块二

中西餐服务方式与台席设计

扫码看课件

模块描述

在全球餐饮业蓬勃发展的今天,餐厅服务质量已成为衡量餐厅综合实力的重要标准。无论是在国内市场还是国际市场,高质量的餐厅服务不仅能提升客人的用餐体验,还能为餐厅赢得良好的口碑和品牌形象。在中西餐厅服务设计模块中,我们将道过对比和分析,深入了解中西餐厅服务的标准和特色,掌握核心的服务技能,并将其应用到实际的宴席设计和服务流程中。

模块目标

(1)掌握中西方主流餐厅服务方式。
(2)能够设计中餐宴席以及服务流程。
(3)能够设计西餐宴席以及服务流程。

模块实践

· 实践案例与互动讨论

案例研究:通过分析知名餐饮企业成功的台席设计案例,展示其有效地应对国内、国际服务标准与客户个性化需求的卓越服务。

掌握中西方主流餐厅服务方式

项目描述

　　中西方餐饮文化由于其历史背景、社会发展和文化传统的不同,导致在服务方式、礼仪标准和餐具使用上存在显著差异。理解和掌握这些差异,不仅有助于提升餐饮服务的专业性,更能促进多元文化的交流与融合。本项目将引导学生系统学习中西方餐饮服务的历史发展与标准,旨在培养其在多元文化背景下的服务技能和文化敏感性。

项目引入

　　上海的某高端餐饮机构主打结合中西餐文化的创新菜品,餐厅的目标客群不仅包括本地客人,还吸引了大量的外籍人士和商务游客。近期,餐厅接到了客人反馈,指出在服务过程中,中西方餐饮礼仪的差异导致了一些不愉快的用餐体验。比如,部分西方客人对中餐服务中的共餐模式感到不适,而中国客人则对西餐中的个体服务方式感到不太习惯。为提升服务质量,餐厅决定开展一系列针对员工的培训,帮助他们更好地理解并实践中西方餐饮服务礼仪。

　　作为培训的参与者,你需要学习以下几个方面内容。

　　(1)了解并掌握中餐和西餐的服务历史及标准,包括其发展背景和主要流派。

　　(2)学习并实践中西方餐饮服务标准和礼仪,特别是在迎宾、点菜、上菜和撤盘等关键环节上的操作技巧。

　　(3)通过角色扮演和模拟练习,分析和改进服务中的细节,确保能够在实际工作中灵活运用中西方餐饮服务礼仪。

项目目标

　　(1)掌握中餐服务历史发展以及服务标准。

　　(2)掌握西餐服务历史发展以及服务标准。

　　(3)分析中餐厅与西餐厅服务的主要差异,包括服务方式、餐具使用、菜品介绍等。

Note

项目实训

<table>
<tr><td colspan="4" align="center">学生角色扮演任务单</td></tr>
<tr><td colspan="4" align="center">掌握中西方主流餐厅服务方式</td></tr>
<tr><td>项目</td><td colspan="3">实践中西餐标准服务方式</td></tr>
<tr><td>实训名称</td><td colspan="3">掌握中西方主流餐厅服务方式</td></tr>
<tr><td>实训日期</td><td colspan="3"></td></tr>
<tr><td>实训地点</td><td colspan="3"></td></tr>
<tr><td>实训目标</td><td colspan="3">教授学生掌握客人体验地图定制服务</td></tr>
<tr><td colspan="4" align="center">实训任务</td></tr>
<tr><td>任务编号</td><td>任务名称</td><td>负责人</td><td>具体任务内容</td></tr>
<tr><td>任务1</td><td>中餐服务方式</td><td></td><td>实践中餐标准服务方式、流程</td></tr>
<tr><td>任务2</td><td>西餐服务方式</td><td></td><td>实践西餐标准服务方式、流程</td></tr>
<tr><td>任务3</td><td>中西餐服务方式对比</td><td></td><td>设计并布置一张包含中西餐元素的混合宴会餐桌,展示中西餐具的使用差异</td></tr>
</table>

任务一　中餐服务概述

知识精讲

一、中国古代宴会服务

中餐服务的起源可以追溯到中国古代的宴会和祭祀活动。这些活动不仅是饮食的盛宴,更是重要的社会和文化仪式。在古代,宴会和祭祀常常用于庆祝丰收、祭祀祖先和神灵以及庆祝重要的社会事件。尽管古代的文献对"餐饮服务员"的记载甚少,但依然可以从皇家宴席流程的相关描述中窥见当时宴会服务的复杂与烦琐。

❶ **宴饮之礼**　有主有宾的宴饮,是一种社会活动。为使这种社会活动有秩序、有层次地进行,达到预定的目的,必须有一定的礼仪标准来指导和约束。各民族在长期的实践中都形成了各自独特的饮食礼仪体系,作为社会成员的行为守则。

汉族传统的宴饮礼仪程序一般如下。主人折束相邀,到期迎客于门外;客至,互致问候,延入客厅小坐,敬以茶点;导客入席,以左为上,是为首席。席中座次,以左为首座,相对者为二座,首座之下为三座,二座之下为四座。客人坐定,由主人敬酒让菜,客人以礼相谢。宴毕,导客入客厅小坐,上茶,直至辞别。席间斟酒上菜,也有一定的规程。现代的宴饮礼仪程序如下:斟酒由客人右侧进行,先主宾,后主人;先女宾,后男宾。酒斟八分,不得过满。上菜先冷后热,热菜应从主宾对面席位的左侧上桌;上单份菜或配菜席点和小吃时,先宾后主;上全鸡、全鸭、全鱼等整形菜时,不能把头尾朝向正主位。

❷ 待客之礼　如何以酒食招待客人,《周礼》《仪礼》与《礼记》中已有详尽的礼仪条文。

侍食年长位尊者,少者应先吃几口饭,谓之尝饭。虽先尝食,却又不得自己先吃完,必须等长者吃完后才能放下碗筷。少者吃饭时还得小口小口地吃,而且要尽快咽下去,随时准备回复长者的问话,谨防发生喷饭等不雅之举。

尊卑之礼历来是食礼的一个重要内容。子女于父母,下属对上司,少小对尊长,要表现出尊重和恭敬。对此,不仅经典立为文,朝廷著为令,家庭亦以为训。《明史·礼志》有"庶人相见礼",提到明太祖朱元璋曾两度下令,旨在明确餐桌上的座次礼仪。

洪武五年(1372 年),凡乡党序齿,民间士农工商人等平居相见及岁时宴会谒拜之礼,幼老先施。座次之列,长者居上。

❸ 宫廷就餐礼仪　宫廷宴席和皇家礼仪是中餐服务历史中的重要部分。在古代,宫廷宴席不仅是皇室成员和贵族的享受,也是政治和外交活动的重要工具。

(1)宫廷宴席。宫廷宴席通常规模宏大,菜品丰富。宴席上不仅有美味的佳肴,还有精美的器皿和精致的摆设。宴席的布置和服务都极为讲究,以体现皇家的威严和地位。

(2)皇家礼仪。皇家礼仪是宫廷宴席的重要组成部分。皇室成员和贵族在宴席上的座次、进餐顺序和礼仪都有严格的规定。这些礼仪不仅是为了展示皇室的威严,也是为了维护社会的等级秩序。

宫廷宴席也是对外展示国家形象的重要场合。外国使节和贵宾在皇宫中受到隆重的接待,宴席上的每一个细节都精心设计,以展示中国的富庶和文化底蕴。清朝的宫廷宴席可以说是饮食文化的最高层次,同时其也是整个皇家权力的象征,因此整个宴席严格遵循礼制,礼仪烦琐、复杂。清宫宴席严格地遵守定下来的规矩以及皇家的礼仪规范。就连所谓的家宴也是如此,皇帝坐中间,两侧是头桌、二桌、三桌,以此类推,左尊右卑。参加宴席的人按照身份落座,不能随意坐下,先上冷膳再上热膳,进膳后便是汤和主食。吃完上奶茶,奶茶喝完转宴等,规矩繁多。

清朝的宴席最主要的作用便是政治交流,比如外藩宴旨在联合其他部落,鹿鸣宴用于笼络学子,千叟宴则彰显国家富强、百姓安乐。此类宴席本身即是服务于封建统治,而不仅仅是一场简单的宴席。

二、近现代中餐服务的演变

近现代,中餐服务在传承传统的基础上,不断吸收外来文化和现代管理理念,逐渐形成了现代中餐服务体系。这一过程体现了社会经济发展、文化交流和技术进步对中餐服务的深远影响。

(一)餐饮业的发展

随着社会的发展和城市化进程的加速推进,中餐业经历了快速扩张和转型,逐步形成了多层次、多样化的市场格局。

❶ 城市化和经济发展　20 世纪初期,随着中国社会的城市化进程加快和经济的快速发展,大量人口涌入城市,推动了城市餐饮业的发展。各类中餐馆、酒楼、饭店纷纷涌现,形成了覆盖广泛、层次分明的餐饮市场。高档餐厅、普通饭馆、小吃摊等各具特色,满足了不同消费群体的需求。例如,北京的"全聚德"烤鸭店不仅吸引了众多本地食客,还成为游客必去的美食打卡地,体现了文化和商业的双重效应。

❷ 商业化和品牌化　在市场竞争中,一些中餐企业开始注重品牌建设和市场推广。这些企业

通过广告、促销、连锁经营等方式,成功树立了品牌形象,扩大了市场影响力。例如,20世纪中后期,广州的"广州酒家"和北京的"东来顺"成为中餐品牌的代表,它们通过标准化管理和特色服务吸引了大量客人。广州酒家的早茶和东来顺的涮羊肉不仅成为地方美食的代表,也通过品牌效应走向了全国。

❸ **多样化和国际化**　随着中国对外开放和国际交流的增加,中餐业也逐渐走向国际化。一方面,国内的中餐厅不断吸收国外的先进管理经验和服务理念,提升自身的竞争力;另一方面,中餐文化逐步传播到世界各地,许多中餐企业在海外开设分店,推广中国美食文化。

(二)服务标准的提升

在现代中餐服务中,标准化和专业化是提升服务质量和效率的重要手段。现代中餐服务注重引入科学管理理念和先进技术,推动服务水平的不断提升。

❶ **标准化管理**　标准化管理是现代中餐服务的基础。通过制定统一的服务流程、操作规范和质量标准,餐饮企业可以有效提高服务的一致性和稳定性。比如,某些连锁餐饮品牌在全国范围内推广标准化菜品制作和服务流程,确保每一位客人在不同门店都能享受到同样高质量的服务和美食。例如,海底捞火锅的标准化管理和服务流程不仅在国内赢得了大量忠实客人,还成功拓展了海外市场。

❷ **专业化培训**　现代中餐服务重视对服务员的专业培训。服务员需要掌握基本的服务礼仪、菜品知识和操作技能,能够满足各种服务场景和客人需求。例如,某些高档餐厅会定期组织员工参加专业培训课程,学习最新的服务技巧和管理理念,以提升自身的专业素养和服务能力。

❸ **科技应用**　科技的进步为中餐服务质量和效率的提升提供了新的手段。信息技术、智能设备、数据分析等在餐饮服务中的应用,不仅提高了服务效率,还增强了客人的体验感。比如,通过智能点餐系统和后台数据分析,餐厅可以更加精准地了解客人需求,提供个性化服务;通过智能厨房设备,可以提高菜品制作的效率和质量,减少人工操作的误差和风险。

(三)中西融合

在全球化背景下,中餐服务不断吸收西方餐饮文化的精华,形成了中西合璧的服务方式。这种融合不仅丰富了中餐服务的内容和形式,也推动了中餐文化的发展和创新。

❶ **西式摆台和服务礼仪**　现代中餐厅在保持传统摆台和服务礼仪的基础上,借鉴了西餐的摆台方式和服务规范。例如,一些高档中餐厅在摆台时会参考西餐的标准,通过餐具排列、桌布铺设和花艺装饰等方式,营造优雅、精致的用餐环境;在服务过程中,会注重服务员的仪表、举止和沟通技巧,以提升客人的整体体验感。

❷ **菜品创新和跨界融合**　中西融合不仅体现在服务方式上,还体现在菜品的创新和跨界融合上。许多中餐厨师借鉴西餐的烹饪技法和食材搭配,推出了一系列中西结合、可现场烹饪表演的创意菜品。

❸ **文化交流和体验式服务**　中西融合还体现在文化交流和体验式服务上。现代中餐厅不仅注重菜品和服务的创新,还通过各种文化活动和体验项目,让客人深入了解中餐文化。例如,一些中餐厅会定期举办厨艺展示、文化讲座和品鉴活动,邀请客人参与互动,以体验中餐制作的乐趣和文化内涵;或者在餐厅装修和装饰中融入中式元素,营造浓厚的文化氛围。

任务二　了解中餐服务方式及服务流程

→ 知识精讲

一、中餐服务方式

中餐在长期的发展过程中,不断融合与创新,逐步形成了其独特的服务方式。这种服务方式与中餐菜品的许多特点相适应。常用的中餐服务方式有共餐式服务、转盘式服务和分餐式服务三种。

（一）共餐式服务

传统的共餐是指由就餐者用自己的筷子到共享的菜盘中夹取菜肴。然而今天的共餐形式已在此基础上做了较大改进,就餐者可用附加的公筷、公勺等盛取喜爱的菜肴。共餐式服务比较适用于2～6人的中餐零点服务。其服务程序和形式如下。

(1)摆台时,根据餐桌大小和用餐人数摆放1～2副公筷、公勺等。

(2)上菜时服务员站在适当的位置,将托盘中的菜盘摆放到餐桌上。

(3)报出菜名,向客人介绍菜肴特色。

提供共餐式服务时,应注意以下事项。

(1)中餐上菜常常是所有菜肴同时上台,服务员要注意台面不同菜肴的搭配摆放,尤其是荤素和颜色的搭配。

(2)菜肴上台时,注意配上适当的公用餐具,方便客人取菜,避免使用同一餐具。

(3)台面上的菜肴放不下时,应征求客人意见,对台面进行整理,撤去或合并剩菜不多的盘子,切勿将菜盘叠放。

(4)如遇有外宾用餐,应主动为其提供餐叉、餐匙等西餐餐具。

(5)对于整鸡、整鸭、整鱼等菜肴,应协助客人分切成易于筷子夹取的形状。

(6)所有的菜肴上完后,应告知客人,并询问客人对品种、数量的满意度,最后祝客人用餐愉快。

（二）转盘式服务

转盘式用餐是在一个大的圆桌面上,安放一个直径为90厘米左右的转盘,将菜肴等放置在转盘上面,供就餐者夹取。转盘式服务是中餐服务中普遍使用的一种餐桌服务方式,适用于大圆台的多人就餐服务,既可用于旅游团队、会议等团体用餐,也适用于中餐的宴会服务。

转盘式服务方法和程序如下。

❶ 台面布置

(1)在台面上按铺台布的要求铺好台布。

(2)将转盘底座转轴摆放到桌子正中央。

(3)将干净的转盘放到转轴上,试验其是否转动自如。

(4)根据便餐或宴会的要求摆台。

❷ 转盘式便餐服务

(1)在台面上摆放2～4副公筷、公勺等。

(2)服务员从适当的位置上菜,报出菜名、介绍菜肴特色。

(3)客人用公用餐具为自己取菜。

(4)服务员协助客人分派整鱼、整鸡、整鸭等菜肴。

(5)在多骨、多刺和口味截然不同的菜肴之间为客人调换骨盘。换盘时注意:先撤后上,先女后男,先长后幼,先宾后主。

❸ 转盘式宴会服务

(1)服务员站在适当的位置为客人上菜、分菜。

(2)只有一位服务员单独服务时,按以下程序分菜:收撤脏盘;介绍新上菜肴;将干净骨盘沿转盘边放好;用公用餐具分派;请客人享用新上菜肴。

(3)两位服务员协作服务时,按以下程序分菜:收撤脏盘;换上干净骨盘;介绍菜肴;两人配合分菜,一人分菜,另一人递盘,注意分清主次先后;请客人享用。

（三）分餐式服务

分餐式服务是吸取了西餐服务方式的优点并与中餐服务相结合的一种服务方式，人们又将这种服务方式称为"中餐西吃"，它比较适用于较正式的高档宴会服务。分餐式服务又可分为边桌服务和派菜服务两种。

❶ **边桌服务**　边桌服务是在宴会餐桌旁设一个固定的或可移动的服务边桌，在边桌上放一些干净骨盘和其他餐具，进行宴会的分菜服务。其服务程序如下。

（1）服务员将菜肴用托盘送至餐桌上，向客人介绍菜肴特色。

（2）将菜肴放回到服务边桌上，准备分菜。

（3）两位服务员配合，一人分菜，另一人将餐桌上前一道菜用过的脏盘撤下，然后将新分好菜的骨盘置于每位客人面前。

（4）将菜盘中剩余的部分菜肴整理好，放回到餐桌，以便客人需要时添加。

边桌服务与西餐中的美式服务极其相似。

❷ **派菜服务**　派菜服务的基本程序如下。

（1）服务员给客人换上干净的骨盘。

（2）服务员将菜肴送上餐桌，报出菜名，为客人介绍菜肴特色。

（3）将菜肴放至铺有干净垫巾的小圆托盘上，左手托盘，右手持服务餐具分菜。

（4）分派的次序遵循主宾优先、主人其次的原则，然后按顺时针方向绕桌进行。分菜时建议从客人左侧进行，这样可以避免托盘与餐具的交叉干扰。

（5）每服务完一位客人，服务员应退后两步，再转身服务下一位客人。

（6）最后将剩余菜肴整理好，放回到餐桌，以便客人需要时添加。

派菜服务与西餐中的俄式服务相似。

❸ **分餐式服务注意事项**

（1）掌握好分菜服务的时间、节奏，确保整个分菜过程迅速、高效，避免后派到菜的客人等待过久。

（2）无论是边桌服务还是派菜服务，操作需稳健，不出声响。

（3）注意分菜的份量，分派需均匀。

（4）放回餐桌的剩余菜肴应保持整洁，不要给人以残羹剩菜的感觉。

（5）不必拘泥于某一种服务方式，可以根据就餐的人数和不同的菜肴，交叉选用不同的服务方式。

（四）服务原则

（1）服务员在服务时，"服务地带"指的是客人肩膀与餐桌边缘之间的区域；"上菜地带"指的是客人的视线水平（即眼睛位置）与胸部之间。

（2）客人使用过的餐盘、杯皿，称为"残盘""残杯"，收拾残盘、残杯时，服务员均应在客人的右侧服务。

（3）饮料的服务过程中，服务员应在客人的右侧服务。

（4）服务过程中，服务员服务的方向，视菜肴上菜的方向来决定。

①菜肴由客人左侧上菜，上菜的前进方向（服务方向）则逆时针方向。

②菜肴由客人右侧上菜，上菜的前进方向（服务方向）则顺时针方向。

（5）远手原则：即以"最远离客人的手"进行服务的原则。

（6）服务员在客人左侧服务时，以左手持盘服务；服务员在客人右侧服务时，以右手持盘服务。

（7）不跨越原则：服务员在服务时如伸手跨越过客人的正前方，此为不礼貌的动作。必须以客人正前方为伸手界限，以不跨越此界限为原则。

任务执行

实践任务一：了解客户需求→选择合理的服务方式→根据虚拟菜单设计具体服务流程→形成研究报告→填写任务表 2-1-1。

任务表 2-1-1

任务编号	任务名称	负责人	具体任务内容
任务 2-1-1	中餐服务方式		了解客户需求
			选择合理的服务方式
			根据虚拟菜单设计具体服务流程
			形成研究报告

二、中餐服务流程

（一）餐前准备工作

❶ 服务员的准备工作

（1）服务员要穿着整洁、干净的工作服，佩戴好胸牌，保持仪表端庄。

（2）服务员要提前到达现场，按时进行准备工作，确保服务顺利进行。

（3）服务员要熟悉并掌握当天宴会的具体信息，包括宴会内容、客人数量、宴会菜单等。

（4）服务员要准备好必要的服务工具，如托盘、餐巾、餐具等。

（5）服务员要检查并确保场地、餐桌、餐椅等设施的整洁和完好。

（6）进行自查，检查个人仪表仪容；复查餐台、台布、台面餐具、各种调味品、烟灰缸、牙签等放置是否齐全、整洁、符合要求，椅子与所铺的席位是否对应等；复查菜单、托盘、备用餐具、小毛巾、工作台内储存物品等是否齐全、整洁；接受领班检查。

❷ 餐具摆设的准备工作

（1）餐具要清洗干净，无油污和异味。

（2）餐具摆放要合理整齐，不同种类的餐具要摆放在相应的位置，具有一定美观性。

（3）餐巾要叠好，整齐摆放在餐盘旁边，方便客人使用。

❸ 宴会的布置

（1）确保宴会的环境卫生符合餐厅卫生要求。

（2）根据宴会的类别、档次进行合理布置。餐桌之间距离适中，以方便穿行、服务为宜；重点突出主台，主台应放在可视餐厅主门，便于客人纵观全厅。

（3）做好宴会配套设施的布置和装饰。检查并确认灯具、音响、家具等设施的完好和室温的适宜。

❹ 熟悉菜单和物品准备

（1）熟悉菜单以便于服务时介绍，并根据菜单所列的服务要求，提前做好准备工作。

（2）根据台数与菜单内容选配银器、瓷器、玻璃器皿、餐巾、台布、小毛巾等服务工具，准备餐具及服务工具时要确保数量充足。

（3）根据接待对象，视情况设置分菜台和酒水台（如受场地限制，可采用席上分菜方式）。

（4）如果客人已安排酒水，按菜单要求备足各类酒水，用布擦干净酒瓶和各类罐子，并整齐摆放在工作台上。

（5）客人到达前准备好饮料或茶水。

（6）准备好小毛巾。

（7）客人到达前上酱油、醋等调味品。

（8）将各类开餐用具整齐归一放好。

（二）餐中服务

❶ 迎宾服务

（1）服务员要站在宴会场门口，主动和客人打招呼，热情地迎接客人，不得交头接耳或倚台而站。

（2）服务员要主动给客人指引座位，并帮助客人推拉椅子。

（3）随即提供毛巾、茶水服务，按先女宾、主宾，后主人的顺序进行。

（4）服务员要注意礼节，询问客人的需求和喜好，根据客人的要求提供相应的服务。

（5）服务员要耐心倾听客人的需求，并及时做出回应。

❷ 点菜服务

（1）服务员要耐心地向客人介绍菜品，包括菜品名称、做法、口味等。

（2）服务员要根据客人的需求帮助客人进行菜品选择。

（3）服务员要及时记录客人的点菜信息，并向厨房传达。

（4）服务员要注意客人的用餐速度，及时为客人添加菜品或饮料。

❸ 上菜服务

（1）服务员要按照宴会菜单的上菜顺序上菜，保持菜品的热度和色香味俱佳。

（2）服务员要将菜品主动摆放在客人面前，避免过近或过远。

（3）服务员要向客人介绍菜品的名称、特点和做法，并解答客人的疑问。

（4）服务员要及时询问客人的需求，如是否需要加餐或续酒。

（5）宴会开始前10～15分钟，冷菜上桌，注意荤素搭配，色彩间隔摆放。若设有冷盆，将花型正对客人和主宾。

（6）要求每道菜都必须配备公筷，若采取席上分菜，需要在上菜前将鲜花撤走，摆好公筷、公叉、公勺等分菜餐具；若不需要分菜，则依照菜品摆放公筷、公叉、公勺。

（7）分菜时，可采取转台式分菜、叉勺式分菜和工作台分菜相结合的方式。

（8）如客人提出无须分菜，应尊重客人的要求，但上汤、羹类菜品时必须分菜。

（9）每一道菜出菜时，都必须列队进入餐厅，主台服务员走在前列，上菜时要求动作统一，不能只顾自己的操作，应注意整体性。

（10）多台宴会的分菜速度应保持一致，特别是其他台的分菜和上菜速度不能快于主台。

（11）掌握上菜节奏，快慢适当，大型宴会视主台的用餐速度进行调整。

（12）高规格的宴会，在上甜品前需先撤完所有餐具，再整理好口布，重新摆放甜品餐具；一般形式的宴会，先撤走空的餐具，再整理好口布，重新摆放甜品餐具。切记不能撤走酒杯。

（13）上水果前，撤去所有餐具并换上干净盘子，视情况摆上刀、叉等餐具，端上水果，并说："水果拼盘，请慢用"；整个宴会服务过程，值台员必须坚守岗位。

④ 席间服务

(1)客人进入宴会厅后,热情为客人拉椅让座。为主宾拿出骨碟中的口布,打开铺好,然后撤走筷套。

(2)了解客人是否需要致辞、致辞人数及大致时间。

(3)掌握上菜时间后,及时与厨房沟通或征得主人同意后通知上菜。

(4)席间如有客人致辞,应立即关掉音响并通知厨房暂缓或减慢出菜;同时站立一边,停止工作(如有新客人到,应保证客人有酒用于干杯,或应客人要求送上饮料,灵活掌握)。在大型宴会,主宾或主人发表祝词时,主台服务员应在托盘内准备好酒水,待其讲话完毕时递上。

(5)主人轮台敬酒时,服务员应随其身后及时给主人斟添酒水。在客人敬酒前要注意杯中是否有酒,当客人起立干杯或敬酒时,应迅速拿起酒瓶或协助客人拉椅。

(6)客人席间离座,应主动帮助拉椅、整理餐巾;待客人回座时应重新拉椅、落餐巾;客人祝酒时,服务员应立即上前将椅子向外稍拉,坐下时向里稍推,以方便客人站立和入座;服务中要保持转台、餐台的整洁。

(7)宴会服务中,服务员要按规定姿势站立于离客人桌面1.5米处,注视全部客人的情况,出现问题及时处理。

(8)清点撤下来的高档餐具是否齐全。

⑤ 饮料服务

(1)服务员要及时为客人倒酒或饮料,确保饮料供应充足。

(2)服务员要根据客人的口味和需求推荐适合的饮料。

(3)服务员要注意客人的饮料用量,及时询问客人是否需要续杯。

(4)斟酒服务时按斟酒服务规范操作。第一次斟倒时,用托盘斟酒,席间服务时可徒手斟酒。

(5)开餐前若已斟倒红酒和白酒,则从主宾开始斟倒饮料,征求客人意见:"请问您喜欢哪种饮料?"

(6)宴会若未提前定好酒水,客人入座后,应先问清楚,例如"请问今天用什么酒,我们这有……"客人选定后,按规范进行操作。

(7)宴会过程中,应注意随时斟酒,避免杯空。

⑥ 服务细节

(1)客人离席或敬酒时应主动拉椅,并将客人的口布叠成小三角形放于餐位边。

(2)如果有两位服务员同时为一位客人服务,不应在客人的左右同时服务,应讲究次序协调配合。

(3)用托盘收撤的餐具,如有骨头,每次撤出骨碟时,应先将骨头都倒在一只骨碟上,其他骨碟方可叠起,否则很容易因倾斜导致物品跌落。收撤餐具时无论客人骨碟里有无剩菜均应等示意后再收。若客人挡住去路或妨碍到工作时,应礼貌地说:"请让一让,谢谢。"不能粗鲁地越过客人取物或从客人身边挤过。

(4)上菜报菜名时音量要适度,以让客人听清为宜。分鸡、鱼等不能只分一部位给客人,要均匀搭料,一次分不完的菜品或汤品,要主动分第二次。

(5)分完菜品或汤品后,应将其递到客人面前,并做手势示意客人用餐。分给客人的菜碟上切忌有汁、茨滴于碟边。

(6)分完一道菜后,应抓紧时间进行斟酒、换烟灰缸、收拾工作台等工作,不能一味站着等下一道菜。

(7)服务员之间要求配合默契,有整体意识。如当 A 在上菜报菜名时,B 不应站在 A 的背后,应巡视客人台面情况或斟添酒水。

（三）餐后服务

❶ 结账服务

（1）宴会结束后，服务员要主动向客人确认结账意愿。

（2）服务员要清点菜单上的消费项目并核对价格，确保账单无误。

（3）服务员要为客人提供账单明细，并主动向客人介绍付款方式和优惠活动。

（4）服务员要礼貌地感谢客人光临，并向客人致以祝福。

❷ 收尾工作

（1）客人用餐完毕，及时送上香巾，并征求客人意见，对于客人提出的意见要虚心接受，记录清楚，并表达感谢："非常感谢您的宝贵意见"。

（2）为客人拉开座椅让路，递送衣帽、提包等随身物品，在客人穿衣时主动配合协助；送客道别（按送客服务规范进行）。

（3）收台工作：客人离开后，要及时收台。收台时，按收台顺序依次先收玻璃器皿、银器、口布、毛巾、烟灰缸等物品；然后依次收拾桌上的餐具；最后整理清洁宴会厅，使其恢复原样。

同步检测

任务三　了解西餐主流服务方式及特点

→ **知识精讲**

一、西方主流餐厅服务的发展

与中国餐饮服务始于皇家及上流阶层类似，西方餐饮服务也始于宫廷就餐礼仪。旅游和商务活动自古有之，饭店餐馆应运而生。欧洲最初的食宿设施可追溯到古罗马时期，其发展经历了古代客栈时期、大饭店时期、商业饭店时期等多个阶段，期间几经波折与变迁。第二次世界大战以后，随着欧美各地经济和旅游业的不断发展，进入了新型饭店时期，并逐步形成了庞大独立的饭店行业。

❶ 古代客栈时期　为满足外出人们的吃、喝、睡等基本生存需要，千百年以前就出现了客栈和酒店。至中世纪后期，随着商业的发展，旅行和贸易兴起，外出的传教士、信徒、外交官吏、信使、商人等数目激增，对客栈的需求量随之大增。由于当时的交通方式主要是步行、骑马或乘坐驿车，因此，客栈大多设在古道边、车马道路边或是驿站附近。早期的英国客栈是人们聚会、交流信息和落脚歇息的地方。最早的客栈设施简陋，仅提供基本食宿，通常是一幢大房子，内有几间房间，每个房间里摆放床铺，客人往往挤在一起睡。到了 15 世纪，有些客栈已拥有 20～30 间客房，有些比较好的客栈设有酒窖、食品室、厨房，为客人提供酒水和餐饮服务。还有一些客栈已开始注意周围环境状况，房屋前后设有花园草坪，客栈内有宴会厅和舞厅等，标志着客栈开始向多功能方向发展。总的来看，当时的客栈声誉较差，客人在客栈内缺乏安全感，诸如抢劫之类的不法事件时有发生。

❷ 大饭店时期　18 世纪后期，随着工业化进程的加快和民众消费水平的提高，为方便贵族度假者、上层人物以及公务旅行者，饭店业有了较显著的发展。在纽约，1794 年建成的首都饭店，内有 73 套客房，成为当时颇具规模的饭店之一。而堪称第一座现代化饭店的特里蒙特饭店于 1829 年在波士顿落成，为整个新兴的饭店业树立了标准。该饭店不仅客房数量多，而且设施设备较为齐全，服务

员也经过培训,以确保客人有安全感。

19世纪末20世纪初,美国出现了一些豪华饭店。这些饭店崇尚豪华和气派,装饰高档,家具摆设精美,供应高品质的食物。大饭店时期的饭店具有规模大,设施豪华,服务正规,具有一定的接待仪式,讲究一定规格的礼仪等特点。

❸ 商业饭店时期 20世纪初,当时世界上最大的饭店业主——埃尔斯沃斯·弥尔顿·斯塔特勒为满足旅行者的需求,在斯塔特勒饭店的每套客房都设置了浴室,并制定统一的标准来管理其在各地开设的饭店,增加了多项方便客人的服务项目。

20世纪20年代,饭店业得到了迅速发展,美国的大中小城市,纷纷通过各种途径集资兴建现代饭店,汽车饭店也在美国各地涌现。20世纪30年代,由于经济大萧条的影响,旅游业面临危机,饭店业亦不可避免地陷入困境。在繁荣时期开业的饭店几乎尽数倒闭,饭店业遭受极大挫折。

商业饭店时期,汽车、火车、飞机等给交通带来很大便利,许多饭店设在城市中心,汽车饭店就设在公路边。这一时期的饭店,具有设施方便、舒适、清洁、安全等特点。服务虽仍较为简单,但已日渐完善,经营方向开始以客人为中心,饭店的服务价格也趋向合理。

❹ 新型饭店时期 第二次世界大战结束后,随着经济的繁荣,交通工具的便捷,饭店需求急剧上升,一度处于困境的饭店业又迎来了复苏。1950年后开始出现世界范围内的经济发展和人口增长,而工业化的进一步发展更是增加了民众的可支配收入,为外出旅游和享受饭店、餐馆服务创造了条件。20世纪50年代末至60年代初,旅游业和商务的发展给传统饭店带来了挑战,涌现出许多新型饭店。新型饭店时期,饭店面向大众旅游市场转型,许多饭店设在城市中心和旅游胜地,大型汽车饭店设在公路边和机场附近。这个时期,饭店的规模不断扩大,类型多样化,开发了各种类型的住宿设施,服务向综合化方向发展。饭店不但提供食、住,而且提供旅游、通讯、商务、购物等多种服务,力求尽善尽美。饭店业在此过程中也占据了越来越大的市场。

二、西餐服务方式的发展趋势

❶ 作为世界现代生活的原型 西餐服务方式在世界各地持续产生深远的影响,这种趋势在相当长时期内不会改变。但是,西餐服务方式本身则逐渐发生变化,其趋于简单化、自由化和多样化。现代化都市是当今社会文明的焦点,其生活模式实际上是以西方发达国家生活方式为基本原型的,它对于第三世界国家众多人口的影响刚刚开始。西方服务标准作为这种生活方式的重要内容,仍将对全球各人民的生活方式产生广泛的影响。

现代科技使传统的服务方式变得简单化,年轻人提倡自由、舒适、随便、简明的生活格调。现代生活节奏的加快,科技与信息的高度发达,使得人们生活节奏与之相适应,服饰趋向于实用而舒适,饮食趋向于简洁而富有营养,交际趋向于自由。西餐服务文化作为一种重要的文化内容,也将逐渐适应这种城市生活节奏。所以,服务的简洁、自由、明快是未来礼仪文化发展的主流趋势;而伴随着人类文明程度的普遍提高及等级观念的淡化,多样化的服务模式能够更加适应于多元化的人文社会环境。

❷ 作为现代科技发展的产物 西餐服务的发展越来越受到现代科技文明的影响,一方面,传统的服务方式将辅助高度发达的科技与信息手段,变得更受欢迎;另一方面,其中某些传统的烦琐仪式可能会消失。随着交际手段增多,科技辅助下的餐饮服务变得十分便利。与此相适应的其他服务方式,在科学与技术运用中会变得更加简洁。

❸ 作为文化融合的产物 西餐服务将越来越受到其他国家和民族礼仪文化的影响,各种礼仪文化将相互融合。未来是一个休闲的时代,休闲也是实施服务的目的之一。随着经济文明和文化水平的进一步发展与提高,各国各地区之间往来交流更为频繁,全球文化交流也日益增多。一方面,世

同步检测

Note

界文化仍具有浓郁的民族性;另一方面,全球文化发展的统一性也将日益显现出来。

三、西餐主流服务方式

西餐服务方式在世界范围内有着广泛的应用,其严谨的服务流程和高标准的服务质量深受全球餐饮业的推崇。西餐服务主要包括美式服务、法式服务、英式服务和俄式服务等几种方式。以下将详细介绍这些主流服务方式及其特点。

(一)美式服务

美式服务是目前最为普及的一种西餐服务方式,在北美地区餐厅中的应用尤为广泛。美式服务是简单和快捷的餐饮服务方式,一名服务员可以服务数张餐台。美式服务简单,速度快,餐具和人工成本较低,空间利用率及餐位周转率较高。美式服务是西餐零点和西餐宴会理想的服务方式,广泛用于咖啡厅和西餐宴会厅。

❶ **美式服务方法**　在美式服务中,菜肴由厨师在厨房中烹制好,装好盘。餐厅服务员用托盘将菜肴从厨房送到餐厅的服务桌上。以下是美式服务的要点。

(1)热菜要盖上盖子,并且要在客人面前打开盘盖。服务员用左手从客人左侧上菜品;用右手从客人右侧上饮料;在送下一道菜之前,必须先撤掉用过的餐具和杯子。如客人坐在墙角处或小房间里,以上原则可灵活变动。

(2)用托盘上汤品、开胃菜(通常有沙拉)、甜品、咖啡以及酒杯,徒手上主菜。客人的餐前酒杯要从客人的右侧取走。要注意除非客人有吩咐,否则在客人饮酒时千万不要急于端出汤品或前菜,盘、碟从客人的右侧撤走。然后从客人左侧供应主菜,面包及黄油也应从客人的左侧供应。从客人的右侧供应咖啡。倒咖啡时要防止热咖啡飞溅。

(3)收碟方式与出碟方式一致,汤品、开胃菜、甜品、咖啡、酱汁、酒杯等用托盘收走,主碟与主餐刀、餐叉徒手收走,收餐具时注意控制声响。

❷ **美式服务的流程**

(1)餐前准备。

①餐具摆放:每位客人的餐具通常包括刀、叉、勺、盘子、杯子等,按照用餐顺序依次摆放。

②餐桌布置:通常比较简洁,餐巾、花瓶等装饰物点缀其中。

③菜单准备:服务员提前了解菜单内容,做好推荐和解释工作。

(2)拉椅让座。

①撤走餐具:当客人进入餐厅时,服务员领客人入席,并撤走多余餐具。

②传递菜单:将菜单递给客人,将玻璃杯正立后,用右手从客人的右侧倒满冰水。

③点选酒水:询问客人喜欢何种餐前饮料,在客人研究菜单并考虑点菜时,服务员到酒吧取饮料。

(3)点餐服务。

①菜单介绍:向客人介绍菜单内容,并根据客人的口味和需求推荐菜品。

②记录订单:用笔记本或电子设备记录客人的点餐信息,并及时传达给厨房。

(4)上菜服务。

①逐道上菜：菜品按照前菜、主菜、甜点的顺序逐道上菜,每道菜品之间留有适当的时间间隔。

②菜品介绍：上菜时,服务员简要介绍菜品的名称和主要成分。

③餐具更换：在上一道新菜前,服务员更换干净的餐具。

(5)用餐服务。

①饮料服务：及时为客人添加饮料,询问是否需要续杯或更换饮料。

②问题处理：随时关注客人的需求,及时处理用餐过程中出现的问题。

(6)甜点服务。

①提供甜品菜单：当客人用完主菜或表示不再需要其他服务时,服务员递上甜品菜单。

②撤走餐具：用右手从客人的右侧收拾主菜盘碟。

③扫面包屑：从客人的右侧供应冰水并清除桌上的面包屑。记录客人所点的甜品。

④出甜品：用托盘端出甜品,并从客人的右侧供应。

(7)结账服务。

①账单准备：用餐结束后,服务员准备好账单,并主动送到客人桌前。

②付款方式：协助客人选择合适的付款方式,如现金支付、信用卡支付或电子支付。

❸ **美式服务的优缺点**

(1)优点。

①限制了上菜时的食物量,因为每个盘子的大小相同。

②可以减少损失和食物浪费,并简化计算份量、食物成本和厨房的一般管理。

③降低了服务员的出错风险,因为他们只将食物带到餐桌上并满足客人的特定需求。

④客人简单地接收食物,没有出错的风险,并充分享受餐厅提供的服务。

(2)缺点。

①相对缺乏个性化和仪式感,用餐者的角色不是互动的,而是接收食物并享受它,这使得体验变得普通而乏味。

②服务质量容易受到服务员个人素质的影响。

(二)法式服务

法式服务是所有餐厅服务方式中最烦琐、人工成本最高的一种服务,也是西餐和中餐服务中最高级别的餐饮服务形式。通常,法式服务用于扒房(grill room)的零点服务、高级中餐厅的零点服务及中餐贵宾厅服务。这种服务使用手推车或服务桌,在服务现场实施菜肴加热、调味及切配表演。这种服务方式有着明显的缺点,而且一般商业性餐厅都不易做到,因而没有流传下来。现在的所谓法式服务由法国饭店企业家里茨创造,因而也称里茨式服务。

❶ **法式服务的特点**　法式服务是把全部菜肴在厨房中先由厨师略加烹调后,再由服务员自厨房取出置于手推车,在餐桌边于客人面前进行现场加热、调味,再分盛于食盘后端给客人。该服务方式与其他服务方式不同,其手推车布置华丽,上面铺有桌布,内设有保温炉、煎板、烤炉、烤架、调味品架、砧板、刀具、餐盒等,手推车的式样甚多,其高度与餐桌相当,便于操作服务。

法式服务的最大特点是服务员有两名,即正服务员与助理服务员。服务员需经过相当长时间的专业训练与实习才可胜任该项专业性较强的服务工作。欧洲法式餐厅的服务员必须接受服务生正

同步检测

规教育,训练期满再接受餐厅实地实习一至两年,才可成为准服务员。但是其仍无法独立作业,须与正服务员一起工作见习两年才可升为正服务员,这种严格训练前后要四年以上,这是法式服务的特点。

②法式服务的方式　在法式服务中,菜肴通常在厨房中进行初步烹调,随后由服务员将菜肴置于手推车上,推至餐桌旁,在客人面前进行最后的烹调、加热或分割。这种现场服务形式不仅提升了用餐的仪式感,也让客人感受到备受关注的体验。

法式服务通常由两名服务员共同完成。主服务员:经验丰富,负责接受客人点单、在客人面前进行菜肴的即兴烹制、调味、切割和装盘等工作。助理服务员:协助主服务员,负责传递单据、从厨房取菜、在客人右侧上菜、撤换餐具和收拾餐台等工作。这种分工合作机制确保了服务的流畅和高效,使每位客人都能得到满意的服务。

传统法式服务由客人自己运用叉、勺来取自己想要的菜品,但由于大部分客人缺乏运用叉、勺分菜的经验,现在分菜环节已经改由服务员完成。所以,当正服务员预备盛菜给客人时,应视客人的需要而供应,以免供应太多而降低客人食欲且造成铺张浪费。当餐盘分盛好时,助理服务员即以右手端盘,从客人右侧供应。在提供法式服务的餐厅,除了面包、奶油碟、沙拉碟及其他特别盘碟必须从客人左侧供应外,其余食品一律从客人右侧供应,但是习惯用左手的服务员可以用左手从客人左侧供应。至于餐后整理盘碟也是从客人右侧进行。

当今流行的法式服务是将食品在厨房全部或部分烹制好,用银盘端到餐厅,服务员在客人面前进行即兴切配表演,如戴安娜牛排、黑椒牛柳、苏珊油煎饼就是由服务员在手推车上进行最后的烹调加工后,切片装盘端给客人的。又如凯撒沙拉(Caesar salad)是由服务员当着客人的面制作,装入沙拉木碗,然后端给客人。

法式服务的另一个特点是洗手盅的供应,凡需要客人以手取食的菜肴如龙虾、水果等,应同时供应洗手盅。洗手盅一般是银质或玻璃质的小汤碗,其下面均附有底盘。洗手盅内通常放置有一小片花瓣或柠檬,除美观外,还有除腥味的作用。此外,每餐后还要再供应洗手盅,并附上一条餐巾供客人擦拭用。

③法式服务的流程　见右侧二维码内容。

④法式服务的优缺点

(1)优点。

①客人可得到高度的关注,会感到倍受尊重与照顾。

②服务具有展示性,可提升餐厅精致高雅的形象。

③食品的准备、制作具有观赏性。

(2)缺点。

①需要技术好的服务员,否则难以执行高标准。

②餐厅内会充满烹调食物的气味。

③需要更大的餐厅空间。

④需要大量昂贵的设施设备。

⑤客人就餐时间长,翻台率低。

⑥服务员成本高导致菜品价格高,竞争力下降。

(三)英式服务

英式服务是一种非正式的,用于餐厅单间里,由主人在服务员的协助下完成的特殊餐饮服务方式,也称主人服务。其具体服务流程见右侧二维码。

法式服务的流程

同步检测

英式服务的流程

同步检测

英式服务又称家庭式服务。其服务方法是服务员从厨房将烹制好的菜肴传送到餐厅,由主人亲自动手切肉装盘,并配上蔬菜。服务员把装盘的菜肴依次端送给每一位客人。调味品和配菜都摆放在餐桌上,由客人自取或相互传递。英式服务的家庭气氛很浓,许多服务工作由客人自己动手,用餐的节奏较缓慢。在美国,家庭式餐厅很流行,这种餐厅通常采用英式服务。

(四)俄式服务

俄式服务是一种独特的西餐服务方式,强调服务的仪式感和互动性,适用于高档宴会和正式场合。

❶ **俄式服务的特点**　俄式服务起源于沙皇时代。与法式服务相似,也是一种讲究礼节的豪华服务。虽然采用大量的银质餐具,但服务员的表演较少。它注重实效,讲究优雅的风度。

俄式服务由一名服务员完成整套服务程序。服务员从厨房里取出由厨师烹制并加以装饰入银质菜盘的菜肴和热的空盘,将其置于餐厅服务边桌之上。用右手将热的空盘按顺时针方向,从客人的右侧依次派给客人,然后将盛菜银盘端上桌让客人观赏,再用左手垫餐巾托着银盘,右手持服务叉勺,从客人的左侧按逆时针方向绕台给客人派菜。

派菜时,根据客人的需求量分派,避免浪费和分派不足,每分派一道菜都要换用一副清洁的服务叉、勺,派菜后多余的食物可以回收。汤类菜肴可盛放在大银碗中用勺舀入客人的汤盆里,也可以盛在银杯中,再从杯中倒入汤盆。

俄式服务较法式服务节省人力,服务速度也较快,餐厅的空间利用率高,又能展现其讲究、优雅的特点,使客人感受到特别的关照。但是,如果客人同点一道菜,那么派到最后一位客人时,其所能看到的是一只并不美观的盘子。如果每一位客人点的菜不同,那么服务员必须端出很多银盘。可想而知,多种银器的投资成本很高,而使用率又相当低。因此高额的固定成本也会影响餐厅的经济效益。现在,俄式服务只限于服务人数少的家庭式宴会。

俄式服务的流程

❷ **俄式服务的流程**　见左侧二维码内容。

同步检测

❸ **俄式服务的优缺点**

(1)优点。

①每桌只需一名服务员,较法式服务节省人力。

②与法式服务一样豪华讲究、优雅,但服务速度快,费用低。

③讲究为客人服务时优雅的风度,讲究服务操作技巧,比法式服务的切配表演更实用。

④客人可感受到特别的关照。

⑤食物根据客人需要分派,多余的回收,避免浪费。

(2)缺点。

①服务员派菜至最后几位客人时,客人看到的是分剩的盆子,不美观。

②客人较多时,以大银盘分派到最后几位客人时,不能保证食物的温度。

③服务中使用大量的银器,投资成本很高。

任务执行

任务执行

实践任务二:了解客户需求→选择合理的服务方式→根据虚拟菜单设计具体服务流程→形成研究报告→填写任务表 2-1-2。

任务表 2-1-2

任务编号	任务名称	负责人	具体任务内容
任务 2-1-2	西餐服务方式		了解客户需求
			选择合理的服务方式
			根据虚拟菜单设计具体服务流程
			形成研究报告

实践任务三：了解客户需求→选择菜单→设计服务方式→根据虚拟菜单设计具体服务流程→形成研究报告→填写任务表 2-1-3。

任务表 2-1-3

任务编号	任务名称	负责人	具体任务内容
任务 2-1-3	中西餐宴会服务设计		了解客户需求
			选择菜单
			设计服务方式
			根据虚拟菜单设计具体服务流程
			形成研究报告

中西方餐饮服务差异

同步检测

任务执行

Note

设计中餐宴会台席

随着中餐在全球范围内的普及与影响力的提升,中餐宴会台席设计逐渐成为展现中国传统文化与现代餐饮服务的重要元素。通过本项目,学生将深入学习中西式餐饮美学的核心理念,掌握中餐台席设计的专业技术,并能够根据实际客情需求设计出符合高标准的中餐宴会台席。

项目引入

"京雅阁"是一家位于北京的高端中餐厅,以其精致的中餐和独具匠心的台席设计闻名。这家餐厅不仅在国内享有盛誉,还吸引了许多国际客户。假设餐厅接到了一项来自跨国企业的特别订单:该企业计划在此举办一场中西文化融合的商务宴会,邀请了来自多个国家的高层管理人员和文化学者参与。该企业希望此次宴会的台席设计既能体现深厚的中国文化底蕴,又融入现代西式美学元素,以此来彰显该企业在全球化背景下的文化包容性和创新精神。

餐厅将服务员分为多个小组,每组负责不同的设计方案,从构思到实际操作,再到流程编写,整个过程要求精益求精。服务员们不仅要展示他们对中西式餐饮美学的理解,还要在实际餐饮服务中灵活应用这些美学原理。他们需要与餐厅的资深设计师和服务员密切合作,确保设计方案既符合美学标准,又满足实际操作的可行性。

项目目标

(1)掌握中西式餐饮美学的核心理念和文化内涵。
(2)掌握中餐宴会台席设计技术。
(3)根据具体的客情需求设计中餐宴会台席。

任务一 掌握中西式餐饮美学的核心理念和文化内涵

知识精讲

一、历史背景

中西式餐饮美学虽然源自两种截然不同的文化,但是在现代餐饮服务中显示出意想不到的交汇和互补。从周朝的礼仪到罗马的盛宴,美学不仅塑造了一道道菜的精美呈现,更深刻地影响了人们的社交方式和文化身份。

（一）中式餐饮美学的深层根源

中式餐饮美学的根基深植于中国古老的哲学和社会结构之中，特别是受儒家思想的影响，强调和谐与秩序的美学原则。这种美学观念在餐饮中的体现远远超出了单纯的食物呈现，而是涵盖了整个就餐环境的设计，包括餐具布局、色彩使用以及食材选择。

此外，中式餐饮美学也深受道家自然主义的影响，强调顺应自然，追求天人合一。这种思想在餐饮中体现为对食材原味的尊重，以及简约而不简单的摆盘艺术。宋代以来，随着文人雅集的兴起，餐饮美学更是与文化艺术紧密结合，将书画、诗词与美食融为一体，使得用餐不仅是身体的滋养，更成为精神的享受。

如中餐中的摆盘艺术，食材的选择往往考虑色彩与形状的和谐，比如使用翠绿的青菜搭配鲜红的辣椒，不仅在味道上达到平衡，同时在视觉上也呈现出层次感。中式宴会场地布置还会融入自然元素，如盆景和插花，以及流水声，创造出一种宁静和谐的用餐氛围，这些都是中式美学追求天人合一的体现。

（二）西式餐饮美学的演变

西式餐饮美学起源于古希腊和罗马的盛宴文化，其中展示了一种对对称和比例的追求。这种美学观念后来在文艺复兴时期得到了进一步的发展，当时的宴会不仅是贵族社交的场合，更是展示个人品位和社会地位的平台。

在古希腊，餐饮美学的一个重要方面是酒神节的庆典，人们通过共饮来庆祝社会和自然的丰饶。而在罗马，随着帝国的扩张，餐饮美学融入了多元文化的元素，表现在对异国食材（exotic ingredient）的使用以及复杂的餐桌礼仪上。罗马的盛宴常常使用大理石餐桌，铺以豪华的桌布，摆放精致的银器，彰显奢侈和权力。

到了中世纪和文艺复兴时期，宴席美学开始注重视觉美感与个性表达。特别是在文艺复兴时期，随着个人主义的兴起，宴席不仅展示食物，更成为展示主人风格与艺术感的舞台。例如，达·芬奇和米开朗基罗等艺术家不仅在艺术作品中表达美学，他们设计的宴会场景也同样体现了对美的追求，使用空气透视（aerial perspective）和对比色彩来增强空间感和层次感。

西餐强调食材的本色和质感，每道菜都被视为一件艺术品，需要在色彩和构图上达到视觉平衡。例如，牛排常被置于盘中央，周围以色彩鲜明的蔬菜和精致的酱汁装饰，这样不仅突出了主菜的质感，也增加了整体的艺术感。

这两种根植于不同文化土壤的美学，在现代餐饮服务中呈现出独特的风格和互补性。中式餐饮美学注重整体和谐与细节的精致，西式餐饮美学则追求创新和视觉冲击力。理解这些美学原则的历史背景，有助于餐饮专业人士更好地设计出符合当代审美和文化期待的餐饮体验。

二、菜系的美学原则

（一）餐饮中的美学

在深入探讨中西式餐饮美学的实际表现之前，重要的是理解美学理论对餐饮文化的影响。美学，作为研究审美和美的本质的科学,探索人类如何通过感官体验世界,并在此过程中寻找和创造美。

❶ 美学的核心概念在餐饮中的体现 美学的核心观点认为,美是人本质力量的感性显现,是一种深刻的、情感性的肯定。在餐饮实践中,这种理念促使厨师不仅仅关注食物的味道和营养价值,更重视其能够激发的情感和感官体验。例如,中式餐饮中的团圆饭,每一道菜不仅仅是营养的承载,更是家庭和谐与团聚的象征。这种菜品的设计和呈现,旨在唤起人们对家庭、传统和文化相关的深层情感共鸣。

❷ 形式与内容的辩证关系 在美学中,形式与内容的关系是核心议题。餐饮美学强调,形式(食物的外观、摆盘和呈现方式)必须与内容(食物的味道、质地和文化意义)相协调。这种辩证统一不仅要求食物满足人们基本的味觉需求,还要求食物满足人们视觉和情感需求。例如,在西餐中,一块完美烹制的牛排,其外观的焦黄、质地的嫩滑以及呈现方式的简约高雅,都是为了突出其作为高端美食的内涵,强化食客的用餐体验。

❸ 审美关系的形成 审美关系是指人与美的对象之间的情感联系,这在餐饮中尤为重要。餐饮环境、菜品的艺术造型,甚至服务员的仪态都是创建审美体验的元素。例如,精心设计的餐厅布局和氛围照明可以增强食物的美感,有利于提升客人整体的用餐体验。通过这种方式,用餐不只是满足生理需求的方式,更成为一种文化和艺术的享受。

(二)餐饮中的美学原则

在餐饮美学中,不同文化的美学原则引导着食物的准备、呈现及食物与环境的互动方式,以营造独特的感官体验。中西式餐饮虽然追求的美学目标相似——和谐、平衡与焦点,但各自的表现手法和侧重点不同,反映了各自深厚的文化底蕴。

❶ 中式餐饮美学原则 中式餐饮美学在维护整体和谐与视觉平衡方面展现出其独特的美学观念。这种美学不仅表现在食材选择与色彩搭配上,更体现在菜品的整体布局和呈现中。

(1)食材选择与色彩搭配。中式餐饮在食材选择上注重色彩与质感的和谐,以及如何通过这些元素来增强菜品的视觉吸引力和味觉享受。例如,红烧肉的深红色与青菜的鲜绿色形成鲜明的对比,不仅美化了视觉效果,也激发了味觉的期待。这种色彩对比不仅满足了人们味觉上的多样性需求,也符合视觉上的和谐原则,体现了中式美学中追求色彩平衡的理念。

(2)摆盘的层次感与对称性。中式餐饮的摆盘艺术强调层次感与对称性,通常以主菜为摆盘的中心,周围配以装饰性和辅助性的食材,如雕刻的蔬菜和调味品。这种摆盘方式不仅增强了菜品的视觉吸引力,也符合中式美学中追求中心集中和整体和谐的美学观。

(3)文化象征与深层联系。以北京烤鸭为例,其外皮烤至金黄而酥脆,摆盘时通常搭配翠绿的葱丝和黄瓜条,不仅在视觉上形成了鲜明的对比以增强食欲,而且这种色彩的搭配和食材的使用富含文化象征意义。烤鸭的金黄色象征富贵,而葱丝和黄瓜条的色彩则代表自然与生命力,整个菜品不仅反映了中国美学中"金木水火土"五行思想,还展示了食物与中国传统文化及自然哲学的深层次联系。

这些原则的应用不仅使中式餐饮在全球餐饮文化中占有一席之地,也使得每一道中式菜肴成为传达中国传统文化和美学理念的载体。通过这种方式,中式餐饮不仅是一种味觉的享受,更是一次文化和艺术的体验,让食客在品尝美味的同时,也能感受到深厚的文化底蕴和美学追求。

❷ 西式餐饮美学原则 在西式餐饮美学中,原则性的表达体现在每一道菜的精心设计与创新性呈现上,这些原则不仅服务于美化外观,更深入到提升客人整体的用餐体验。西式餐饮的核心美学原则包括以下几个方面。

(1)视觉焦点。西式摆盘注重将主要食材作为视觉中心,通过战略性的摆放增强菜品的吸引力。例如,在烤鳕鱼佐柠檬片的菜品中,鳕鱼不仅是味觉的主角,也是视觉的焦点。周围的烤蔬菜或酱汁不仅能补充口感和确保营养的多样性,还通过色彩对比与和谐搭配增强视觉美感。

（2）简洁而精致的摆盘。西式餐饮美学强调摆盘的简洁性和精致感,每一个元素的放置都经过精心计算,旨在营造平衡而和谐的视觉印象。这种摆盘技巧通过最小化的装饰和有意的留白,突出食物本身的美感和风味。

（3）功能与形式的统一。西式餐饮美学不仅追求形式上的美,更注重功能性,确保每个摆盘元素都能增强食物的整体味道和客人的用餐体验。这种统一性体现在对食材的选择、调味的平衡以及最终呈现的方式上,每个环节都致力于提升客人的感官享受。

（4）台席布置。西式餐厅在台席布置上通常追求优雅与简洁。台布一般选用高质感的材料,如亚麻或棉,色彩通常保持中性或淡色调,以免抢夺食物本身的视觉焦点。台席的布置旨在创造一个舒适且不干扰用餐的环境,使客人可以全身心地享受食物。灯光和空间布局也是台席设计中的关键元素,恰当的照明可以增强食物的色泽和质感,而空间布局则可确保每位客人都有足够的私人空间,避免产生拥挤感,从而提升客人的用餐体验。

中餐美学和西餐美学虽各有特色,但都体现了餐饮不仅仅是一种食物的摄取方式,更是一种文化和审美的体验。通过这样的方式,餐饮变成了一种艺术表达,成为一个文化的展示窗口,同时其也提供了一种新的社会互动形式,使得每一次用餐都成为一次审美的旅程。

（三）地域对美学的影响

地域文化对餐饮美学的影响深远且广泛,这种影响不仅体现在食材选择、烹饪方法及摆盘风格上,还涉及地理和气候条件对人们审美观念的深刻塑造。通过分析中国南北方菜系以及中西方餐饮的美学差异,可以更好地理解地域因素是如何塑造独特的餐饮文化和美学标准的。

❶ 中国南北方菜系的美学差异

（1）南方菜系（如粤菜）。南方气候温暖湿润,适宜种植各种蔬菜和水果,这种丰富的自然资源影响了南方菜系的食材选择和烹饪方式。粤菜强调食材的新鲜和原汁原味,摆盘讲究精致和优雅。例如,白切鸡这道菜,南方厨师会保持鸡肉的本色,切成均匀的块状,整齐排列在盘中,其上点缀少量的姜、葱、香菜,凸显其自然的色彩和质地。这种简洁而精致的摆盘方式反映了南方人对自然美的追求和对食材本质的尊重。

（2）北方菜系（如鲁菜）。北方地区气候寒冷,饮食习惯偏重于高热量、高蛋白的食物,强调味道的浓郁和食材的丰盛。北方菜系的摆盘讲究大气和层次感,例如糖醋里脊,北方厨师会将肉块堆砌成山形,上面洒满色泽光亮的糖醋酱,给人以丰盛和豪迈的视觉感受。北方的地理条件和气候特点,使得菜品的设计更偏向于满足饱腹感和热量需求,同时在摆盘上体现出北方人豪放、热情的性格特点。

❷ 中西式餐饮的美学差异

（1）西式餐饮美学。西方国家的地理和气候条件多样,从地中海的温暖到北欧的寒冷,不同的气

候带来了不同的食材选择和饮食文化。例如,意大利菜常见番茄、橄榄和海鲜等食材。在摆盘上,西方餐饮追求简洁和精致,常使用几何形状和对称设计来增强视觉冲击力。法国菜中的鸭胸,通常切片整齐排列,旁边点缀少量精致的蔬菜或酱汁,通过简洁的线条和色彩对比,凸显主料的质感和色泽。

(2)中式餐饮美学。中国地域广阔,各地的饮食文化和美学追求也各具特色。例如,四川的麻辣火锅反映了当地潮湿气候下对祛湿、温暖身体的需求,其摆盘通常热烈、丰盛,色彩鲜艳,反映出当地人豪爽的性格和对热烈生活的追求。相比之下,江南地区的菜肴则以清淡为主,注重食材本身的鲜美和细腻,如清蒸鱼,摆盘讲究简洁,鱼身旁仅点缀几片姜丝和葱花,以凸显淡雅和谐的美学风格。

不同地域对餐饮美学的影响不仅体现在食材选择和烹饪方法上,更深刻地体现在摆盘风格和审美观念中。南方的精致优雅与北方的豪迈丰盛,西方的简洁对称与中国的色彩丰富,都是地域文化和自然条件的直接体现。

同步检测

任务执行

任务执行

实践任务一:研究中西式餐饮美学的异同→了解服务场景→根据给出的服务场景设计美学方案→形成研究报告→填写任务表2-2-1。

任务表 2-2-1

任务编号	任务名称	负责人	具体任务内容
任务 2-2-1	中西式餐饮美学方案设计		研究中西式餐饮美学的异同
			了解服务场景
			根据给出的服务场景设计美学方案
			形成研究报告

任务二 掌握中餐宴会台席设计技术

→ 知识精讲

一、中餐宴会台型设计

(一)中餐宴会台型设计的意义

❶ **空间利用率的最大化** 优秀的宴会台型设计可以通过合理的空间布局,使宴会厅的空间利

Note

用率达到最大化。这不仅有利于容纳更多的客人,还能为每位客人提供一个舒适的用餐环境。通过科学的餐桌摆放和形状设计,可以有效避免空间浪费,确保每个角落都得到充分利用。这种设计思路不仅提升了宴会厅的功能性,还增强了整体的美观和协调性。

❷ **烘托宴会主题和氛围**　台型设计依据餐桌的布局和造型进行,旨在突出宴会的主题,烘托宴会的氛围。例如,采用圆桌布局可以营造出团圆和谐的氛围,适合家庭聚会和庆典活动;长桌布局则适合正式的商务宴会,体现出庄重和礼仪感。通过细节的精心设计,如桌布的颜色、餐具的选择和装饰品的搭配,可以进一步增强主题的表达,使宴会更具特色和吸引力。

❸ **表现对主宾的重视和尊敬**　在中式宴会中,主桌的布置和设计尤为重要,它不仅代表着宴会主人的品位和风格,还体现了对主宾的高度重视和尊敬。台型设计通过对主桌的差别布置,使主桌在整体布局中显得突出和特别。主桌通常位于宴会厅的中心或显眼位置,象征着尊贵和荣耀。这种设计不仅符合传统礼仪规范,还能够提升主宾的尊贵感和荣誉感,使其感受到宴会主人的真诚和重视。

❹ **文化传承与象征意义**　中餐宴会台型设计深植于中国传统文化之中,具有丰富的象征意义。圆桌象征着团圆和谐,体现了中华传统文化中的"圆满"理念;其他形状的桌型,如八仙桌,则具有吉祥和祈福的寓意。通过这些具有文化象征意义的设计,台型设计不仅传承了中华传统美学,还在现代宴会中展现出其独特的文化魅力和价值内涵。

❺ **提升美学效果与视觉体验**　中餐宴会台型设计注重整体的美学效果,通过对桌布、餐具和装饰品的精心选择和搭配,营造出典雅庄重的宴会氛围。台型设计在色彩、材质和布局上都体现了中式美学的精致与优雅。例如,使用红色或金色的桌布搭配精美的青花瓷餐具,不仅突出传统文化的魅力,还通过视觉上的和谐美感提升客人的用餐体验。

❻ **便利服务与操作性**　台型设计不仅考虑客人的舒适度,还注重服务员的操作便利性。通过合理的动线设计,使服务员能够方便地在各个餐桌之间穿梭,提供及时、高效的服务。这种设计不仅提高了服务效率,还确保了宴会的流畅进行,减少了因布局不合理带来的服务障碍,从而提升了整体的服务质量和客人满意度。

(二)中餐宴会台型设计的一般程序

中餐宴会台型设计需要充分考虑中式宴会的独特文化和美学特点,确保整体布局的协调、美观和实用。以下是中餐宴会台型设计的一般程序。

❶ **确定主桌**　主桌在中餐宴会中占据重要位置,是宴会主人和主宾就餐的中心。在进行台型设计时,首先需要确定主桌的位置和布置。

(1)主桌的位置。

①主桌通常设置在宴会厅的上位处,这是一个较为显眼的位置,通常位于正对宴会厅入口的最远处。这样的设计能够突出主宾的尊贵地位,使客人一进入宴会厅就能看到主桌,从而感受到宴会的正式和隆重。

②主桌的设置通常参考中国传统礼仪,强调主宾的地位。例如,主桌位于宴会厅的正中或背对墙壁的中心位置,确保主宾处于最显著和最重要的位置。

(2)主桌的布置。

①主桌的布置应与普通桌区分开来,通过使用高档次、高规格的装饰、餐具等,来显示主宾与普通宾客的区别。例如,可以选择豪华的桌布、精美的餐具和独特的花艺装饰,使主桌在视觉上显得更加华丽和庄重。

②传统中式元素如红色桌布、金色餐具、龙凤纹样的装饰物等可以突出中餐文化的独特性。

(3)设置主通道或主宾通道。为了方便主人和主宾入席,需要设置专门的主通道或主宾通道。这不仅能保证主宾行进顺畅,还能进一步突出主宾的尊贵地位和宴会的礼仪性。主通道或主宾通道应宽敞明亮,装饰精美,确保主宾在入席时感受到高度重视和尊敬。

❷ **设计台型**　根据宴会的具体情况,设计人员应当设计合适的台型,以确保宴会的顺利进行和整体美观。

(1)根据宴会类型和主题设计台型。

①设计人员需要根据宴会的类型(如婚宴、商务宴会、家庭聚会等)、宴会主题、宴会人数和宴会厅的风格,设计合适的台型。中餐宴会的台型包括"一"字形、"品"字形、"器"字形、梅花瓣形等。

②中餐台型设计强调对称美和传统文化元素的运用。例如,"品"字形台型代表着三方尊贵客人的平等地位,而梅花瓣形台型则象征着美丽和吉祥。

(2)考虑宴会厅面积和布局。

①根据宴会厅的面积和布局情况,合理安排餐桌的位置和形状。确保每张餐桌都有足够的空间,客人可以舒适地用餐,服务员能够方便地提供服务。在布局时,需要考虑到宴会厅内的固定设施,如柱子、舞台、出入口等,确保整体布局的协调和流畅。

②中餐宴会注重整体氛围的营造,桌与桌的间距需适当,既方便客人活动,又保证空间的舒适和空气的流通。

❸ **编排台号**　编排台号是为了便于客人入座和工作人员提供服务,确保宴会的顺利进行。

(1)台号编排规则。

①一般而言,台号应按照剧院座位排号法进行编排,即将主桌编为1号,其他餐桌按照左边为单号、右边为双号的规则进行编排。这种编排方式能够使客人快速找到自己的座位,工作人员也能更加高效地提供服务。

②台号的编排应考虑到中餐宴会的礼仪和习俗,例如,客人身份和地位的差异,在编排时应确保尊贵客人坐在较为中心和显眼的位置。

③有些地区会有忌讳的数字,如"14",可以用"13A"这样的编号来避开。

(2)标识清晰、易于识别。

①台号应当标识清晰,方便客人识别。可以在每张餐桌上放置明显的台号标识牌,或者在宴会厅入口处设置座位图,引导客人入座。确保每位客人都能方便快捷地找到自己的座位,提升用餐体验。

②中式风格的台号标识牌设计可以融入书法艺术和传统图案,以增强文化氛围。

同步检测

二、中餐宴会常见台型

(一)中餐小型宴会台型设计

中餐小型宴会通常为1~10桌,宴会厅空间较小,因此,在进行台型设计时,宴会设计人员需要充分考虑宴会厅的形状、面积、餐桌数量。相对于长方形宴会厅而言,正方形宴会厅的四面空间通常较大,在台型设计上可以更加灵活;宴会厅的面积越大,台型设计的自由度就越高,越有利于设计人员的发挥。此外,宴会厅的餐桌数量也会影响台型。桌数越多,可供选择的台型就越多。具体来说,有以下几种情况。

（1）当宴会厅内只有 1 张餐桌时：餐桌应位于宴会厅中央，宴会厅的顶灯要对准餐桌中心。

（2）当宴会厅内有 2 张餐桌时：餐桌应呈横"一"字形或竖"1"字形摆放。距宴会厅门正对面较远的餐桌①为主桌。

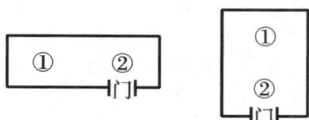

（3）当宴会厅内有 3 张餐桌时：在正方形宴会厅中，餐桌可摆成"品"字形；在长方形宴会厅中，可摆成"一"字形。

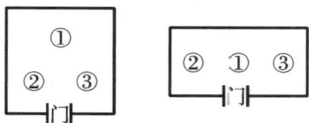

（4）当宴会厅内有 4 张餐桌时：在正方形宴会厅中，餐桌可摆成正方形；在长方形宴会厅中，可摆成菱形。

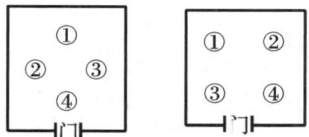

（5）当宴会厅内有 5 张餐桌时：在正方形宴会厅中，餐桌可摆成"器"字形或星形，分别将主桌设于正中央和上位；在长方形宴会厅中，可将主桌设于上位，其余 4 桌摆成正方形。

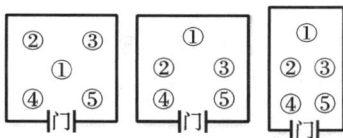

（6）当宴会厅内有 6 张餐桌时：在正方形宴会厅中，餐桌可摆成金字塔形；在长方形宴会厅中，可摆成菱形或长方形。

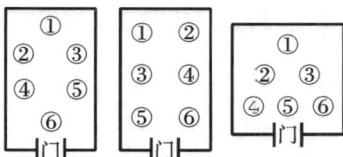

（7）当宴会厅内有 7 张餐桌时：在正方形宴会厅中，餐桌可摆成梅花瓣形，以中心为主桌，其余 6 桌围绕主桌摆放；在长方形宴会厅中，可将主桌设于上位，其余 6 桌摆成长方形。

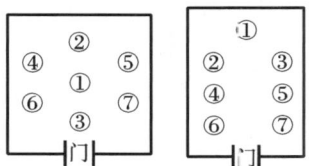

（二）中餐中型宴会台型设计

中餐中型宴会通常为 11～30 桌。中型宴会可能不止 1 张主桌，可在 1 张主宾桌的两旁分设 2 张副主宾桌。此外，中型宴会的台型可与小型宴会中 8～10 桌的台型类似，或由设计人员根据宴会厅环境来设计新的台型。

（三）中餐大型宴会台型设计

中餐大型宴会一般为 31 桌及以上。为了方便客人和维护会场秩序，通常将宴会厅划分为主宾席区和来宾席区。

❶ **主宾席区**　主宾席区可以设1桌或多桌,1桌的主宾席区可采用大圆桌、"一"字形长桌等形式;多桌的主宾席区可以设3桌或5桌,分为主宾桌和副主宾桌,但要突出主宾桌,以示区别。

❷ **来宾席区**　来宾席区可以分为几个区域,不同区域之间应当设有宽度大于2米的通道,以便客人出入不同席区。大型宴会一般要设置与宴会规模相适应的背景墙、看台、讲演台等,有的还在主宾席区两侧或宴会厅外围设有乐队伴奏。

任务执行

任务执行

实践任务二:学习中餐宴会台型设计→了解客户需求→形成台型设计方案→形成研究报告→填写任务表2-2-2。

任务表 2-2-2

任务编号	任务名称	负责人	具体任务内容
任务 2-2-2	中餐宴会台型设计		学习中餐宴会台型设计
			了解客户需求
			形成台型设计方案
			形成研究报告

三、中餐宴会台席设计

(一)台席设计的定义

台席设计是指根据宴会的主题、标准、形式、性质、宾主需求以及宴会厅的装饰风格,对宴会环境中的灯光色彩、墙饰标志、家具器皿、花卉盆景、窗帘服饰、就餐台面等可变元素进行设计和布置。

❶ **广义定义**　广义的宴会台席设计涵盖了从主题选择到宴会场地的整体设计和布置,通过统一的主题元素和风格,使宴会呈现出和谐、美观、独特的视觉效果和氛围。

❷ **狭义定义**　狭义的宴会台席设计主要集中在具体布置环节,如餐桌布置、灯光设计、花卉装饰等,通过这些具体元素的设计和布置,直接体现宴会的主题和风格。

（二）台席主题开发

❶ **主题的来源**　开发适合的主题是宴会设计的核心。主题的来源可以是地方文化、民族文化、传统文化、异域文化,还可以结合当今热点事件、社会经济发展成就,或者根据本土著名故事或传说进行创作,甚至创造情景来开发主题。

案例　地方文化主题——"江南水乡宴"。

（1）背景。江南水乡文化是中国南方的独特地域文化,以小桥流水、白墙黛瓦的古镇风光闻名。江南的饮食文化也有着悠久的历史和独特的风味,特别是苏州、杭州等地的传统菜肴和点心。

（2）主题元素。

①场地布置:宴会厅内设置小桥流水的景观,搭建仿古建筑的背景,配以具有江南特色的花卉盆景如荷花、竹子等。

②灯光色彩:采用柔和的灯光营造出温馨的水乡夜景,以白色、绿色、淡蓝色等柔和色系为主。

③家具器皿:选用具有江南特色的青花瓷餐具,搭配竹制和木制的家具,体现出古朴典雅的风格。

④服饰:服务员穿着具有江南水乡特色的服饰,以增强宴会氛围。

⑤菜品设计:菜单上精选江南地区的经典菜肴,如苏州的松鼠鳜鱼、杭州的西湖醋鱼,以及江南特色菜点如龙井虾仁、碧螺春茶点等。

⑥文化展示:安排江南丝竹乐队表演,增添文化氛围。还可以设置展示区,展示江南的传统工艺品如刺绣、扇子等。

❷ **主题开发的原则**　在开发宴会主题时,要深入研究主题文化和客人心理需求,尽可能采用创意思维模式,以独特的观察视角和敏锐的洞察力,从众多的历史文化中探寻出新颖奇特且深受客人喜爱的宴会主题。同时,找准体现主题的关键元素,在设计过程中将主题元素融入可视化的餐具中。

案例　传统节日文化主题宴会。

（1）主题文化研究。传统节日具有丰富的历史背景和独特的文化内涵,如春节、中秋节等。这些节日不仅承载着中华民族的习俗和情感,还反映了人们对美好生活的向往。

（2）客人心理需求。现代客人在选择宴会时,不仅重视美食的品质,还希望通过宴会体验到浓厚的节日氛围和文化底蕴。特别是在节日期间,客人更加注重家庭团聚和传统文化的传承,希望通过宴会感受到节日的喜庆和温馨。

（3）创意思维模式。

a.观察视角：从传统节日的庆祝方式和节日象征入手，寻找能激发节日情感和文化共鸣的设计元素。

b.敏锐洞察力：将节日中的经典符号、民俗活动和节日食品等融入宴会设计中，使客人在享受美食的同时，感受到节日的浓厚氛围。

（4）关键元素：

a.场地布置：宴会厅布置以节日主题为主，如春节的红灯笼、春联，中秋节的圆月、桂花树和灯笼等，营造出浓厚的节日氛围。

b.灯光色彩：采用象征节日的颜色进行灯光和桌布的搭配，如春节的红色和金色，中秋节的黄色和银色，营造温馨和喜庆的氛围。

c.餐具设计：定制具有节日元素的餐具，如春节的红色餐盘和带有金色龙凤图案的筷子，中秋节的月饼形状的餐具。

d.服务员服饰：服务员穿具有节日特色的服饰，如春节的唐装和旗袍，中秋节的汉服，增加节日的仪式感。

e.菜品设计：设计与节日相关的菜品，如春节的年夜饭和饺子，中秋节的月饼和桂花糕，菜品命名和造型都可结合节日故事和习俗。

f.文化展示：在宴会进行过程中，安排节日的传统表演和互动环节，如春节的舞龙舞狮和中秋节的赏月活动，让客人在用餐的同时，参与到节日的庆祝中。

（三）中餐宴会的种类

根据不同的主题和目的，中餐宴会可以分为以下几种类型。

（1）仿古宴：模仿古代名宴的餐饮、酒具、台面布局、场景布置及礼仪规格，具有较高的历史文化价值。例如，红楼宴、宋宴、满汉全席、孔府宴。

（2）风味宴：具有鲜明的民族餐饮文化和地方饮食色彩。例如，火锅宴、烧烤宴、清真宴、海鲜宴、斋宴、民族宴。

（3）正式宴会：主题鲜明、政治性强、目的明确，场面气氛庄重高雅，接待礼仪严格。例如，国宴、公务宴、商务宴、会议宴。

（4）亲（友）情宴：主题丰富，目的单一，气氛祥和、热烈，突出个性。例如，毕业宴、家庭便宴。

（5）节日宴：传统节日气氛浓重，注重节日习俗。例如，春节、元宵节、国庆节、中秋节、重阳节等宴请。

（6）休闲宴：主题休闲，气氛雅静舒适。例如，茶宴。

（7）保健养生宴：倡导健康饮食主题，就餐的环境、设施与台面设计有利于满足客人的健康需要。例如，食补药膳宴、美容宴。

（8）会展宴：宴会的台面设计与会展主题相符，就餐形式多种多样。例如，各种大型会展主题宴会、冷餐会、鸡尾酒会。

（四）宴会餐酒具设计

❶ **餐酒具的重要性**　餐酒具的颜色、图案和质量决定了体现主题的主色调和宴会的档次。现代餐饮市场上餐酒具的风格多样，主要有中式、西式、日式、韩式等。餐酒具的质地、形状也多样，质地上有木制、竹制、塑料、陶瓷、水晶等，形状有圆形、方形、六边形等。

❷ **餐酒具的选择**　宴会设计者应根据宴会主题选用不同风格、质地、形状的餐具，或特制出精美的主题餐酒具。选择无花纹和晶莹透亮的水晶高脚杯，可给人典雅、古朴的视觉效果。

（1）正式商务宴会。

①酒具：选择高脚水晶红酒杯和香槟杯，以体现高端和庄重的氛围。

②餐具:使用陶瓷或银质餐具,色彩以白色或银色为主,体现出简洁、专业的感觉。

(2)婚宴。

①酒具:选用装饰华丽的水晶红酒杯和香槟杯,杯身可以刻花或加金边设计,增添浪漫的气氛。

②餐具:可以选择带有金色或银色边缘的瓷器,桌布和餐巾的颜色可以搭配婚礼的主题色调,如红色、粉色或金色。

(3)家庭聚会。

①酒具:使用耐用且不易打破的玻璃红酒杯和白酒杯,杯型可以稍微简约一些,但要保证每位客人都有一只。

②餐具:选择简约而实用的陶瓷餐具,色彩可丰富多样,营造出温馨和谐的氛围。

(4)休闲宴会。

①酒具:采用简洁透明的玻璃杯,可以是低矮的威士忌杯或无脚红酒杯,方便客人随意取用。

②餐具:使用色彩鲜艳的塑料或竹制餐具,强调轻松和休闲的感觉。

(5)文化主题宴会。

①酒具:根据主题选择合适的酒具。例如,中国传统文化主题宴会可以使用青花瓷酒杯,日式文化主题宴会可以使用漆器或陶器酒杯。

②餐具:选择与主题相匹配的餐具,如中餐宴会使用青花瓷或景德镇瓷器,日式宴会使用漆器和竹制餐具。

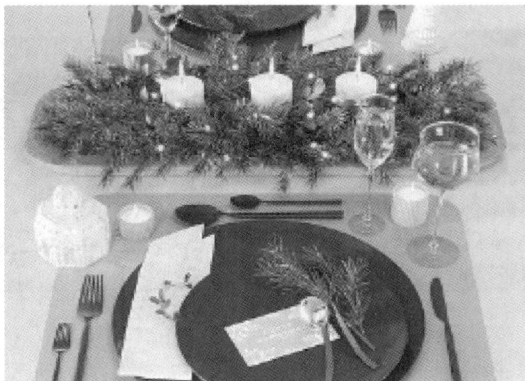

（五）宴会布艺设计

宴会布艺设计在宴会整体氛围的营造中起着至关重要的作用。布艺不仅是功能性的装饰，更是视觉和触觉的体验，能够大幅度提升宴会的档次和美感。

❶ **质地与档次**　宴会布艺的质地应与宴会的档次、餐具的质地相匹配。高档宴会可以选用丝绸、缎面等高档材质，而较为普通的宴会则可以选择棉布、亚麻等材质。例如，高档婚宴可以选用丝绸台布和缎面餐巾，彰显奢华与高贵；家庭聚会则可以使用棉布或亚麻台布，营造出温馨自然的氛围。

❷ **色彩搭配**　宴会布艺的色彩搭配方法通常有三种。

（1）同色系搭配。如蓝色的台布搭配蓝色的餐巾，白色的椅套用蓝色加以点缀或者直接选用蓝色的椅套。例如，一场海洋主题的宴会可以选用不同深浅的蓝色布艺，营造出深邃而宁静的海洋氛围。

（2）近似色搭配。如黄色的台布搭配草绿色或者橙黄色的餐巾或镶金黄边的杯具。例如，一场春季花园主题的宴会可以使用黄色和绿色的布艺，营造出生机勃勃的春天氛围。

（3）对比色搭配。如红色的台布搭配绿色的餐巾，红色的椅套用绿色加以点缀。例如，一场圣诞节主题的宴会可以使用红色和绿色的对比色布艺，以凸显节日的喜庆和热闹。

（六）台布选择

宴会台布宜根据宴会的性质或餐厅装修风格来选择。

（1）中式宴会台布。可以选用红色、黑色、米白色、雅灰色等时尚高级感的纯色台布，也可以选用提花台布或暗花台布。还可以通过技术手段印制体现主题的花纹或图案，台布的四周布边可以选用波浪花纹的压边设计。例如，一场传统中式婚宴可以使用红色提花台布，象征喜庆和富贵。

（2）西式宴会台布。适宜选用白色、银灰色、卡其色等素雅简洁的颜色。例如，一场正式商务宴会可以使用白色或银灰色的台布，营造出简洁而专业的氛围。

（七）椅套选择

椅套可以选用纯色尼龙弹力布，也可以选用与台布相同的布料，再搭配合适主题的花纹。例如，一场高端晚宴可以选用与台布相同的缎面椅套，并配以金色的花纹装饰，整体效果高雅而统一。

（八）宴会餐巾花设计

❶ 餐巾花造型　通过一些折法的变化和技艺的创新，将餐巾折叠成千姿百态的造型，对台面的装饰起到画龙点睛的作用。中餐通常选用杯花插入水杯中，西餐则多选用盘花放入展示盘中。不过，现在很多酒店和餐饮企业出于卫生考虑，中餐也选用盘花。

口布花的折法可分为叠、推折、卷、穿、翻、拉、捏、掰、攒九种。将折好的主花摆放在主人位,一般的口布花则摆放在其他客席上,高低均匀,错落有致,将观赏面朝向客人席位。口布花不能遮挡台上用品,不要影响服务操作。

❷ **选择合适的餐巾花** 餐巾花的选择应根据宴会的主题、季节、客人的身份及偏好来定。

(1)根据主题。例如婚宴可以选择"玫瑰花"或"百合花"折法,表达浪漫与祝福;商务宴会则可以选择简洁大方的"扇形"折法,体现庄重与正式。

(2)根据季节。夏季宴会可以选择"荷花"或"扇子"折法,给人清凉之感;冬季宴会可以选择"梅花"或"雪花"折法,增加节日气氛。

(3)根据客人的身份。贵宾宴会可以选择复杂且具有视觉冲击力的折法,如"王冠"或"孔雀开屏";普通宴会则可以选择简单易折的折法,如"扇形"或"百合花"折法。

(九)筷套、牙签套、桌号牌设计

❶ **筷套与牙签套** 为了充分体现宴会主题,一般需要在筷套、牙签套上设计与宴会主题相匹配的图案,并印上主题名称。筷套、牙签套的色调应与整体台面色调保持一致。

❷ **桌号牌设计** 桌号牌的材质与风格应和整个台面的档次和风格相协调,款式、颜色等也要进行设计。例如,可以在桌号牌上融入书法艺术和传统图案,以增强文化氛围。

（十）宴会中心艺术品设计

1 选择适宜的艺术品　具有强烈艺术感和视觉效果的中心艺术品可以有效地美化宴会台面、强化进餐氛围。宴会台面一般采用艺术插花或其他体现宴会主题的艺术品以体现宴会主题。

2 设计原则

（1）主题契合。根据宴会的主题选择适宜的艺术品或鲜花，如婚宴可选用玫瑰花、百合、红掌等花材或百年好合人偶、金玉满堂摆件等。

（2）高度适宜。艺术品或插花不宜过高，不能遮挡坐在餐台对面客人的视线，一般高度不宜超过30厘米。

（3）色彩协调。中心艺术品的颜色要突出主色调，一般不宜超过3种颜色，以免破坏美感。

（4）盛器协调。艺术品或插花盛器与餐具要协调，避免反差过大。

（十一）宴会菜单设计

1 菜品设计　菜单设计的核心是菜品设计。设计菜品时要充分考虑宴会的目的、性质、档次、标准，宴请对象的国籍、宗教信仰、饮食习惯和禁忌等各方面因素。菜品的选择要注意菜肴种类及口味的搭配，还要注意菜肴原材料、调味料、烹调方法和菜点造型、色彩的合理搭配，达到平衡膳食的要求。

2 菜名设计　宴会菜名包括菜肴实名和菜肴寓意名。菜肴寓意名要围绕宴会主题进行设计，寓意要深刻或富有诗意，菜肴寓意名和菜肴实名有一定的关联性。

3 菜单呈现载体　菜单呈现载体主要包括菜单的材质、形状及大小，例如，"文化盛宴"主题宴会可以选用竹制材质、书卷式样的菜单；"科技之夜"主题宴会可以选用透明亚克力材质、未来感十足的菜单。菜单呈现载体应与宴会主题及餐厅特色相适应，外形具有艺术性、创新性。

4 菜单装帧　菜单装帧主要包括菜品排列顺序、背景颜色及图案，以及文字的字体、字形、大小、颜色等方面的内容，例如，"湘辣天下"主题宴会适宜选用红色背景。菜单装帧的总体要求是整体美观、协调，与宴会主题相匹配。

任务执行

实践任务三：学习中餐宴会台席设计→了解客户需求→形成台席设计方案→形成研究报告→填写任务表2-2-3。

任务表 2-2-3

任务编号	任务名称	负责人	具体任务内容
任务 2-2-3	中餐宴会台席设计		学习中餐宴会台席设计
			了解客户需求
			形成台席设计方案
			形成研究报告

主题宴会设计案例——水乡拾趣

同步检测

任务执行

设计西餐宴会台席

西餐宴会台席设计在全球餐饮业中占据着至关重要的地位。它不仅体现了餐厅的服务水平和专业能力,更是餐厅品牌形象和文化内涵的直接表现。一场精心设计的西餐宴会,不仅能为客人带来极致的用餐体验,还能在客人视觉和感官上留下深刻的印象,提升餐厅的市场竞争力。

在现代餐饮服务中,随着客人对个性化和高品质体验需求的不断增长,西餐宴会设计的重要性愈发突出。它不仅关乎餐厅能否满足高端客户的期望,还决定了餐厅能否在激烈的市场竞争中脱颖而出。通过本项目的学习,学生将掌握西餐宴会台席设计的核心理念和实践技巧,具备为各类西餐宴会量身定制高标准设计方案的能力。

项目引入

"蓝月亮"酒店是一家位于上海外滩的豪华酒店,拥有一流的宴会厅和餐饮服务,深受国内外高端客户的喜爱。假设酒店接到了一项重要的任务:一家跨国公司计划在此举办一场规模为100人的国际婚礼晚宴,客人包括来自世界各地的政商名流。婚礼的主题为"浪漫与优雅",要求宴会台席设计不仅要体现出西式婚礼的高雅和精致,还需要融合新人的个性化需求,为客人创造难忘的用餐体验。

酒店管理层决定将这一设计任务交给他们的实习生团队,作为对实习生们的一个重大考验。实习生们需要为这场婚礼设计一个100人规模的宴会台席,要求包括以下几个方面。

(1)选择合适的台型:需考虑宴会厅的空间大小、客人人数和服务动线等因素,选择最合适的台型,并绘制设计图。

(2)色彩与装饰搭配:根据婚礼的主题,选择和搭配台布、餐具、装饰品等,营造优雅的宴会氛围。

(3)布艺与装饰设计:需掌握台席布置的细节,包括台布、餐巾、椅套的选择和搭配,以及台面装饰品如花卉、烛台的设计与摆放。

项目目标

(1)掌握西餐宴会台型布局设计。

(2)掌握西餐宴会台席设计。

(3)能够设计一个100人规模的婚宴台席。

Note

任务一　西餐宴会台型设计

→ 知识精讲

一、西餐宴会台型设计概述

西餐宴会台型设计强调实用性与美学的完美结合,通过合理的布局和优雅的装饰,营造高端、大气且舒适的宴会氛围。设计的核心在于有效利用空间、烘托宴会主题以及提升客人的整体体验。

二、西餐宴会台型的分类

根据不同的宴会形式和需求,西餐宴会台型主要分为以下几种。

❶ **长条桌**

(1)适用场合:正式宴会、商务晚宴。

(2)特点:强调庄重和仪式感,适合正式场合;客人沿长桌两侧就座,面对面交流。

(3)设计要点:桌布应选择高档材质,颜色素雅,增强高端感;桌面装饰简洁,选用精致的花卉或烛台,避免遮挡视线。

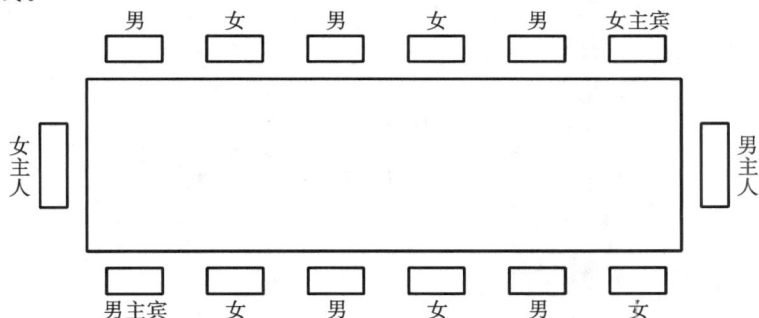

❷ **圆桌**

(1)适用场合:家庭聚会、婚宴、友情宴。

(2)特点:象征圆满和团结,适合具有温馨氛围的场合;客人围圆桌而坐,便于互动和交流。

(3)设计要点:圆桌直径适中,保证所有客人能舒适地用餐和交流;中心装饰物应低矮精致,如鲜花、果盘等,避免遮挡视线。

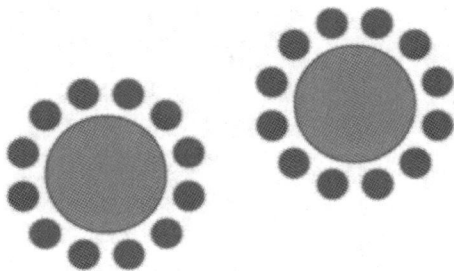

❸ **鸡尾酒高脚桌**

(1)适用场合:社交活动、冷餐会。

(2)特点:灵活多变,客人多为站立交流;配置高脚桌和少量座椅,方便客人随意走动和互动。

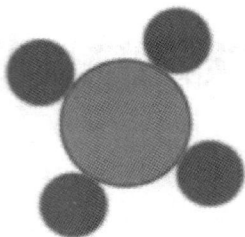

三、单桌型西餐宴会台型设计

西餐正式宴会以单桌型设计为主,整个宴会仅设一个大型餐桌,适合 20～50 人的宴饮活动。常见的单桌型西式正式宴会台型包括"一"字形、"U"形、"E"形、梳子形和"回"字形等。

❶"一"字形台型 特点:①可分为"一"字形方形台和"一"字形弧形台;②一般设于宴会厅的中央,两端留有空间,以便摆放服务台。

❷"U"形台型 特点:①通常可分为圆头和方头"U"形台型;②圆头部分可摆放 5 个餐位,方头部分可摆放 4 个餐位,主人居中而坐,主宾位于两旁;③"U"形台的凹口处通常是酒店提供法式表演服务的位置,便于主人和客人观赏。

❸"E"形台型和梳子形台型 特点:①容纳更多客人,在原有"U"形台的基础上横向增加长桌和座椅而成;②通常有 3 个或 4 个长桌,长度相等。

④ **"回"字形台型**　特点：设在宴会厅中央，餐桌中心为空时，有时会在中空部分陈设绿色植物或雕塑等装饰，提升宴会档次。

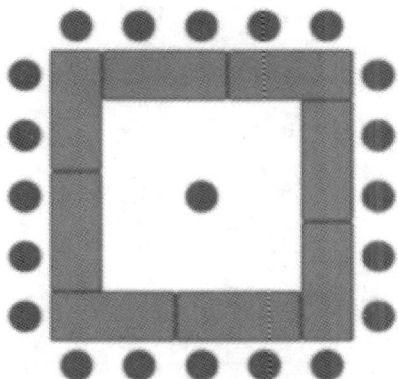

四、多桌型西餐宴会台型设计

若需容纳上百人同时进餐，一般采用多桌型宴会设计，即在宴会厅内将多张餐桌以一定形式排列，既满足客人的宴饮需要，又具美学功能。

❶ **星形台型**　特点：主桌通常为圆桌，放在宴会厅中央，其余桌呈五角星状包围主桌，便于普通客人向主人和主宾敬酒致意。

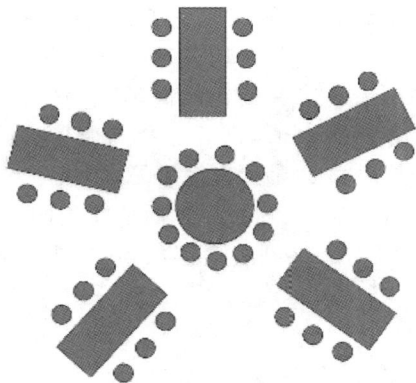

❷ **教室形台型**　特点：主桌为"一"字形长桌，位于宴会厅上位，其余桌面朝向主桌对称分布。

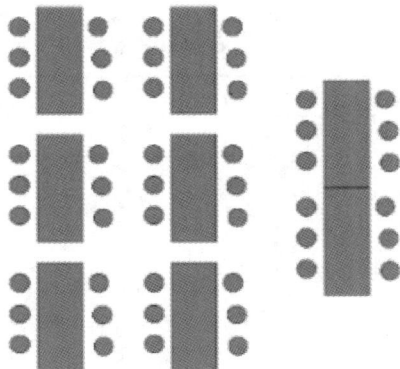

❸ **鱼骨形台型**　特点：像鱼骨头，由偶数个长方形餐桌按一定角度对称分布。在宴会客人数量不确定时，可灵活增减座位，合理利用宴会厅空间。

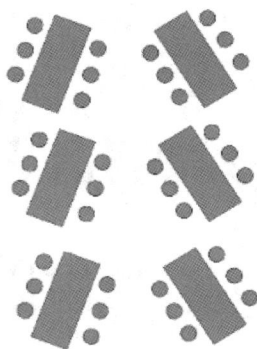

④ **平行线形台型** 特点:将"一"字形台扩充为多个,并平行排列,适合客人数量较多的宴会。

五、西餐正式宴会的台型设计要求

① **体现风格差别** 设计时应根据宴会的类型、主题和风格,从餐桌的位置、形状、颜色、材质、造型等方面,精心设计宴会台型。区分正式与非正式宴会及一般宴会与高档宴会。

② **与服务方式相适应** 有些酒店为宴会提供不同形式的服务,如法式音乐演奏、魔术、杂技表演、服务员一对一的助餐服务等。设计台型时,需要选择与服务方式相适应的台型。在提供法式音乐演奏服务的宴会厅,适合采用"U"形、"E"形和教室形等台型。

③ **兼顾美观性与实用性** 通过对长桌、圆桌等灵活搭配不同形状和大小的餐桌,既满足客人的审美需求,营造高雅、华贵的宴会氛围,又做到餐桌摆放整齐、座椅间距适宜、宴会厅空间安排合理,使客人获得完美的用餐体验。

任务执行

实践任务一:学习西餐宴会台型设计→设计家庭晚宴台型→模拟布置宴会厅→形成研究报告→填写任务表 2-3-1。

任务表 2-3-1

任务编号	任务名称	负责人	具体任务内容
任务 2-3-1	西餐宴会台型设计		学习西餐宴会台型设计
			设计一个 30 人规模的家庭晚宴台型。选择合适的台型,绘制设计图,并说明设计思路和装饰搭配
			模拟布置一个小型宴会厅:根据设定的宴会主题和人数,进行实际布置,拍摄照片并进行效果评估
			形成研究报告

任务二 西餐宴会台席设计

> **知识精讲**

西餐宴会台席设计注重实用性与美学的结合,通过科学合理的布局和精致优雅的装饰,营造出高端、大气、舒适的宴会氛围。以下是西餐宴会台型设计的多个方面,包括主题设计、用具选择、搭配习惯、装饰盘、烛台、布艺设计、服务员服装设计、台面花卉设计等。

一、西餐台席基本用品

西餐台席基本用品见右侧二维码。

西餐台席基本用品

二、西餐宴会主题分类与设计

根据不同的文化背景和宴会目的,西餐宴会可以设计成多种主题,每个主题都有独特的风格和装饰元素。

(一)浪漫主题

(1)场合:婚宴、订婚派对。

(2)设计要点。

①颜色:粉红色、紫色、白色等柔和色调。

②装饰:大量使用鲜花、烛台、轻纱布艺。

③餐具:选择带有细腻花纹的瓷器,精致的银器。

④示例:在婚宴中,使用粉红色和白色相间的桌布,搭配紫色餐巾,桌面中心放置一大束玫瑰花,烛台点燃白色蜡烛,营造浪漫氛围。

(二)奢华主题

(1)场合:高端商务宴会、颁奖晚宴。

(2)设计要点。

①颜色:金色、银色、黑色等高贵色调。

②装饰:使用水晶吊灯、大理石装饰、大型花艺。

③餐具:金边或银边的餐具,水晶高脚杯。

④示例:在颁奖晚宴上,使用黑色丝绸桌布,搭配金色餐巾,中央放置大型水晶吊灯和插有白百合的金色花瓶,增强奢华感。

（三）自然主题

（1）场合：户外婚礼、花园派对。

（2）设计要点。

①颜色：绿色、棕色、象牙色等自然色调。

②装饰：使用木制家具、藤编装饰、绿色植物。

③餐具：木制或陶瓷餐具，玻璃杯。

④示例：在户外婚礼中，使用棕色木质长桌，搭配象牙白色餐巾，桌面放置绿色植物和藤编篮子，烘托自然主题。

三、用具选择与搭配习惯

❶ 银器选择

（1）餐具：刀叉、勺子应选择高质量的银器，银器光泽亮丽，手感沉稳。

（2）使用场合：高端宴会通常使用全套银器，而较为随意的场合可以选择部分银器搭配其他材质餐具。

❷ **装饰盘**

（1）用途：装饰盘主要用于摆放开胃菜或甜点，增加餐桌的层次感和美观性。

（2）选择：装饰盘一般选择带有精美图案或镶边的瓷盘，颜色和风格要与宴会主题相协调。

❸ **烛台**

（1）选择：烛台应根据宴会主题来选择，如现代风格的宴会可以选择简约金属烛台，古典风格的宴会可以选择雕花烛台。

（2）摆放：烛台应放置在桌面的中心或两端，避免遮挡客人视线。

❹ **椒盐瓶**

（1）设计：选择与餐具风格一致的椒盐瓶，通常为小巧精致的银器或瓷器。

（2）摆放：摆放在每个餐位旁，方便客人取用。

四、布艺设计

西餐台面布艺在整体宴会设计中起到至关重要的作用，不仅是提升视觉美感的重要元素，更能通过巧妙的布艺选择和搭配，强化宴会的主题和氛围。以下将详细介绍西餐台面布艺设计的多个方面，包括台布、餐巾、椅套的选择与搭配，以及布艺在不同类型宴会中的应用。

（一）台布设计

❶ 材质选择

（1）丝绸、缎面：适用于高档宴会，如正式商务宴会和婚礼。丝绸和缎面的光泽感和垂坠感能够提升整体的奢华氛围。

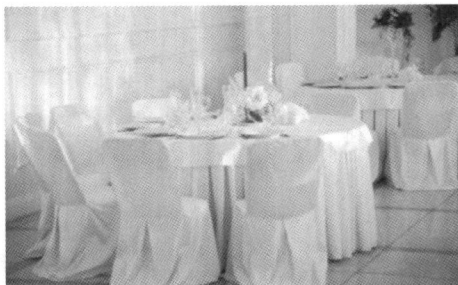

（2）亚麻、棉布：适用于较为休闲或自然主题的宴会，如家庭聚会或户外派对。亚麻和棉布的质感自然、舒适，适合营造轻松、自然的氛围。

❷ 颜色搭配

（1）正式宴会：常用白色、银色、金色等素雅、高贵的色调，以提升宴会的庄重和正式感。

（2）主题宴会：根据主题选择合适的颜色，如浪漫主题可选粉色、紫色，节日宴会可选红色、绿色等。

❸ 设计要点

（1）台布的长度应适中，通常悬垂至地面，给人整洁、大方的感觉。

（2）台布边缘可以选择波浪花边、蕾丝等装饰，增加细节美感。

（二）餐巾设计

❶ 材质选择 选择与台布相匹配的材质，如丝绸餐巾搭配丝绸台布，确保整体风格一致。

❷ 颜色和折法

（1）颜色：餐巾的颜色可以与台布形成对比或和谐搭配。例如，白色台布配以红色餐巾，或银色台布配以蓝色餐巾，增加视觉层次感。

（2）折法：餐巾的折法应根据宴会的主题和风格选择。常见的折法有玫瑰花折法、扇形折法、皇冠折法等，既美观又实用。

❸ 设计要点

（1）餐巾应放置在餐盘上或餐盘旁，方便客人取用。

（2）折叠后的餐巾应整齐、美观，且不影响餐具的使用。

（三）椅套设计

❶ 材质选择 椅套的材质应与台布保持一致，增强整体协调性。

❷ 装饰设计

（1）颜色和图案：椅套的颜色应与台布和餐巾相协调，图案可以选择与宴会主题相关的元素，如花纹、条纹等。

（2）椅背装饰：椅背可以系上丝带、花环等装饰物，增加视觉美感和仪式感。

（四）布艺在不同类型宴会中的应用

❶ 正式宴会 选择高档材质和素雅颜色的布艺，如白色丝绸台布和银色餐巾，搭配精致的烛台和花卉，营造庄重、高贵的氛围。

❷ 婚礼宴会 选择柔和色调和浪漫元素的布艺，如粉色缎面台布和玫瑰花形餐巾，搭配大量鲜花和烛台，营造温馨浪漫的氛围。

❸ 节日宴会 选择色彩鲜艳和有节日元素的布艺，如红色、绿色的台布和餐巾，搭配圣诞装饰品或新年元素，营造喜庆热闹的节日氛围。

❹ 家庭聚会 选择自然、舒适的布艺，如亚麻台布和棉布餐巾，搭配简单的花卉和水果，营造轻松、温馨的氛围。

五、服务员服装设计

西餐宴会服务员的服装设计不仅是餐饮服务质量的重要体现,更是整体宴会氛围和主题的重要组成部分。通过精心设计的服装,不仅可以提升宴会的专业性和高雅感,还能使服务员的形象与宴会的主题、风格相协调,为客人带来更为统一和谐的视觉体验。在正式宴会和休闲宴会中,服务员的服装要求有所不同,但都应注重细节、舒适性和美观性,确保在服务过程中既能展现专业素养,又能提升客人的用餐体验。

❶ 服装款式

(1)正式宴会:服务员应穿着黑白相间的制服,女士可以穿黑色礼服裙,男士穿西装或燕尾服。

(2)休闲宴会:服装可以相对轻松,如白色衬衫搭配黑色裤子或裙子。

❷ 细节设计

(1)领结或领花:可以选择与宴会主题色调相匹配的领结或领花,增加细节美感。

(2)袖口与纽扣:选择精致的袖口与纽扣设计,提升整体服装的档次感。

六、台面花卉设计

台面花卉设计在西餐宴会布置中起着至关重要的作用。它不仅能够增添视觉美感和提升宴会的整体氛围,还能传达宴会的主题和情感。通过精心挑选和搭配不同种类和颜色的花卉,设计师可以创造出多种多样的花艺作品,既能够营造出浪漫、自然或奢华的氛围,又能够与餐具、布艺及整体装饰相呼应。台面花卉设计需要考虑宴会的主题、季节和客人的偏好,使每一朵花都成为宴会中不可或缺的亮点。无论是低矮精致的花卉中心装饰,还是高雅独特的花瓶陈设,台面花卉设计都能够为西餐宴会带来意想不到的美学效果和视觉享受。

❶ 花卉选择

(1)浪漫主题:选择玫瑰花、百合等象征爱情的花卉。

(2)自然主题:选择绿色植物、野花等贴近自然的花卉。

❷ 花卉摆放

(1)高度:花卉高度应适中,不遮挡客人视线,一般不超过30厘米。

(2)位置:花卉应放置在桌面中央或桌角,形成对称或错落有致的布局。

❸ 色彩搭配

(1)颜色:花卉颜色应与宴会主题色调一致或形成对比,增强视觉效果。

(2)花瓶选择:花瓶材质和颜色要与餐具和整体装饰相协调,如玻璃花瓶适用于现代风格宴会,陶瓷花瓶适用于古典风格宴会。

任务执行

任务执行

实践任务二：学习西餐宴会台席设计→设计台席→设计宴会厅→形成研究报告→填写任务表 2-3-2。

任务表 2-3-2

任务编号	任务名称	负责人	具体任务内容
任务 2-3-2	西餐宴会台席设计		学习西餐宴会台席设计
			设计台席
			设计宴会厅
			形成研究报告

扫码看课件

模块描述

在全球餐饮业蓬勃发展的背景下,餐厅服务质量已成为衡量餐厅综合实力的重要标准。无论是在国内市场还是国际市场,高质量的餐厅服务不仅能提升客人的用餐体验,还能为餐厅赢得良好的口碑和品牌声誉。在中西餐厅服务设计模块中,我们将通过对比和分析,深入了解中西方餐厅服务的标准和特点,掌握核心的服务技能,并将其应用到实际的台席设计和服务流程中。

模块目标

(1)掌握中餐宴会摆台与服务。

(2)掌握西餐宴会摆台与服务。

(3)掌握侍酒服务技能。

(4)掌握餐酒搭配的艺术。

(5)掌握茶以及其他无酒精饮品服务。

· 实践案例与互动讨论

　　通过分析知名餐饮企业如四季酒店和万豪国际酒店的成功台席设计案例,学习如何在满足国际化服务标准的同时,灵活应对客户的个性化需求。这些案例内容包括这些企业在大型宴会中的布置策略、服务流程以及融入中西方文化元素的方法,以确保提供卓越的服务。

宴会主题:(自拟)		

宴会目的(三选一):

1.商务宴会:中式大型宴会。

2.家庭宴会:中式节日家庭聚餐。

3.婚宴:西餐宴会。

客人情况	中方贵宾	· 中国商务人士 · 中国政务人士 · 中国家庭
	西方贵宾	· 美国家庭 · 英国商务人士 · 法国家庭

宴会菜单:提供精心设计的中西合璧菜单,确保菜品既能体现中西文化特色,又能迎合客人不同口味。例如,中餐部分包括北京烤鸭、川菜麻婆豆腐;西餐部分则有法式鹅肝、英式牛排等。

岗位角色细化与任务	
迎宾员	职责:在宴会开始前迎接客人,引导他们到指定座位,并确保客人对宴会环境和安排感到满意。 技能重点:仪态、礼貌用语、应变能力
座位安排师	职责:根据客人的身份和宴会的座次表安排座位,确保客人在宴会中的位置符合其身份和需求。 技能重点:座次安排的策略性和灵活应变
菜品推荐师	职责:根据菜单为客人推荐合适的葡萄酒,介绍每种酒的特点和与菜品的搭配技巧。 技能重点:葡萄酒知识、搭配技巧、沟通能力
餐酒搭配师	职责:体验晚宴服务,提出建设性反馈。 技能重点:与西方客人进行文化交流,分享中国文化
服务员	职责:宴会期间的服务工作,包括上菜、换盘、倒酒等,确保服务礼仪符合西餐标准。 技能重点:服务礼仪、时间管理、细节关注

实践环节:

模拟宴会服务:将教室或实训室内布置成模拟宴会厅,学生在设定好的场景中进行实际服务操作。教师将观察学生的表现,给予实时评价。

角色轮换:每个学生将有机会扮演不同的角色,体验从迎宾到服务的全流程服务,全面提升服务能力。

任务反馈:完成角色扮演后,团队内进行反馈讨论,总结成功之处和需要改进的地方。教师将提供专业建议,帮助学生提升服务水平。

中餐宴会摆台与服务

项目描述

　　本项目旨在培养学生掌握中餐宴会摆台与服务的核心技能和知识,重点涵盖中餐宴会摆台的基本原则、宴会服务流程以及标准操作流程(SOP)的应用与评估。通过深入理论学习和实际操作,学生将理解并掌握如何在不同主题和场合下进行中餐宴会摆台,灵活运用各种摆台技巧,确保宴会现场的整体美观与协调。本项目还将通过模拟演练的方式,让学生体验完整的宴会服务流程,从迎宾到上菜再到撤菜,全面提升服务质量和客户满意度,同时增强学生的应变能力与服务意识。最终,学生将能够熟练应用中餐宴会服务的标准操作流程,并根据评判标准进行自我评估和改进,以期达到高标准的服务水平。

项目引入

　　广州一家知名的高端中餐厅"粤珍轩"计划承办一家跨国公司的商务宴会。这次宴会规模较大,预计接待客人100余人,其中不仅包括来自国内的高管,还有多位来自欧美的企业高管。此次宴会的主题是"东西文化交融",旨在通过美食与服务展示中国传统文化的精髓,同时也要考虑来自西方客人的饮食习惯和服务期望。

　　"粤珍轩"的管理团队对宴会的摆台与服务提出了极高的要求,要求摆台必须既体现传统中式美学,又能让来自不同文化背景的客人感到舒适和被尊重。宴会服务流程需要精准无误,所有服务员必须熟练掌握迎宾、点菜、上菜、撤菜等环节,并能够灵活应对现场的突发情况,确保宴会顺利进行。此外,由于宴会的特殊性,客户特别要求在摆台中融入部分西方元素,以体现文化的融合,同时保证宴会的整体氛围高雅、庄重。

　　接到任务后,"粤珍轩"的宴会服务团队展开了紧张的准备工作。团队首先针对中餐宴会摆台的基本原则进行了集中学习,确保所有成员了解各类餐具、酒具和装饰品的选择与摆放规则。接着,团队进行了多次摆台实操演练,模拟不同的摆台风格和调整细节,力求在实战中及时发现和解决问题。

项目目标

　　(1)掌握中餐宴会摆台的基本原则。
　　(2)掌握中餐宴会服务流程。
　　(3)了解中餐宴会服务 SOP 与评判标准。

项目实训

学生角色扮演任务单

中餐宴会摆台与服务

项目	中餐宴会摆台与服务
实训名称	中餐宴会摆台与服务
实训日期	
实训地点	
实训目标	让学生学会中餐宴会摆台与服务

实训任务

任务编号	任务名称	负责人	具体任务内容
任务1	中餐宴会摆台		进行中餐宴会摆台的实际操作演练,要求每位学生独立完成指定风格的宴会摆台,并在练习中熟悉各类器具的使用与摆放技巧
任务2	中餐宴会服务的礼仪与流程		掌握中餐宴会服务的操作技能,能够在实际场景中流畅完成迎宾、点菜、上菜、撤菜等服务环节
任务3	中餐宴会服务评判标准		在模拟的中餐宴会环境中,完整执行一次宴会服务 SOP,包括前期准备、服务执行和事后评估等环节

任务一　中餐宴会宴会摆台

→ **知识精讲**

一、中餐宴会摆台操作规范

摆台是按要求将各种餐具摆放在餐桌上,它是餐厅配餐工作中的一项重要内容。同时也是一门艺术,摆台的效果直接影响服务质量和餐厅的形象。

标准要求:先铺好台布,定好座位,按顺时针方向依台摆放餐具、酒具、餐台用品,餐巾折花。做到台型设计合理、行为安置有序、符合传统习惯。小件餐具应齐全、整齐一致,具有艺术性,图案对称,距离均匀。

(一)拉椅定位技术标准

在中餐宴会中,拉椅定位是一项关键的操作步骤,可确保每位客人在入座时能获得专业且周到的服务。针对不同大小的圆桌及不同人数的宴会,拉椅定位的技术标准如下。

❶2 米直径圆桌

（1）12 位客人。

①每张椅子应间隔均匀摆放,确保椅背到桌沿的距离为 50 厘米。

②椅子之间的间距应保持在 50～60 厘米,确保客人在用餐时有足够的空间。

（2）10 位客人。

①椅子之间的间距增加至 60～65 厘米,以确保在减少人数的情况下,每位客人仍有足够的活动空间。

②椅背与桌沿的距离仍然保持在 50 厘米。

（3）8 位客人。

①椅子间的间距进一步扩大至 70～75 厘米,使得每位客人的用餐空间更加宽敞。

②椅背与桌沿的距离同样保持在 50 厘米。

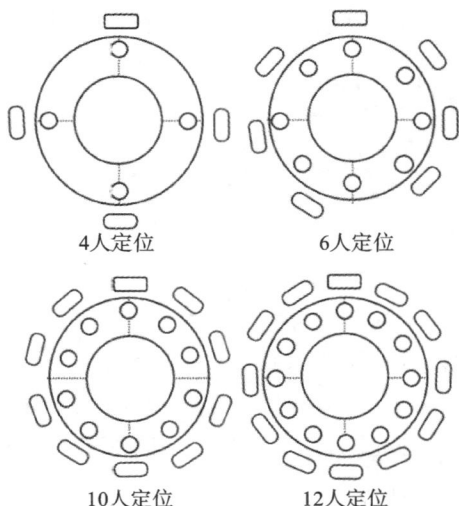

4人定位　　6人定位

10人定位　　12人定位

❷8 米直径圆桌

（1）12 位客人。

①由于桌子的直径较小,椅子之间的间距应稍微缩小至 45～50 厘米,以确保所有客人都能围绕桌子就座。

②椅背与桌沿的距离应略微减小至 45 厘米,以适应桌子的尺寸。

（2）10 位客人。

①椅子间距保持在 50～55 厘米,使得每位客人能享受到舒适的空间。

②椅背与桌沿的距离保持在 45～50 厘米,确保客人用餐姿势舒适。

（3）8 位客人。

①椅子间距扩大至 60～65 厘米,提供更为宽敞的用餐环境。

②椅背与桌沿的距离可以增加到 50 厘米,以获得更加舒适的就餐体验。

（二）操作要点

（1）统一性:所有椅子的位置和间距应保持一致,确保整体布局的对称性与美观性。

（2）精确性:如果宴会非常重要,请使用测量工具确保每张椅子定位准确,避免因位置误差影响客人的就餐体验。

（3）礼仪性:在客人入座时,服务员应站在椅子的后侧,帮助客人轻推椅子并协助其就座,体现出中餐礼仪的周到与专业。

二、中餐宴会摆盘规范

中餐宴会摆盘要求摆设规范、精准,体现传统中餐礼仪与高雅的美学标准。每一个摆盘步骤都需要非常细致,确保每件器具的摆放位置、角度和间距都符合规定,营造出庄重、整洁、统一的宴会氛围。以下是摆盘的具体步骤。

❶ 准备工作

（1）洗手消毒:摆盘前,服务员需要彻底清洁双手,并确保所用的托盘、餐具等干净卫生。

（2）托盘准备:将椅子定好位置后,左手托盘,右手进行摆放操作。

② 宴会厅具体摆盘步骤

（1）摆放餐盘：从主人座位开始，沿顺时针方向依次摆放餐盘。每个餐盘与桌边的距离为1厘米，盘与盘之间的距离相等，确保整齐划一。

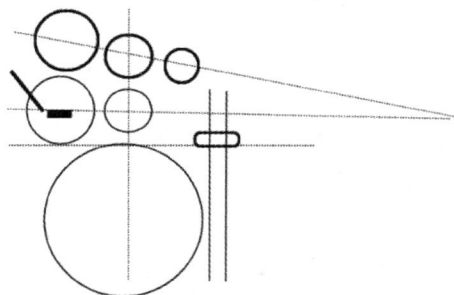

（2）摆放筷架和筷子：筷架应摆在餐盘的右上方，筷子的后端距离桌边0.5厘米，距餐盘边1厘米。筷子摆放在筷架上，图案面向上，体现细节的完美。

（3）摆放口汤碗和汤匙：口汤碗摆在餐盘的左前方，距离餐盘1厘米。汤匙放在口汤碗内，柄端向左，方便客人使用。

（4）摆放酒具：中餐宴会通常使用3个杯子即葡萄酒杯、白酒杯和水杯。葡萄酒杯摆放在餐盘的正前方，白酒杯摆放在葡萄酒杯的右侧，水杯则放在葡萄酒杯的左侧，距葡萄酒杯1厘米。3个杯子需横向呈一直线，并在水杯中摆上餐巾折花以增加美感。具体酒店在酒杯摆放方面有一定的差异，视具体情况而定。

（5）摆放公用餐具：在正副主人之间的酒具前方放置筷架及筷子，筷子的手持端向右，以便使用。

（6）摆放牙签：牙签应摆在每位客人的右侧，方便取用。

（7）摆放烟灰缸、火柴：烟灰缸摆放在正副主人的右边，确保客人方便使用。

（8）摆放菜单：菜单可摆在正副主人的筷子旁边，或竖立摆放在主人的水杯旁，以方便客人查看。

③ 最后调整

（1）整理台面：所有器具摆放完成后，需再次整理台面，确保所有物品摆放整齐，间距一致。

（2）摆放花瓶：最后放上花瓶或其他小型装饰物，作为摆盘的结束步骤，增加整体美感。

三、高级中餐宴会具体摆盘规范

① 垫盘与骨碟的摆放

（1）垫盘：首先摆放垫盘，确保垫盘与桌边相切，垫盘间隔相等。如果垫盘上有花纹，正面应朝上，保证装饰的美观。

（2）骨碟：将骨碟放在垫盘的正中，确保每个骨碟的位置精确统一。

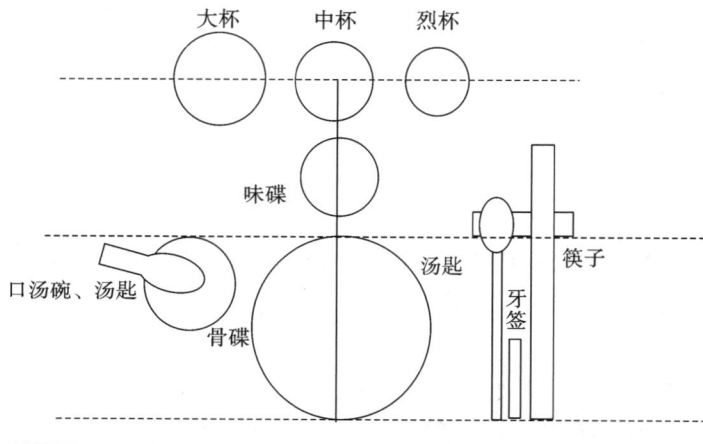

② **筷架、筷子与汤匙的摆放**

(1)筷架:筷架应放置在垫盘的右上方,与垫盘的上部边缘成直线相切。

(2)筷子:筷子应放在筷架的1/3处,确保位置的稳定和美观。

(3)汤匙:汤匙应放置在筷架上,与筷子的摆放形成和谐组合。

③ **牙签的摆放**　牙签应放置在筷子与汤匙之间,确保底部对齐,以保持整齐的视觉效果。

④ **三杯的摆放**

(1)中杯:放置在味碟的正前方,位置居中。

(2)大杯与烈杯:分别放置在中杯的左和右,三杯成一条直线,杯口之间的距离为1厘米,确保排列精确。

⑤ **口布折花**　口布折花是摆台的重点之一,需要掌握10和不同的花型折法,特别是在主位和副主位的折花要突出,以显示尊贵。

⑥ **味碟的摆放**　味碟应在骨碟的前方,在客人到场时摆放,以确保其功能性和美观性。

⑦ **口汤碗的摆放**　口汤碗应放置在垫盘的左上方,与筷架成一条直线。在分汤时再上桌,以保持宴会的节奏和菜肴的温度。

四、公筷、调味瓶的摆放

以下是关于公筷、调味瓶摆放的规范。

① **公筷摆放**

(1)位置:公筷应摆放在餐盘的正前方,距离餐盘前缘约5厘米,并与筷架放置在同一条直线上。公筷的筷尖应朝向左侧。

(2)数量:每一侧都需要放置一副公筷。

(3)方向:公筷应放置在筷架上,并且图案向上,确保整体美观。

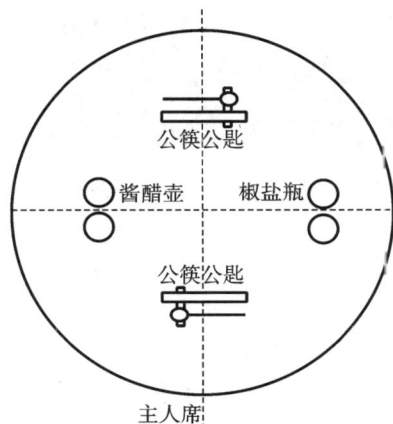

② **调味瓶摆放**

(1)位置:调味瓶通常应摆放在桌面中线附近,其中椒盐瓶与酱醋壶并排摆放,且间距相等,以方便使用。

(2)数量:每一侧通常会放置一对椒盐瓶,保证各餐位的客人都能方便取用。

五、中餐摆台装饰元素的选择

① **花卉装饰**　在中餐宴会摆台设计中,花卉常作为桌面的主要装饰元素。选择的花卉通常需与宴会的主题和氛围相协调。

(1)婚宴：常选择象征幸福和富贵的牡丹或兰花作为装饰。这些花卉不仅色彩鲜艳，还具有深厚的文化内涵，能够增强宴会的喜庆氛围。

(2)传统节日宴会：红色花卉，如红玫瑰花或红色康乃馨，常用于增添节日的喜庆感。这些花卉的颜色与节日气氛相呼应，传递出热烈和欢乐的情感。

❷ 花卉摆放距离

(1)花卉通常摆放在餐桌的中央，距离每位客人座位边缘15～20厘米，以确保不阻碍客人的视线和交流。

(2)高度通常不超过30厘米，以保持桌面开阔，避免遮挡视线。

❸ 餐巾与台布　餐巾和台布在中餐宴会中不仅具有实用性，还承担了重要的装饰功能。其选择和摆放时需要注意以下几点。

(1)餐巾：应与台布颜色相协调，通常会折叠成象征吉祥的图案，如花朵或扇形。餐巾折叠后通常放置在餐盘上或筷架旁边，距离餐盘边缘约1厘米。

(2)台布：常选择丝绸或亚麻材质，颜色应与宴会的整体主题和氛围相契合。台布的边缘通常与桌子的边缘平行，垂坠的长度应为25～30厘米，以确保美观且方便客人入座。

❹ **器具选择**　在中餐宴会的摆台中,筷架、调味瓶、骨碟等器具不仅作为实物使用,还兼具装饰作用。

（1）筷架:通常选择具有中国传统文化特色的材质,如陶瓷或玉石。筷架应放置在餐盘的右前方,距离餐盘边缘约1厘米,筷子的末端距桌边0.5厘米。

（2）调味瓶:通常摆放在主菜位置的两侧,距离餐盘边缘约5厘米,以方便客人取用和保持桌面整洁。

（3）骨碟:通常放置在餐盘前方,距离餐盘边缘1厘米,用于客人放置骨头或其他不可食用部分。

❺ **造景装饰**　在中餐宴会的摆台中,除了常见的花卉、餐巾和器具等装饰元素外,造景装饰如迷你山水、盆景以及其他传统中国艺术品也经常用于提升宴会的文化氛围和视觉效果。

（1）迷你山水:迷你山水景观是一种常见的桌面装饰,利用微型的山石、水池和植被再现自然景观。这种装饰不仅美观,还象征着中国传统文化中对自然的尊重与热爱。迷你山水通常摆放在宴会桌的中央或靠近主宾座位的地方,以提升整体装饰的层次感。

（2）盆景:盆景是中国园艺艺术的代表,常用于装饰宴会场地。它们可以放置在宴会厅入口处或桌面上,以小型树木、花草或其他植物为主体,展示自然之美和人文意境。盆景通常选用矮小而精致的植物,避免遮挡客人视线。

（3）传统艺术品:如瓷器雕像、漆器托盘或书法作品等,这些艺术品可以摆放在宴会场地的显眼位置,增添文化氛围。这些装饰不仅具有观赏价值,还能传达宴会的主题或祝福语。

（4）红灯笼与中国结:在节日宴会或婚宴中,红灯笼和中国结经常被用作装饰元素,悬挂在宴会厅内或摆放在桌面上,象征着喜庆与吉祥。

Note

任务执行

实践任务一：了解客户需求→设计摆盘方案以及装饰品→ 根据中餐宴会摆盘规范进行铺台、拉椅、摆台→形成研究报告→ 填写任务表 3-1-1。

任务表 3-1-1

任务编号	任务名称	负责人	具体任务内容
任务 3-1-1	中餐宴会摆台与服务		了解客户需求
			设计摆盘方案以及装饰品
			根据中餐宴会摆盘规范进行铺台、拉椅、摆台
			形成研究报告

任务二　中餐宴会服务的礼仪与流程

→ 知识精讲

一、餐前准备

（一）召开全体人员会议

召开全体人员会议传达信息,明确分工。规模较大的宴会要确定总指挥,在准备阶段要向服务

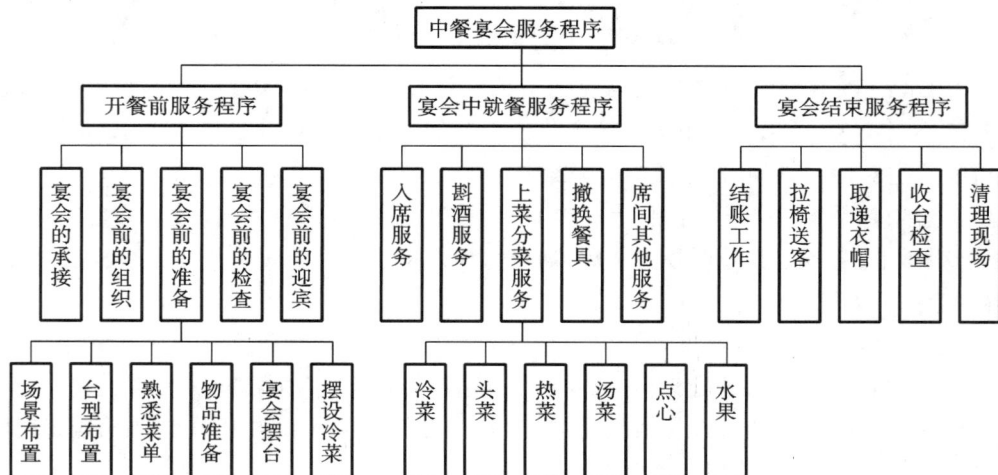

中餐宴会服务程序

开餐前服务程序　宴会中就餐服务程序　宴会结束服务程序

宴会的承接　宴会前的组织　宴会前的准备　宴会前的检查　宴会前的迎宾

入席服务　斟酒服务　上菜分菜服务　撤换餐具　席间其他服务

结账工作　拉椅送客　取递衣帽　收台检查　清理现场

场景布置　台型布置　熟悉菜单　物品准备　宴会摆台　摆设冷菜

冷菜　头菜　热菜　汤菜　点心　水果

员分配任务、阐述意义、提出要求、宣布人员分工和服务注意事项。在人员分工方面要根据宴会要求,对迎宾、值台、传菜、供酒、衣帽间及贵宾室等岗位进行明确分工,确保每位服务员有具体任务,将责任落实到人。做好人力、物力的充分准备,要求所有人员思想上重视、工作严谨,确保宴会顺利进行。

（二）宴会前的准备时间

（1）一般场景布置:在开餐前 4 小时完成。

（2）台型布置:在开餐前 2 小时开始布置。

（3）筹备工作:在开餐前 8 小时开始准备。

（三）宴会前准备工作

❶ 场景布置

（1）环境布置:根据客人要求及宴会标准,布置宴会厅的场景。通常会在宴会厅内摆放盆景花草,或在主台后面设置花坛、画屏、大型青翠树枝盆景等装饰,以营造宴会的隆重、盛大与热烈氛围。

（2）场地清洁:在宴会开始前,服务员需对宴会场地进行全面清洁,包括地板、墙壁、天花板等,确保场地干净、整洁、无灰尘、无异味。

（3）桌椅摆放:根据宴会规模和预定要求,合理摆放桌椅,确保间距适中,通道畅通无阻。桌布、椅套应平整无皱,颜色统一。

❷ 台型布置　按照宴会要求及宴会厅的面积和形状,设计餐桌的排列图,并根据"中心第一,先左后右,高近远低"的原则进行布置。在布置过程中,需要突出主桌的中心地位,确保桌子排列整齐、间隔适当;既要方便客人用餐,又要便于服务员操作。

❸ 熟悉菜单

（1）熟悉菜单:熟悉宴会菜单上的主要菜点和风味特色,准备好向客人介绍和回答相关菜点问题。掌握每道菜的服务程序,能够准确描述每道菜的名称、风味特色、主料、辅料、调料、味型及制作工艺。

（2）菜单核对:服务员需与厨房沟通,核对宴会菜单,确保所有菜品准确无误,食材新鲜,口味符合标准。

（3）备餐间准备:备餐间需提前准备好各类调味品、酱料、餐具等,确保在宴会过程中能够及时补充。

❹ 物品准备

（1）根据菜单的服务要求,准备好银器、瓷器、玻璃器皿等餐具,并准备好与菜肴搭配的调料、鲜花、酒水、香烟、水果等。对于重要宴会,需准备精美的菜单,每位客人一份,菜单封面设计精美、字体规范,可供客人留作纪念。

（2）餐具需提前消毒并摆放到位,包括碗、盘、筷、勺、酒杯等,摆放顺序和间距需符合中餐宴会规范。

❺ 铺设餐台　通常在宴会开始前 1 小时摆放好台面餐具。摆台前,服务员需洗净双手,按照规定的方式拿握台布、餐具和餐巾。首先拉开正、副主人位的座位并对正,然后按均等距离摆放好其他座位。

❻ 席位安排　在正式宴席中,每个座位前通常会放置名卡,上面写明客人的姓名,以便于客人对号入座。座位安排一般根据客人的身份和地位来决定。

❼ 摆设冷盘　在大型宴会开始前 10～15 分钟摆放好冷菜,并在宴会开始前 10 分钟斟倒预备酒。预备酒通常包括白酒和葡萄酒,以示庄重。这一环节是为了方便客人落座后致辞和干杯,避免临时斟酒时的手忙脚乱。

❽ 检查与确认　在准备工作全部就绪后,负责人需对整个布置与准备工作进行全面检查,包括台面服务、传菜人员分配、餐具、饮料、酒水、水果是否备齐,摆台是否符合规格,各种用具及调料是否备齐并略有盈余,清洁卫生状况,酒具消毒情况,以及服务员的个人卫生、仪容仪表、照明、空调、音响等。确保所有准备工作完备无误,为宴会的顺利举行提供保障。

Note

二、宴会迎宾

① 热情迎宾　根据宴会的入场时间,宴会主管和迎宾人员提前在宴会厅迎候客人,值台服务员站在各自负责的餐桌旁准备服务。客人到达时要热情迎接、微笑问好,待客人脱去衣帽后将客人引入休息厅就座。回答客人问题和引领客人时注意使用敬语,做到态度和蔼、语言亲切。

② 接挂衣帽　如宴会规模较小,可不设专门的衣帽间,只在宴会厅的房门前放衣帽架,安排服务员照顾客人宽衣并接挂衣帽。如宴会规模较大,则需设衣帽间,凭牌存取衣帽。接挂衣服时应握衣领,切勿倒提,以防衣袋内的物品倒出。贵重的衣服要用衣架挂好,以防衣服走样。重要客人的衣服,要凭记忆进行准确服务,贵重物品要请客人自行保管。

③ 端茶递巾　客人进入休息厅后,服务员应招呼入座,并根据接待要求递上香巾、热茶或酒水饮料。客人抽烟时应主动为其点火。递巾送茶均按先宾后主、先女后男的次序进行。

三、餐中服务

① 上菜、分菜服务　各类不同的宴席,由于菜肴的搭配不同,上菜的顺序也不同。对于有特殊要求的客人(如素食者、食物过敏者等),需提前与厨房沟通并做好相应安排。传统宴会的头道热菜通常是最名贵的菜肴,主菜上后,依次是炒菜→大菜→蔬菜→甜菜→汤→点心→水果。但也有例外,如全鸭席中的北京烤鸭,就不做头菜,而是安排在最后一道大菜,称其为"千呼万唤始出来"。粤菜上菜的顺序:冷盘→羹汤→热炒→大菜→蔬菜→点心→水果,上蔬菜表示菜已全部上齐。

(1)按菜单顺序上菜。当冷菜吃到适当程度的时候,开始上热菜。上菜的大致顺序:头菜→热菜→甜菜→汤菜→点心→水果等,上汤菜则表示菜已上齐。有时为了照顾外国客人的习惯,会把汤菜放在冷菜后上。菜与菜的间隔时间可根据宴会进程或主办方的意见而定。

(2)要选择正确的位置上菜。操作时站在陪同人员之间,即"上菜口"的位置,将菜盘放在转盘上,凡鸡、鸭、鱼整体菜或椭圆形的大盘菜,在摆放后应按顺时针方向转动转盘,将菜转向主人与主宾之间。

(3)热菜需趁热上。从厨房取出的热菜应用银或不锈钢的菜盖盖好,待菜上桌后再取下菜盖。

(4)大型宴会上菜速度要以主桌为准,全场统一。按事先规定的办法(如看手势或听音乐)进行,做到主桌上哪道菜,其余桌也同步上哪道菜,不允许任何一桌擅自提前或推后。

(5)询问客人意见。每上一道菜,服务员都要退后一步站好,主动为客人介绍菜名、风味、特点和典故。撤菜之前一定要征询客人意见,当客人表示不需要后再撤下。

(6)宴会分让菜服务。服务员要熟悉操作步骤,胆大心细,动作轻稳并掌握好份量。无论是分让菜、点心还是汤,都要均匀分配。如有配料或调料的菜,应先上齐配料或调料,再上菜。

(7)统一服务标准。对于带有骨刺的鸡、鸭、鱼等,应按客人的要求或饭店统一的服务要求进行处理。

② 撤换餐具服务

(1)撤换餐具。宴会中撤换餐具应不少于 3 次,重要宴席要求每道菜都要换盘。撤换程序:冷菜→汤→带骨刺的菜→汁多、活芡多的菜→甜品,吃水果前要撤掉除酒具以外的餐具。

(2)撤换骨碟。撤换骨碟时,要待客人将碟中食物吃完方可进行。如客人放下筷子而菜未吃完,应征得客人同意后才能撤换。撤换时要边撤边换,撤与换交替进行,站在客人右侧按先主宾后其他客人的顺序进行。

③ 斟酒服务

(1)征询意见。为客人斟酒时要征求客人意见,按客人的要求斟倒其喜欢的酒水或饮料,如客人表示不需要,应将客人面前的空杯撤走。

(2)斟酒规范。斟酒时服务员应站在客人的身后右侧,右脚在前侧身进行。右手握瓶,商标面向客人,瓶口离杯口 1~2 厘米,按红酒 1/3,白酒、啤酒和饮料八分满,洋酒 1 盎司(1 液体盎司≈30 mL)的标准斟倒。

(3)斟酒顺序。1 名服务员斟酒时,应先主宾后主人,然后按顺时针方向进行。两名服务员同为一桌斟酒时,一名从主宾开始,另一名从副主宾开始,按顺时针方向进行。切忌站在同一位置为下一位客人斟酒或站在左右为两位客人斟酒。

(4)祝酒服务。在宾主祝酒致辞前,服务员应斟好所有客人的酒或其他饮料。在主宾讲话时,应停止一切服务活动。讲话结束后,如果宾主间的座位有段距离,服务员应准备好两种酒放在小托盘中,侍立在旁,并在客人端起酒杯后迅速离开。如宾主在原位祝酒,服务员应在致辞完毕干杯后迅速为其续酒。

(5)协助敬酒。当客人起立干杯或敬酒时,服务员应迅速拿起酒瓶跟着客人准备添酒,客人要求斟满酒杯时,应斟满酒杯。

(6)协助拉椅。当客人起立干杯、敬酒时,要帮客人拉椅,宾主就座时要将椅子向前推。拉椅推椅都要注意客人安全。大型宴会可配 1 名服务员专为客人、主人斟酒。

(7)席巾整理。客人离开座位区斟酒时,服务员要将客人的席巾叠好放在客人的筷子旁边,席巾应叠成美观的图形。

(8)续酒服务。在宴会服务中,服务员要随时注意每位客人的酒杯,见喝至 1/3 时应及时添加(特殊情况除外)。斟酒时不要弄错酒水。宴会期间要及时为客人添加酒水,至客人表示不需要为止(如酒水用完,应征询主人的意见是否需要添加)。

❹ 席间服务

(1)巡台服务。宴会进行中要勤巡视,细心观察客人的表情及动作示意,以提供主动服务。服务时态度和蔼、语言亲切、动作敏捷。餐具要轻拿轻放,右手操作时,左手要自然弯曲放在背后,暂停工作时要站在一边与餐台保持一定距离,站立姿势要端正,眼神要专注。

(2)替换餐用具。如客人在进餐中不慎将餐用具掉在地上,服务员应首先从服务桌上取来干净的餐具、用具,礼貌地递给客人,然后再清理地面上的餐用具。

(3)清洁台面。如客人打翻了饮料杯、酒杯弄脏了台面或衣服,服务员要迅速用餐巾或毛巾帮助客人擦拭衣服,用湿毛巾清洁台面,有时要用餐巾盖住被弄脏的桌面。然后为客人换上新的杯具,重新斟上酒水。

(4)毛巾服务。宴会进行中,应根据客人需求提供毛巾服务。喝完汤、吃完海鲜类菜肴及吃完水果后各提供一次。方法:将毛巾放在专用的小盘中,从客人的右侧送上,放在每位客人餐盘的右边。

(5)个性化服务。宴会中出现即兴演唱等活动或临时新增服务项目时,服务员应及时与厨房联系,尽量做到使客人满意。

(6)水果服务。当餐台用完水果后,服务员可以撤掉水果盘、餐盘、水果叉,并在餐桌上摆好鲜花,表示宴会结束。

❺ 餐后服务

(1)结账服务。上菜完毕后,服务员可做结账准备。清点所有酒水、香烟、佐料、加菜等宴席菜单以外的收费项目,并统计总数,送收银处准备账单。

(2)拉椅送客。主持人宣布宴会结束时,服务员要提醒客人带好随身物品。当客人起身离座时,要主动为其拉开座椅,以方便其离席行走,视具体情况目送或随送客人至餐厅门口。若是大型宴会,服务员应列队站在餐厅门口两侧,热情欢送客人。不要在客人刚刚起身还未走出宴会厅时便忙于收台,如宴会后安排休息,要根据接待要求进行餐后服务。

(3)取递衣帽。客人出餐厅时,衣帽间的服务员根据取衣牌号码,及时、准确地将衣帽取递给客人。

(4)收台检查。当客人离席时,服务员要检查台面是否有客人遗留的物品,如有,要及时送还或交上级领导。检查台面是否有未熄灭的烟头。在客人全部离开后,服务员应立即清理台面。顺序:餐巾、毛巾→银器→玻璃杯→瓷器→银器刀叉→筷子,贵重物品要当场清点。

(5)清理现场。各类开餐用具要按规定位置复位,重新摆放整齐。开餐现场需重新布置,恢复原样,以备下次使用。结束工作做完后,领班应进行检查,待全部项目合格后方可离开。

任务执行

实践任务二:了解客户需求→设计摆盘方案以及装饰品→ 根据中餐宴会摆盘规范进行铺台、拉椅、摆台→形成研究报告→填写任务表 3-1-2。

任务表 3-1-2

任务编号	任务名称	负责人	具体任务内容
任务 3-1-2	中餐宴会服务全流程练习		了解客户需求
			设计摆盘方案以及装饰品
			根据中餐宴会摆盘规范进行铺台、拉椅、摆台
			形成研究报告

任务三　中餐宴会服务评判标准

中餐宴会服务的评判标准依餐饮企业的经营目标设计,不存在全国统一。但可以通过了解技能大赛的评分方法来理解高级宴会的评判标准。

(1)评价打分方式。具体内容见左侧二维码。

(2)中餐摆台评分标准。具体内容见左侧二维码。

(3)中餐服务评分标准。具体内容见左侧二维码。

任务执行

实践任务三:了解客户需求→按照中餐宴会标准进行演练→ 小组间进行互评和比拼→形成研究报告→填写任务表 3-1-3。

任务表 3-1-3

任务编号	任务名称	负责人	具体任务内容
任务 3-1-3	中餐宴会服务全流程练习		了解客户需求
			按照中餐宴会标准进行演练
			小组间进行互评和比拼
			形成研究报告

同步检测

任务执行

评价打分方式

中餐摆台评分标准

同步检测

中餐服务评分标准

同步检测

任务执行

Note

西餐宴会摆台与服务

项目描述

　　在高端餐饮服务中,西餐宴会摆台与服务是展示餐厅专业水准和文化素养的核心内容之一。项目二专注于培养学生掌握西餐宴会摆台和服务的技能,使其能够在实际操作中灵活应用,满足各种宴会的高标准要求。通过本项目的学习,学生将系统掌握西餐宴会的摆台原则、服务礼仪和操作流程,并通过实践演练提升服务质量,力求达到行业顶尖标准。

项目引入

　　一家位于上海外滩的高端西餐厅"霞飞阁"计划承办一场以"法国艺术之夜"为主题的西餐宴会。此次宴会将接待来自世界各地的艺术家和文化界知名人士,客人对餐饮服务的要求极高。为了确保宴会的成功,餐厅管理层决定在正式宴会前对服务团队进行全面的服务培训,特别是针对摆台与服务的细节进行强化练习。

　　餐厅管理层明确指出,此次宴会的摆台必须体现法国餐饮文化的优雅和精致,餐具的摆放、酒具的选择、餐巾的折叠等细节都需严格遵循法国传统礼仪。同时,服务员需要掌握与客人的互动技巧,在服务过程中展现出专业和友善的态度。鉴于宴会的主题是"法国艺术之夜",因此在摆台和服务中还需要融入一定的艺术元素,突出宴会的主题特色。

项目目标

　　(1)掌握西餐宴会摆台基本原则。
　　(2)掌握西餐宴会服务的礼仪与流程。
　　(3)了解西餐宴会服务评判标准。

Note

项目实训

学生角色扮演任务单

西餐宴会摆台与服务

项目	西餐宴会摆台与服务
实训名称	西餐宴会摆台与服务
实训日期	
实训地点	
实训目标	让学生学会西餐宴会摆台与服务

实训任务

任务编号	任务名称	负责人	具体任务内容
任务1	西餐宴会摆台标准		进行西餐宴会摆台的实际操作演练,要求每位学生独立完成指定风格的宴会摆台,并在练习中熟悉各类器具的使用与摆放技巧
任务2	西餐宴会服务流程		掌握西餐宴会服务的操作技能,能够在实际场景中流畅完成迎宾、点菜、上菜、撤菜等服务环节
任务3	西餐宴会服务评判标准		在模拟的西餐宴会环境中,完整执行一次宴会服务SOP,包括前期准备、服务执行和事后评估等环节

任务一 西餐宴会摆台标准

→ 知识精讲

一、西餐宴会摆台操作规范

❶ 台面布置

（1）先铺好台布,定好座位,再按顺序依次摆放餐具、酒具、餐台用品,叠摆餐巾花。

（2）摆台时,要求台布铺设正中平整,台料齐全,位置恰当合乎规范;餐具齐全,干净无破损,位置正确,距离匀称。

（3）餐椅与餐盘对齐,餐椅与餐桌保持适当距离。

❷ 台布铺设

(1)台布的规格应与餐台的规格相适应,对于较长的餐台,需几块台布拼铺起来。铺台时服务员分站在餐桌两侧,将第一块台布定好位,然后按要求依次将台布铺完。

(2)台布压贴的方法和距离要一致,两块台布的重叠部分不得少于10厘米。台布的开口应背向宴会厅。

(3)铺好的台布正面一律向上,台布之间要求中心线对正,台布两侧下垂部分要均匀。

❸ 西餐宴会摆台规范

(1)在餐位正中放上装饰盘,离桌边2厘米,盘中放餐巾花,也可不放装饰盘而直接放餐巾花。

(2)摆放餐具时,左手托盘,右手摆餐具,按顺时针方向进行。按人数等距离定位摆盘。

(3)在装饰盘的右侧从里向外依次摆放肉刀、鱼刀、汤匙和头盆刀。在装饰盘的左侧从里向外摆放肉叉、鱼叉和头盆叉。肉刀、肉叉离装饰盘5厘米,刀与刀、叉与叉之间相距0.5厘米,鱼刀和鱼叉距桌边5厘米,其余刀、叉、匙距桌边2厘米。刀口向左,叉尖向上。

(4)在装饰盘正上方1厘米处摆放点心叉和点心匙,叉在下,匙在上,叉柄朝左,匙柄朝右,两者相距0.5厘米,盘中放餐巾花。

❹ 摆面包盘、黄油刀、黄油碟　在头盆叉左侧1厘米处摆放面包盘,盘心与装饰盘的盘心的连线与桌边平行。在面包盘上放黄油刀,刀尖上方3厘米处摆放黄油碟。

❺ 摆酒杯　从肉刀正上方10厘米处开始,呈斜线依次摆上水杯、红葡萄酒杯、白葡萄酒杯,杯间距离为1厘米,斜线与桌边成45度角。

❻ 摆桌面用品　桌面用品摆放在餐桌中心线上。餐桌正中摆放花盆作为装饰。左右两侧按四五人一套的比例摆放烟灰缸、盐瓶、胡椒粉瓶和牙签筒,四者之间各相距2厘米。最后拉好座椅。

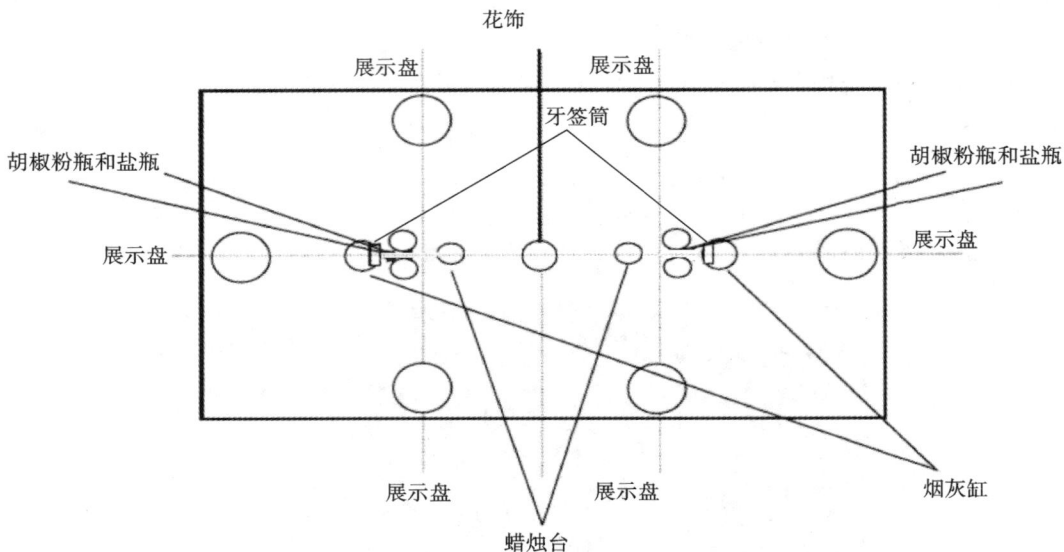

注意:摆台时应使用托盘,注意卫生,刀、叉等餐具应拿柄部,并用餐巾包裹,酒杯拿杯脚或底部,防止指纹留在餐具上。

二、西餐宴会摆台装饰元素的选择

西餐宴会摆台装饰强调的是精致与典雅,结合细致的美学设计和文化内涵,为客人营造出庄重、优雅的用餐氛围。以下是西餐摆台中常用的装饰元素及其选择原则,突出西餐的特点与风格。

(一)花卉装饰造型

花卉在西餐摆台中具有举足轻重的地位。它不仅是视觉上的焦点,更能烘托餐桌的整体氛围。

❶ 单一中心造型

(1)特点:这种造型通常选用一种主要的花卉,围绕一个中心点进行设计,花卉密集且排列有序。适用于强调简洁、高雅的宴会风格。

(2)适用场合:正式商务晚宴、精致小型宴会。

(3)常用花卉:玫瑰花、百合、郁金香。

❷ 螺旋造型

(1)特点:以螺旋形状排列的花卉造型,可以从花器的底部逐渐向上盘旋,形成立体感强、层次分明的装饰效果。这种造型能够很好地展现花卉的自然生长形态。

(2)适用场合:婚宴、奢华主题宴会。

(3)常用花卉:牡丹、兰花。

③ 瀑布造型

（1）特点：花卉从花器顶部向下垂落，仿佛瀑布般洒落在桌面，动感十足。这种造型适合展现浪漫与自然之美。

（2）适用场合：浪漫晚宴、婚宴。

（3）常用花卉：玫瑰花、茉莉花、常春藤。

④ 环形造型

（1）特点：花卉围绕圆形或椭圆形花器排列，形成环形设计，营造出统一且圆满的视觉效果。环形造型具有平衡感，适合圆桌布局的宴会。

（2）适用场合：家庭聚会、友情宴。

（3）常用花卉：各种颜色的郁金香、康乃馨。

⑤ 自由式造型

（1）特点：不拘一格的自由式花卉造型允许更多的创意和个性化表达。花卉可以随意排列形成独特的形态和组合，突出宴会的独特风格。

（2）适用场合：艺术主题宴会、现代风格晚宴。

（3）常用花卉：野花、稀有植物、蕨类。

（二）烛台与蜡烛

烛台与蜡烛在西餐摆台中不仅仅是照明工具，更是营造浪漫氛围的重要元素，尤其在晚宴中应用广泛。

（1）选择烛台：不同风格的烛台会带来不同的视觉效果。现代风格的宴会可以选择简约的金属烛台，而古典风格的宴会则适合用雕花或水晶烛台，以进一步提升宴会的档次感。

（2）摆放方式：烛台应置于餐桌的中心或两侧，与花卉相呼应。为了不影响用餐，烛台的高度和摆放位置应尽量避免挡住客人的视线。

（3）蜡烛颜色：蜡烛的颜色一般以白色、象牙色为主，适用于各种场合。如果宴会有特殊的主题或为节日宴会，可以选择红色、金色等更具象征意义的蜡烛颜色，以增强氛围感。

（三）餐巾与台布

在西餐摆台中，餐巾和台布的选择和摆放具有极高的仪式感，它们不仅是功能性物品，更是装饰的重要组成部分。

（1）餐巾的选择与折叠：餐巾多选用高质量的亚麻或纯棉布料，颜色与台布协调一致。常见的折叠方式包括扇形、玫瑰花形等，能展现餐桌的优雅和宾主的重视程度。

（2）台布的材质与颜色：台布的选择通常为丝绸、缎面或高档亚麻，颜色根据宴会主题和季节变化确定。例如，在正式宴会中，白色或象牙色台布是经典之选，能体现出宴会的庄重和典雅。

（四）餐具与装饰盘

高档的餐具和装饰盘不仅能提升用餐体验,还能展现出西餐宴会的文化与艺术水平。

（1）餐具选择:餐具通常选择骨瓷餐盘、银质刀叉和水晶酒杯,这些材料不仅外观精美,还能彰显宴会的高贵和典雅。装饰盘通常置于主餐盘下方,用来增添餐桌的层次感,常选择带有精美花纹或镶边的设计。

（2）装饰盘摆放:装饰盘应与餐具风格一致,摆放在餐桌中央或作为主菜的底托使用,既能提升视觉效果,又能保护台布不受污渍污染。

（五）椅套与座位卡

椅套与座位卡是西餐摆台中不可或缺的元素,它们不仅用于标识座位,还能为宴会增添仪式感。

（1）椅套选择:椅套通常与台布颜色一致,材质上选择与餐桌装饰相匹配的布料,如丝绸、亚麻等。椅背的装饰可以使用丝带或花环,营造出统一和谐的视觉效果。

（2）座位卡:座位卡放置在每位客人的餐盘前方,设计精美的小卡片不仅可以指引客人就座,还可以作为宴会的纪念品。

任务执行

实践任务一:了解客户需求→设计摆盘方案以及装饰品→ 根据西餐宴会摆盘规范进行铺台、拉椅、摆台→形成研究报告→填写任务表 3-2-1。

任务表 3-2-1

任务编号	任务名称	负责人	具体任务内容
任务 3-2-1	西餐宴会摆台与服务		了解客户需求
			设计摆盘方案以及装饰品
			根据西餐宴会摆盘规范进行铺台、拉椅、摆台
			形成研究报告

任务执行

任务二　西餐宴会服务流程

→ **知识精讲**

一、西餐宴会的服务特点

(1)餐桌一般用长台或腰圆台,有时也用圆台。

(2)用餐方式一般是分餐制,一人一份餐盘。

(3)西餐中每吃一道菜,更换一套餐具,多用刀叉进食,收盘时连同用过的刀叉一起撤走。餐具的摆放亦按事先定好的菜单进行,根据菜式摆上不同的刀叉餐具。

(4)在酒水的选用方面,西餐宴会遵循传统的规则,特定菜品搭配特定酒水,以及相应的酒杯。

(5)西餐宴会以西式风味的菜点为主,并在席间播放音乐以营造氛围。

(6)按照西餐操作程序和礼节进行服务。

(7)灯光柔和偏暗,有时会点蜡烛,营造轻松舒适的氛围。

二、西餐宴会服务程序

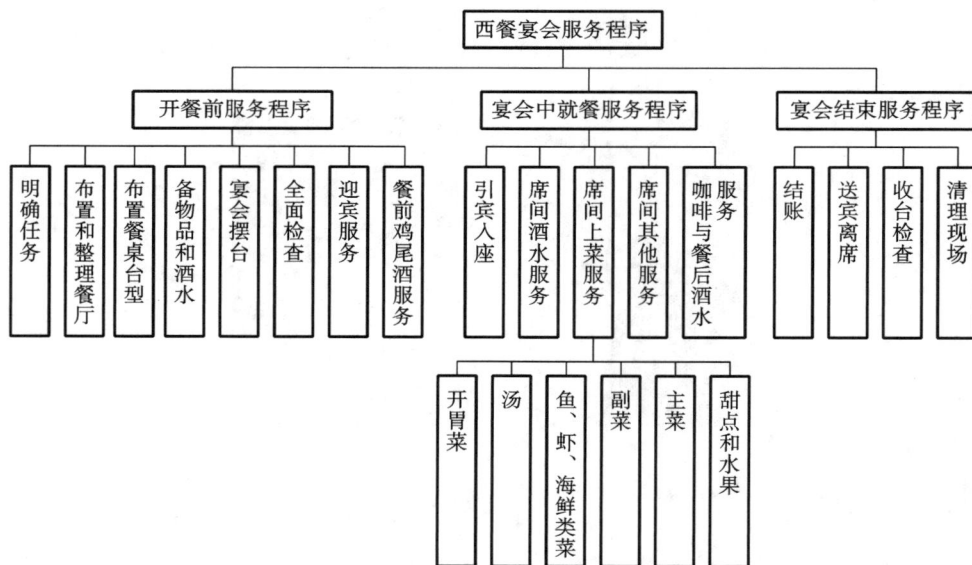

```
西餐宴会服务程序
├─ 开餐前服务程序
│   ├─ 明确任务
│   ├─ 布置和整理餐厅
│   ├─ 布置餐桌台型
│   ├─ 备物品和酒水
│   ├─ 宴会摆台
│   ├─ 全面检查
│   ├─ 迎宾服务
│   └─ 餐前鸡尾酒服务
├─ 宴会中就餐服务程序
│   ├─ 引宾入座
│   ├─ 席间酒水服务
│   ├─ 席间上菜服务
│   │   ├─ 开胃菜
│   │   ├─ 汤
│   │   ├─ 鱼、虾、海鲜类菜
│   │   ├─ 副菜
│   │   ├─ 主菜
│   │   └─ 甜点和水果
│   ├─ 席间其他服务
│   └─ 咖啡与餐后酒水服务
└─ 宴会结束服务程序
    ├─ 结账
    ├─ 送宾离席
    ├─ 收台检查
    └─ 清理现场
```

西餐宴会是按西方国家宴会形式举办的一种宴会。西餐宴会设置西式餐台,享用西餐菜品,用各种西餐餐具,并遵循西餐礼仪进行服务。西餐宴会服务环节较多,要求也较严格。

(一)开餐前服务程序

西餐宴会的摆台操作需要遵循严格的标准和程序,以确保每一个细节都符合西餐服务的高雅和礼仪要求。以下是西餐摆台的具体操作规范。

❶ **明确任务**

(1)任务布置与职责分工:接受西餐宴会预定后,宴会厅负责人应详细了解宴会的相关信息,如宴会规模、参与人数、来宾国籍、来宾宗教信仰、来宾生活习惯等。

(2)负责人需召集全体服务员开会,明确任务目标,分配具体职责,确保每位服务员了解自己的工作内容及标准要求。

②　**布置和整理餐厅**

(1)场地准备:在宴会前,服务员需对宴会厅、过道、楼梯、卫生间等区域进行全面清洁。

(2)检查宴会厅的家具、灯具、冷暖设备等是否完好,如有问题及时修整或更换,并根据宴会要求布置墙饰、绿化装饰。

③　**布置餐桌台型**

(1)台型设计:根据宴会规模及餐厅布局设计餐桌台型,一般采用长桌形式。

(2)餐桌应使用相同材质,确保高度一致且无间隙,布置时注重对称性和整体美观性,方便客人用餐和服务员操作。

④　**备物品和酒水**

(1)物品准备:根据宴会人数及菜单准备齐全的餐具、酒具、鲜花等物品。一般宴会每位客人需备 3 套餐具,高级宴会则需 5~6 套,另备 10％备用餐具。台布、烟缸、牙签等物品按标准准备,确保宴会顺利进行。

(2)酒水准备:提前准备好各种酒水,并根据需要提前冰镇,确保酒水温度适宜。如宴会前有鸡尾酒会,则需及时准备好足量的酒水。

⑤　**宴会摆台**

(1)台布铺设:选择合适尺寸的台布,铺设时需确保台布居中平整、重叠部分不少于 10 厘米,开口背向宴会厅,保持整体整洁。

(2)餐具摆放:使用托盘盛放餐具,按照顺时针方向摆放。装饰盘应离桌边 2 厘米,餐具需按标准距离摆放,确保位置准确、整齐美观。酒杯应呈斜线排列,确保不遮挡客人视线。

⑥　**全面检查**　检查与确认:宴会负责人在各项准备工作完成后,需进行全面检查,包括餐厅布置、清洁卫生、物品摆放、服务员仪容仪表等。确保所有准备工作符合标准,迎接客人到来。

⑦　**迎宾服务**　在宴会正式开始前,宴会负责人带领迎宾员在门口迎接客人,热情问候并引导至休息室休息。服务员为客人提供餐前鸡尾酒,待主宾到场后,引领客人进入宴会厅,宴会正式开始。

⑧　**餐前鸡尾酒服务**　西餐宴会可以在宴会开始前,先举办约半小时的餐前鸡尾酒会。客人陆续到来时可先到休息室休息交谈,有服务员送上鸡尾酒、软饮料等请客人选用。主宾到达时,由主人陪同进入休息厅与其他客人见面,随后入宴会厅,宴会正式开始。

(二)宴会中就餐服务程序

①　**引宾入席**

(1)迎宾引导:当客人抵达宴会厅时,迎宾人员应首先将客人领至指定餐台。值台服务员应在餐台旁候立,精神饱满,面带微笑。

(2)拉椅让座顺序:服务员应按照顺序为客人拉开座椅,顺序:女士→重要客人→行动不便的客人→一般客人。客人坐下后,服务员应为其打开餐巾。

②　**席间酒水服务**

(1)酒水服务顺序:在席间提供酒水服务时,需遵循"先女后男,先宾后主"的顺序。服务员应使用右手,从客人的右侧为其提供酒水。

(2)餐前酒:客人落座后,服务员应主动询问其所需的开胃酒。如果客人未能立即决定,服务员应礼貌地介绍适合客人的酒水,并特别注意客人的国籍、民族与性别。服务过程中应保持礼貌,尊重客人的选择,并记住每位客人所点酒水,以备后续服务。

(3)佐餐酒:根据不同菜肴的搭配需求,服务员应在客人用餐期间提供相应的佐餐酒,主要为葡萄酒,确保佐餐酒与菜肴的搭配符合标准。

(4)餐后酒:如果客人在宴会结束时需要餐后酒,服务员应推荐利口甜酒、白兰地或混合饮料,并根据客人的选择及时提供。

(5)香槟酒:香槟酒可在餐前、餐中或餐后饮用,适合配任何食品。由于香槟酒的开瓶过程能渲染宴会的气氛,尤其在庆祝或款待贵宾时。服务员应特别注意香槟酒的开瓶与斟酒操作,并询问适当的服务时间。

❸ 席间上菜及其他服务

(1)上菜顺序:西餐宴会的上菜顺序通常为开胃菜→汤→鱼、虾、海鲜类菜肴→副菜→主菜→甜点和水果。

(2)上菜原则:严格按照宾主顺序上菜,遵循"女士优先、先宾后主"的原则,从客人左侧用左手上菜。

(3)面包与黄油服务:在宴会开始前几分钟,为客人分发黄油和面包,确保面包篮内始终有足够的面包供客人享用。

(4)配倒酒水:当客人准备用开胃冷菜时,服务员应为其倒相应的酒水,通常冷菜与烈性酒搭配。

(5)撤盘与上菜:在每道菜上菜之前,先将前一道菜的空盘及用过的餐具撤下。服务员需注意客人餐具的摆放,遵循撤盘标志。所有客人吃完一道菜后再一起撤盘并上下一道菜。

(6)上汤:上汤时,需在汤盘下加垫盘,从客人左侧用左手上汤,顺序依然为"先女宾后男宾再主人"。

(7)上鱼、虾、海鲜类菜肴:上这些菜肴前,需先撤下汤盘和汤匙,并为客人斟好白葡萄酒。

(8)上主菜:主菜通常配有蔬菜,在上主菜前为客人斟倒红葡萄酒。

(9)上点心:点心根据品种选用相应餐具,并配以香槟酒,注意在上点心或客人讲话前将香槟酒斟好。

(10)上干酪:服务员需先为客人提供干酪,随后撤掉餐具和酒具,但水杯和饮料杯不动。

(11)上水果与香巾:为客人上水果盘和洗手盅,随后为其提供毛巾,毛巾放置在客人左侧。

(12)服务细节:无论采用何种菜肴服务方式,每道菜肴应提供两次服务,确保客人的需求得到充分满足。

(13)服务要求:宴会期间,服务员应保持优雅的举止,步伐轻快,并注意声音适中。客人交流时以轻声细语为宜,营造高雅的宴会氛围。

❹ 咖啡与餐后酒水服务

(1)咖啡服务:在客人进入休息室后,服务员开始上咖啡,使用托盘端送咖啡,并附上糖和奶。

(2)餐后酒水服务:为客人提供各种餐后甜酒、巧克力糖和雪茄烟。应注意,雪茄烟通常不提供给女宾。

(3)续斟服务:为客人续斟一次咖啡和酒水,随后撤掉咖啡酒具,再提供一次饮料,表示宴会结束,客人可以自由离席。

(三)宴会结束服务程序

❶ 结账

(1)在宴会接近尾声时,服务员应对宴会期间所提供的所有饮料和其他额外项目进行清点。

(2)如果收费标准不包括这些饮料费用,服务员需立即开出详细的消费清单,将其交给收银员计算出总账单。

(3)在宴会结束时,通常由宴会的主人或其助手负责结账。结账方式可以是现金、支票或信用卡。与普通餐饮不同,宴会结账通常不会使用签单的方式,而是要求即时结清,以确保所有费用在宴会结束时处理完毕。

② 送客人离席

(1)当客人起身准备离席时,服务员应迅速上前为其拉开座椅,以方便客人起身离开。

(2)同时,服务员应提醒客人带好个人物品,如手机、钱包、钥匙等。之后,服务员应礼貌且热情地将客人送至宴会厅门口,并表示欢迎他们下次光临。

(3)对于重要客人或贵宾,还可以安排专人陪同至门外,确保客人安全离开,并留下良好的印象。

③ 收台检查与清理现场

在送走所有客人后,服务员应立即对宴会现场进行全面检查,确保没有客人遗留的物品,如衣物、眼镜、手机等。同时,还应检查有无未熄灭的烟头,确保安全。检查完毕后,服务员应按照以下顺序进行清理工作。

(1)收取桌面物品。首先,收回餐巾和毛巾,接着是玻璃杯和其他易碎物品,最后是金属餐具,如刀叉等。

(2)清点贵重餐具。对于高档餐具,如金器和银器,服务员需特别注意清点数量,确保无遗漏或损坏。这类贵重物品应在清理过程中妥善保管,避免任何遗失或损坏。

(3)清理宴会厅。将餐桌上的所有饰物和装饰品(如花瓶、烛台等)移回原位,恢复宴会厅的原貌。服务员还需对宴会厅地面进行清扫,确保整个场地整洁干净。

(4)恢复场地布局。根据宴会前的场地布局图,恢复宴会厅的桌椅和装饰物的原始位置,确保场地在下次需要时能够立即投入使用。

任务执行

实践任务二:了解客户需求→设计西餐宴会服务流程方案→根据西餐宴会服务标准流程进行用餐前、用餐中、用餐后的服务→形成研究报告→填写任务表 3-2-2。

任务表 3-2-2

任务编号	任务名称	负责人	具体任务内容
任务 3-2-2	西餐宴会服务流程		了解客户需求
			设计西餐宴会服务流程方案
			根据西餐宴会服务标准流程进行用餐前、用餐中、用餐后的服务
			形成研究报告

任务三　西餐宴会服务评判标准

知识精讲

在西餐宴会服务中,严格遵循礼仪规范和操作标准是确保高端服务质量的关键。学生需要在模

同步检测

任务执行

拟的宴会场景中,通过实际操作掌握并执行完整的服务流程。整个过程不仅是对个人技能的展示,也是对西餐礼仪文化的深刻理解与应用。

为了更好地评估西餐宴会服务中技术的持续升级,可以根据左侧二维码的评判标准进行衡量。评判标准涵盖了迎宾礼仪、服务流程的执行、服务态度以及宴会结束后的结账与清理等各个方面。这些标准不仅反映了西餐服务的核心要求,也可帮助学生更好地了解自己的优点和不足。

2023—2024
全国技能大赛
"餐厅服务"赛
项"休闲餐厅
服务"评分表

同步检测

任务执行

任务执行

任务三:了解客户需求→按照西餐宴会标准进行演练→ 小组间进行互评和比拼→形成研究报告→填写任务表 3-2-3。

任务表 3-2-3

任务编号	任务名称	负责人	具体任务内容
任务 3-2-3	西餐宴会服务全流程练习		了解客户需求
			按照西餐宴会标准进行演练
			小组间进行互评和比拼
			形成研究报告

侍酒服务技能

视频:侍酒服务技术

项目描述

侍酒服务在餐饮业中扮演着至关重要的角色。它不仅提升了客人的用餐体验,还体现了餐厅的专业素养和对细节的极致追求。专业的侍酒师通过精准的酒品推荐和搭配,能够提升食物的风味,同时为客人提供个性化的享受。此外,侍酒服务也是营造优雅用餐氛围和促进情感交流的重要手段,有助于提升品牌形象和客人忠诚度。本项目基于客人的个性化需求,深入讲解专业侍酒服务技能,通过讲解专业的搭配建议和酒单设计,特别是晚宴侍酒技能与侍酒流程规划,使酒品与食物之间达到和谐统一,使宴会主题进一步升华。

项目目标

(1)掌握专业侍酒的基本知识和技巧,学习提供高标准侍酒服务的标准流程和礼仪,学会根据不同的场合和客人需求进行个性化的酒品推荐和服务。

(2)掌握餐酒搭配的基本原则和技巧,了解如何对酒品与菜品进行和谐搭配,提升整体用餐体验,并能够根据客人的口味偏好提供个性化的餐酒搭配建议。

(3)掌握酒单规划与设计的核心技巧,学习如何根据餐厅定位和客人需求进行高效的酒水采购,确保酒单的多样性与成本效益,同时提升客人满意度。

(4)精通酒会晚宴的侍酒服务与策划工作,学习如何结合宴会主题和客人需求,提供专业、高效的侍酒服务并策划出令人难忘的酒会体验。

项目实训

某五星级酒店高级中餐厅计划举办一场以"传统与现代融合"为主题的晚宴,旨在推广今年的六款新酒,同时为客人提供一次难忘的餐酒搭配体验。需要侍酒师们根据酒单选择适合晚宴的菜品,运用专业的宴会侍酒技能,制定详细的侍酒服务流程、宴会现场管理与应急处理策略,确保每位客人都能享受到高标准的侍酒服务,确保晚宴顺利进行。最后基于模拟实践,提出对服务流程的改进建议,以进一步提升客人体验。

Note

学生角色扮演任务单

	专业侍酒服务		
项目	专业侍酒服务		
实训名称	专业侍酒服务		
实训日期			
实训地点			
实训目标	让学生学会专业侍酒服务并进行评价		
实训任务			
任务编号	任务名称	负责人	具体任务内容
任务1	专业侍酒服务技能		进行中餐宴会摆台的实际操作演练时,要求每位学生独立完成指定风格的宴会摆台,并在练习中熟悉各类器具的使用与摆放技巧
任务2	侍酒服务流程与礼仪		掌握中餐宴会服务的操作技能,能够在实际场景中流畅完成迎宾、点菜、上菜、撤菜等服务环节
任务3	侍酒服务的评判标准		在模拟的中餐宴会环境中,完整执行一次宴会服务SOP,包括前期准备、服务执行和事后评估等环节

任务　专业侍酒服务技能

→ 知识精讲

一、葡萄酒开瓶与斟酒技能点

❶ 开瓶技能点

(1)选择合适的开瓶器:通常使用海马刀。

(2)如果是白葡萄酒,确保白葡萄酒保存于适宜的低温状态,通常在8~12 ℃。

(3)去除瓶封:使用海马刀的刀刃小心切开瓶封,避免损坏瓶塞或瓶口边缘。

(4)插入螺旋钻:将螺旋钻对准瓶塞的中心位置,平稳旋转进入瓶塞,注意不要钻透瓶塞底部。

(5)提取瓶塞:使用杠杆将瓶塞缓缓拉出,保持动作的平稳和优雅。

(6)检查瓶塞:开瓶后检查瓶塞是否湿润和完好,以评估葡萄

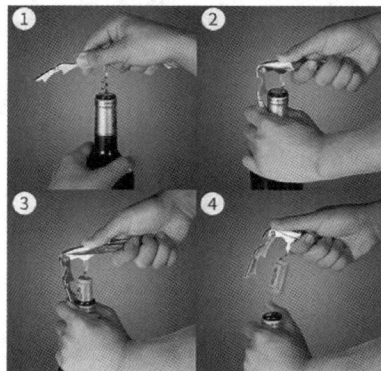

酒的保存状态。

（7）清理瓶口：使用干净的口布轻轻擦拭瓶口，去除可能残留的瓶塞碎片或灰尘。

❷ 斟酒技能点

（1）准备酒杯：确保酒杯干净、无瑕疵，且适合葡萄酒品种的类型。

（2）持瓶姿势：握住瓶身的底部或使用酒篮，避免手部温度影响酒的温度。

（3）斟酒位置：从客人右侧斟酒，标签面向客人，以便客人查看酒标。

（4）控制流量：将瓶口轻轻倾斜，控制酒的流速，避免溅出。

（5）斟酒量：通常斟酒量为杯容量的 1/3 至 1/2，留出足够的空间以供客人摇杯释放香气。

（6）完成斟酒：斟酒后轻柔地旋转瓶口避免滴漏，并用口布擦拭瓶口。

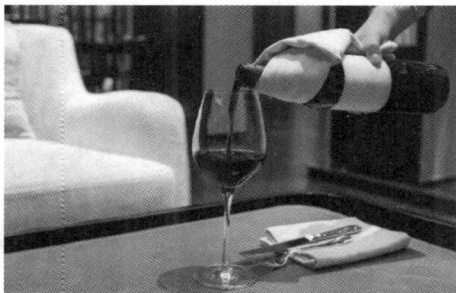

任务执行

实践任务一：阅读开瓶与斟酒标准→准备工具→进行标准开瓶与斟酒→小组成员互相打分→填写任务表 3-3-1。

任务执行

任务表 3-3-1

任务编号	任务名称	负责人	具体任务内容
任务 4-3-1	开瓶与斟酒		阅读开瓶与斟酒标准
			准备工具
			进行标准开瓶与斟酒
			小组成员互相打分

二、准备工作

（一）环境标准

在品鉴葡萄酒时，要确保满足以下几点。

（1）无异味环境：如香水、香烟烟雾或厨房气味，以免干扰酒的香气。

（2）适宜的光：自然光是理想选择，但若无自然光，应使用柔和的人工照明，避免直射光或荧光，这些光可能影响对葡萄酒颜色的判断。

（3）适宜的温度：品酒环境的温度应保持在 18～21 ℃，这是大多数葡萄酒理想的品鉴温度。

（4）安静的氛围：减少噪声干扰，以便品酒者能够专注于葡萄酒的风味和香气体验。

（5）清洁的口腔：避免牙膏、口香糖或其他强烈口味的食物影响味觉，故有些以专业品酒为卖点的餐厅会提供矿泉水以供漱口。

（二）工具准备

使用合适的工具，确保工具干净、无损坏。

❶ 开瓶器　也称酒刀，是开瓶的核心工具，常见的如海马刀（侍者之友）和其他多种样式的开瓶器。

各种开瓶器

Ah-So开瓶器　侍者之友　T型开瓶器　蒜形开瓶器

台式开瓶器　气压开瓶器　兔形开瓶器　电动开瓶器

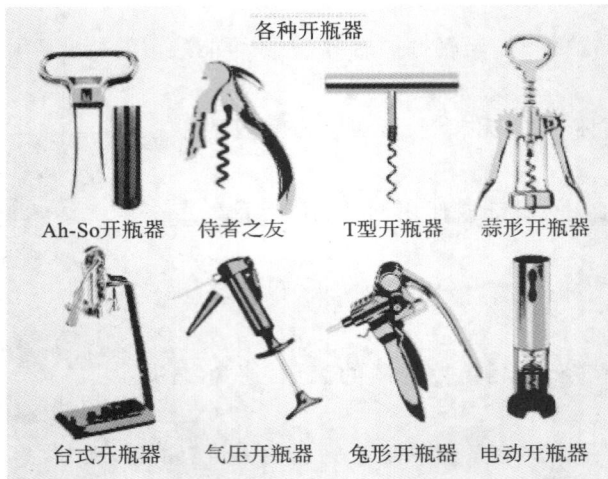

❷ **酒篮或酒架**　在需要将酒瓶从酒窖或吧台移动到客人餐桌时,使用酒篮或酒架不仅更加方便和安全,还可以稳固地支撑酒瓶,防止在倒酒过程中瓶子滑动或倾倒。同时使侍酒师能够在一个舒适的位置倒酒,减少身体前倾,保持优雅的服务姿态。对于需要在特定温度下饮用的葡萄酒,酒篮或酒架可以避免手直接接触瓶身,影响酒的温度,并且降低因手滑而导致的意外破损风险。酒篮或酒架的使用体现了侍酒服务的专业性和正式性,提升了整体的用餐体验。

❸ **口布**　在专业侍酒服务中,口布(也称为侍酒布或酒吧巾)扮演着重要角色,其主要作用包括以下几点。①在开瓶前后,使用口布擦拭瓶口,去除灰尘、杂质或封蜡,确保酒液的纯净。②开瓶后,可用口布包裹瓶塞,避免手指直接接触瓶塞,保持卫生。③在倒酒时,口布可以用来擦拭瓶口,防止酒液滴落在客人的杯外或桌上。也可以垫在手和瓶身之间,避免手温对酒温的影响。④口布可以增加手对瓶颈的摩擦力,帮助更稳定地控制酒瓶。⑤在出现意外溅出或溢出时,口布可以迅速用来清洁,保持服务区域的整洁。使用口布进行侍酒服务,可展现出专业和细致的服务标准。

❹ **托盘**　在专业侍酒服务中,托盘的使用体现了专业和标准化的服务流程。托盘允许侍酒师在一次服务中携带所需的所有物品,减少了往返取物的次数,从而提高工作效率。在倒酒时,托盘可以作为一个临时的工作台,放置开瓶器、口布等其他侍酒工具,以保持桌面整洁,避免弄脏桌面。托盘也可以使侍酒师直接在客人餐桌旁服务,以提供更加个性化的服务。使用托盘可以减少手部与酒瓶的直接接触,从而避免手温对酒温度的影响。在携带需冰镇的酒品时,托盘上可以放置冰桶或冰块,以维持适宜的饮用温度。

❺ **小碟子**　用于酒品开瓶后盛放软木塞。

通过软木塞,我们可以判断这瓶酒的品质、陈年潜力、年份、保存状态等。如判断葡萄酒品质时,一般来讲,如果一瓶葡萄酒采用整木来做软木塞,它应该是等级较高的葡萄酒。因为整木软木塞带有微小的气孔,而好一些的葡萄酒在瓶内的成熟过程中需要微量的氧气,这种微透气的软木塞有助

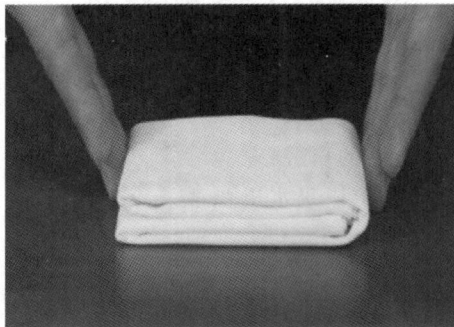

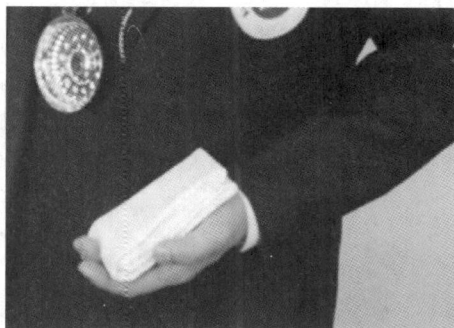

于葡萄酒的呼吸。如果是用碎木组合起来的软木塞,一般用于普通和中档的葡萄酒。

　　近年来,越来越多的葡萄酒选择使用铝塞(也称为螺旋盖)作为封瓶方式。传统软木塞有时会因为软木塞污染而导致葡萄酒出现霉味或湿纸板味,而铝塞则不存在这个问题。铝塞易于开启,不需要使用开瓶器,对于消费者来说更加方便。从成本效益角度来说,铝塞的生产和使用成本可能低于高质量的天然软木塞。此外,铝塞是可回收的,对环境的影响较小。随着技术的进步,现代铝塞技术已经发展到可以提供与软木塞相似的微氧化效果,有助于某些葡萄酒的陈酿过程。因此,铝塞在市场上越来越受到欢迎。

　　年份越久的葡萄酒,酒液渗透的范围通常越大。如果软木塞变得很干燥(有可能是没按要求将葡萄酒平放保存),甚至出现了裂痕,那么这样的软木塞就无法有效地隔绝空气,可能会导致葡萄酒过度氧化。

❻ **冰桶和冰块** 主要用于冰镇葡萄酒、香槟和其他需要冷却的酒品,以快速达到最佳饮用温度。同时,在用餐过程中,帮助酒品始终保持适宜的低温,便于侍酒师在服务过程中随时调节酒品的温度。

❼ **醒酒器** 葡萄酒醒酒器的花样种类繁多,无论是普通的玻璃坛还是价格昂贵、造型独特的艺术品,其功能都是通过增大酒液和空气的接触面积,让葡萄酒呼吸到更多空气,从而促进氧化过程,释放香气并改善口感。

将葡萄酒从瓶中倒入醒酒器中,让其与空气充分接触,我们称之为"醒酒"。这一过程对葡萄酒的口感和风味有重要影响,不同类型的葡萄酒对醒酒的需求和反应各不相同。一些轻盈的白葡萄酒、起泡酒和廉价的红葡萄酒通常不需要醒酒,对于一些高单宁、结构复杂的红葡萄酒而言,醒酒这个步骤不可或缺。

对于高单宁的新酒,醒酒可以加速单宁的软化过程,使酒的口感更加圆润和顺滑;对于封闭或内敛的葡萄酒,醒酒有助于释放葡萄酒中的香气,促进葡萄酒中不同风味的融合,协调整体的口感平衡;对于陈年老酒,在醒酒过程中可以分离出酒中的沉淀物,使酒液更加清澈。如果葡萄酒在瓶中存放时间过长,醒酒还可以帮助去除可能产生的瓶塞味或其他异味。虽然用醒酒器能为葡萄酒品饮过程增添仪式感,但近年来反醒酒器之风的"慢酒"运动已经从意大利传到了国内,并且影响力越来越大。

❽ **滗酒器** 滗酒器和醒酒器在外观上相似,用于保护老年份葡萄酒脆弱的香气,并除去酒中的沉淀物。这种滗酒器的腹部较小,以减少酒液与空气的过多接触,还经常配有盖子以减少空气流动。所以,滗酒器也经常被用来醒一些精细复杂、容易过度氧化的葡萄酒。

❾ **合适的酒杯** 用餐时,在杯子的选择上需要考虑其材质、形状、使用场合、个人偏好。例如使用透明、无色的材质,如水晶或高级玻璃,以便更好地观察葡萄酒的颜色和澄清度;杯身的弧度、杯口的形状等,这些都会影响葡萄酒的流向和在口腔中的扩散效果;正式场合可能需要更加精致和专业的酒杯。虽然专业推荐有其标准,但最终也要结合饮酒者的个人偏好来选择。

侍酒师还可以根据葡萄酒类型特点来推荐最适合的酒杯,以提升品酒体验。红葡萄酒适合使用杯身较宽的酒杯,以方便醒酒,而白葡萄酒则适合杯身较窄的酒杯;起泡酒和香槟需要使用特殊的笛形或郁金香形酒杯,以保持气泡并展示其细腻的气泡链。对于香气浓郁的葡萄酒,宜选择杯身较大、杯口较宽的酒杯,以便更好地释放和捕捉香气;对于高单宁的葡萄酒,如新的红葡萄酒,适合使用杯身较宽的酒杯,以增加酒液与空气的接触,促进单宁软化;酒体较重的葡萄酒适合使用杯身较大的酒杯,而酒体较轻的葡萄酒则适合使用杯身较小的酒杯;年轻的葡萄酒可能需要更宽的酒杯以增加酒液氧化,而陈年老酒则适合使用杯口较窄的酒杯,以保持其绌腻的香气。

常见酒杯类型

波尔多杯　勃艮第杯　白葡萄酒杯　起泡酒杯　甜酒杯　ISO杯

（三）酒品的检查

专业侍酒师应在拿到酒品之后、开瓶之前做到以下步骤,以确保酒品的质量和状态,为客人提供最佳的品酒体验。以下是酒品检查的步骤。

❶ **检查酒标**　确认酒标是否清晰、信息是否完整,包括酒庄、产地、年份、酒精度等。

❷ **观察瓶身**　检查瓶身是否有裂缝或破损,确保酒瓶结构完好。

❸ **检查瓶盖**　查看瓶盖是否紧固,对于使用软木塞的酒瓶,应确认软木塞是否凸起或有渗漏迹象。

❹ **检查填充水平**　观察酒液的填充水平是否正常。虽然年代久远的酒填充水平会有所下降,但不应过低。

❺ **观察酒液颜色**　通过瓶底的光线检查酒液颜色是否正常,以及是否有异常的浑浊或悬浮物。

❻ **检查沉淀物**　年代久远的酒中可能有沉淀物,这是陈酿过程中自然形成的,但应确保沉淀物不是由其他问题导致的。

❼ **检查存储条件和包装**　确认酒品是否一直存放在适宜的环境中,避免阳光直射、高温或剧烈的温度变化;确保酒品没有在运输或储存过程中受到冲击或损坏。

❽ **确认订单信息并填写出库信息**　核对酒品与订单信息是否一致,包括年份、品种、数量等,并准确填写出库信息。

❾ **记录任何异常**　在检查过程中,应记录任何可能影响酒品质量的异常情况。

❿ **与客人沟通**　在开瓶前与客人进行沟通,告知其检查结果,确保酒品符合客人的期望。

⓫ **准备开瓶**　在确认酒品无误后,准备开瓶工具,如开瓶器、醒酒器等。

（四）侍酒温度

在品鉴或就餐饮用之前,应计算好葡萄酒所需的冷藏时间。侍酒的温度既不是越高越好,也不是越低越好,过高或过低都会让葡萄酒失去原本的风味。只有在合适的温度下,葡萄酒的风味才能完全散发出来。检查侍酒的酒瓶时,应确保酒标信息清晰可见,酒瓶完好无损。

依据葡萄酒的风格,不同葡萄酒的侍酒温度也有所差异。

(1)酒体轻盈、果味浓郁的红葡萄酒如博若莱新酒,其侍酒温度较低,为 13 ℃左右。

(2)酒体中等的红葡萄酒如基安蒂葡萄酒、黑皮诺葡萄酒以及仙粉黛葡萄酒,其侍酒温度略高,为 16 ℃左右。

(3)酒体醇厚的红葡萄酒如波尔多葡萄酒、赤霞珠葡萄酒、梅洛葡萄酒和西拉葡萄酒,其侍酒温度更高一些,为 17～18 ℃。

(4)起泡酒的理想侍酒温度比白葡萄酒的温度更低一些,一般为 7 ℃左右,因此客人可以直接享用从冰箱中拿出的起泡酒。但在开瓶前冰镇 15～20 分钟,其风味会更佳。

(5)由于加强型和甜型葡萄酒的风格较为复杂,因此其侍酒温度也千差万别。一般来说,酒体轻盈、果味浓郁的新年份葡萄酒,其侍酒温度应该稍低;而酒体重、结构复杂的陈年葡萄酒,其侍酒温度则应该略高。一般的加烈酒的侍酒温度为 17～18 ℃。

标准侍酒服务流程

侍酒服务的评判标准

同步检测

餐酒搭配的艺术

　　在烹饪艺术的璀璨星河中,葡萄酒与美食的搭配犹如一场华丽的舞蹈,在全球范围内备受尊崇。在欧洲,这门艺术已历经岁月洗礼,成为家庭餐桌上的日常仪式,充满了幸福感和传统韵味。然而在中国,葡萄酒与美食的搭配仍如同一片待开拓的"处女地",充满无限可能与挑战。我们的使命是发现并创造能够完美衬托中餐独特风味的葡萄酒搭配。

项目目标

　　(1)学习基本的风味搭配知识,包括酸、甜、苦、辣与酒品之间的关系,掌握根据葡萄酒的风味特点选择合适菜品的方法。

　　(2)以菜品为中心,通过分析食材、烹饪方法、酱汁及调味料来进行餐酒搭配。通过实际操作练习,如模拟不同季节、不同场合的餐酒搭配,提高根据菜品风味和质地选择合适酒品的能力,并进行讲解。

　　(3)在餐厅这一零售场景中,掌握了解顾客偏好的方法,能够根据顾客的口味和文化背景需求,提供专业而个性化的餐酒搭配建议。分析菜品与酒品共同的目标顾客,针对顾客需求进行销售。

项目实训

　　高端中餐厅计划举办一场以"传统与现代融合"为主题的葡萄酒晚宴,需要侍酒师提供专业的服务。下表中已提供晚宴菜单并准备相应的酒品,包括红葡萄酒、白葡萄酒和起泡酒。实践根据菜单选择搭配不同类型的葡萄酒,正确判断葡萄酒的甜度和酒精度,根据酒品状态选择醒酒时间。基于模拟实践,提出对服务流程的改进建议,以提升顾客体验。

葡萄酒晚宴	
基本情况	晚宴目的:某葡萄酒公司举办新品品鉴会,品鉴新代理酒庄的 6 款核心葡萄酒产品 参加人员:本地核心渠道经销商,约 20 人 时长:周六下午 2:00—5:00,时长约 3 小时

Note

续表

宴会菜单	**前菜** 餐前包 小甜虾塔塔 烟熏三文鱼无花果 蜜瓜火腿卷佐时蔬 **主菜** 香煎黄鱼佐海鲜泡沫 M5 西冷牛排 **主食** 黑松露温泉蛋薄饼 **甜品** 柠檬慕斯

任务一　食物中的味道

知识精讲

一、菜品与酒品的味道搭配

食物中有酸味、甜味、咸味、鲜味、辣味等,葡萄酒也有酸度、甜度、酒精度等。所以在餐酒搭配中要考虑食物和酒品中各个风味的互相影响,分为以下 6 要素。

❶ **酸度**　酸度在中餐与葡萄酒的搭配中扮演着至关重要的角色,被誉为葡萄酒的灵魂。酸度不仅能够与多种中国菜品形成互补,还能在口感上带来清新的平衡。

(1)对于口味浓郁、口感厚重的中式佳肴,如红烧肉或东坡肉,选择一款酸度较高的葡萄酒,不仅能够中和油腻感,还能唤醒味蕾,带来清爽的体验。

(2)对于海鲜如清蒸鱼或醉虾,一杯酸度适宜的白葡萄酒能够进一步凸显其鲜美。正如我们习惯在食用海鲜时滴入柠檬汁,酸度能够提鲜并减少腥味,增加整体风味的层次感。

(3)对于那些油脂丰富的菜品,如鱼香茄子煲或宫保鸡丁,搭配高酸度的葡萄酒同样能够平衡口感,避免菜品显得过于油腻。

此外,酸度在酒品与食物的搭配中还需达到平衡。例如,川菜和湘菜这类辣味较重的菜品,适宜与酸度高的葡萄酒相配,以减轻辣味带来的刺激感。而像雷司令、长相思这样的葡萄酒,不仅适合单独品鉴,而且能与中国的传统菜品如北京烤鸭或酸菜鱼等形成完美的搭配,共同展现出菜品的丰富层次和葡萄酒的优雅韵味。

❷ **单宁**　在品鉴葡萄酒时,单宁是关键因素之一,它带来的那种砂质、微苦的口感,类似于泡得过久的茶叶所具有的涩味。葡萄酒中的单宁主要有两个来源:一是果单宁,主要来自葡萄皮,常见于风味浓郁的红葡萄酒;二是木单宁,源自陈酿葡萄酒时使用的橡木桶,尤其是新桶,会显著增加单宁含量。

(1)中国菜品中,使用高单宁葡萄酒搭配烧烤菜品尤为合适,如烤羊肉串,这类食物能够突显高单宁葡萄酒的优势。例如,炭烤羊排与单宁丰富的赤霞珠葡萄酒的搭配堪称完美。同时,苦味蔬菜如苦瓜、芝麻菜等,也是搭配高单宁葡萄酒的良好选择。

(2)富含脂肪和蛋白质的中国菜品,如红烧肉或红烧鱼,能有效减轻单宁带来的涩感,同时柔化口感并减少油腻感。此外,硬质奶酪如陈年帕尔玛干酪或法国山羊奶酪也与高单宁葡萄酒相得益彰。

(3)在用高单宁葡萄酒搭配清淡的海鲜或鱼类时需谨慎,因为它们可能会产生令人不悦的金属味。例如,清蒸鱼或海鲜搭配单宁含量较低的红葡萄酒(如黑皮诺葡萄酒或博若莱新酒)会是更佳的选择,以避免口感上的冲突。通过这些搭配,可以更好地展现中国菜品与葡萄酒结合的美妙体验。

❸ **酒精度**　葡萄酒的酒精度对其口感的丰富度和酒体的饱满度有着显著的影响。酒精度较高的葡萄酒通常带来更加醇厚和丰富的口感,这与奶制品中脂肪含量对口感的影响相似。随着酒精度的增加,葡萄酒在口中的质感和浓郁度也会增强。

(1)与高酒精度的葡萄酒相比,低酒精度的葡萄酒口感更加细腻、轻盈,适合搭配口味较为清淡的菜品。例如,酒体轻盈的黑皮诺葡萄酒不宜与口味浓郁的红烧肉等重口味中国菜品搭配,以免酒的细腻口感被菜品的浓烈味道所掩盖。同样,清新的清蒸鲈鱼若与酒体过于饱满、经过橡木桶陈酿的霞多丽葡萄酒搭配,鱼肉的鲜美可能会被酒的浓郁风味所压制。

(2)酒体中等的红葡萄酒,如梅洛或基安蒂葡萄酒,适合与中国的口味介于清淡与浓郁的菜品搭配,如烤鸡、烤鸭等。而风味浓郁的意大利肉酱面或红烧肉等菜品,应与经过橡木桶陈酿、风味浓郁的勃艮第红葡萄酒相搭配。随着酒精度的提高,葡萄酒搭配的菜品选择范围会变得更窄,因为酒精感可能会被某些食物的味道放大,尤其是咸味和辣味。例如,辣子鸡丁或麻辣豆腐等辣味菜品若搭配酒精度过高的葡萄酒,可能会使辣味更加突出,导致口感冲突。因此,酒精度适中的葡萄酒(11%~13%),或酒体轻盈的葡萄酒,在配餐时通常更容易找到合适的搭配。

❹ **咸度**　在中国饮食中,咸味是许多菜品调味的核心,它对葡萄酒搭配有着显著的影响。虽然咸味不是葡萄酒的主要口感之一,但适量的盐分能够增强葡萄酒与食物的和谐度。搭配合适的葡萄酒能够平衡咸味,提升整体的用餐体验。白葡萄酒和起泡酒因为其较高的酸度,特别适合与中国的咸味菜品搭配,如咸香的咸鱼茄子煲或油炸乌贼圈。这些酒的酸度能够减轻咸味,让菜品的咸香更加突出,同时避免过咸影响味觉的享受。咸味还能有效减轻葡萄酒中单宁的涩感,让单宁较高的红葡萄酒在搭配如红烧肉或烧烤菜品时更加圆润,不会显得过于干涩。例如,搭配咸鲜的宫保鸡丁时,咸味能够柔化酒中的单宁,使葡萄酒的口感更加顺滑。然而,也要注意避免菜品过咸,以免破坏葡萄酒的风味平衡。通过精心挑选和适量调味,可以让葡萄酒的风味与咸味菜品达到完美的搭配,为顾客带来层次丰富的味觉盛宴。

❺ **甜度**　甜味在中和菜品的辣味和咸味方面发挥着重要作用,这在搭配葡萄酒时尤为重要。葡萄酒的甜度多样,从微甜的半干型到中等甜度的半甜型葡萄酒,都能在口感上带来平衡。例如,雷司令葡萄酒、白诗南葡萄酒或带有清新果香的麝香葡萄酒,以及一些起泡酒,它们的轻微甜度能够中和川菜的麻辣,减轻辣味带来的刺激感,缓解辣椒的刺痛感。

在融合咸味方面,甜酒与咸味菜品的搭配能够创造出丰富的味觉层次体验,如法国苏玳甜白葡萄酒与洛克福蓝纹奶酪的搭配,或是波特酒与斯第尔顿奶酪的搭配。在中国菜品中,我们也可以尝试用甜度适中的葡萄酒来搭配咸香的菜品,如咸甜适中的红烧肉或咸鱼蒸肉饼,以达到味觉上的平衡。此外,当甜酒搭配甜品时,葡萄酒的甜度应与甜品的甜度相匹配或略高,以避免酒的酸味压过甜品的甜味。因此,对于水果类的甜品或芝士甜品,建议选择甜度较高的葡萄酒,如晚收的甜白葡萄酒或冰葡萄酒,而不是干白葡萄酒或干红葡萄酒,以免酒的酸度使甜品显得过酸。

❻ **橡木桶风味**　橡木桶陈酿的葡萄酒因其独特的香草、椰子、烟熏和巧克力风味而备受欢迎,这些风味往往源自橡木桶陈酿过程中的微妙影响。搭配中国菜品时,酿酒师和侍酒师会根据橡木桶

陈酿的程度来推荐合适的搭配方案。

对于橡木桶陈酿程度较轻或未经橡木桶陈酿的葡萄酒,它们清新的口感适合与中国的口味清淡的菜品相匹配,如清蒸鲈鱼、白切鸡、卤水鸭等,这些菜品的细腻风味不会被酒中的橡木香所掩盖。而那些经过橡木桶陈酿(简称过桶)、拥有丰富橡木香的葡萄酒,比如过桶的霞多丽和赤霞珠葡萄酒,它们结构饱满、单宁丰富,适合与中国的红烧肉、烤羊肉、炖牛肉等口味浓郁的菜品搭配。这些菜品中的脂肪和蛋白质能够平衡酒中的单宁,同时酒的橡木香能够衬托出菜品的复杂性和层次感。

为具有明显橡木桶风味的葡萄酒选择搭配的菜品时,需要特别注意保持风味平衡,避免酒的强烈风味压制了菜品的原味。例如,新年份的赤霞珠葡萄酒或现代风格的意大利巴罗洛葡萄酒,最好与肉质丰富、口味浓郁的菜品搭配,以实现风味平衡。

任务执行

实践任务一:每个学生在白纸上写自己最喜欢的菜→放到一起混淆→按学号由学生随机抽取→为抽到的菜肴搭配一款合适的酒水并说明缘由→由出菜的同学进行点评并说明缘由。

任务表 3-4-1

任务编号	任务名称	负责人	具体任务内容
任务 3-4-1	风味搭配原则		写下自己最喜欢的菜
			混淆并随机抽取
			为抽到的菜品搭配合适的酒品并说明缘由
			由出菜的同学进行点评并说明缘由

二、季节与酒品的味道搭配

不同季节的变化对葡萄酒选择的影响是多维度的,选择适合季节特点的葡萄酒,不仅可以提升饮用体验,还可以与季节性食物形成美妙的搭配。选择葡萄酒时主要考虑以下几个方面。

❶ **温度**　在炎热的夏季,人们倾向于选择清爽、酸度高的白葡萄酒或起泡酒,如长相思葡萄酒或香槟,这些酒品可以带来清凉感,缓解高温带来的不适。

❷ **食欲**　冬季,人们往往更偏好口感丰富、酒体较重的红葡萄酒,如赤霞珠或西拉葡萄酒,它们可以提供温暖感,与丰盛的冬季食物搭配得当。

❸ **户外活动**　春季和夏季是户外活动较多的季节,如野餐、户外烧烤等,这时候选择易于饮用、口感清爽的葡萄酒更为合适,如皮诺格里吉奥或玫瑰红葡萄酒,可以增添活动的乐趣。

❹ **情绪影响**　冬季的寒冷可能会让人感到情绪低落,选择一些带有浆果风味或香料香气的葡萄酒,如梅洛葡萄酒或具有香料味的红葡萄酒,可以提振情绪。

❺ **季节性食材**　每个季节都有其特有的食材,如秋季的南瓜、冬季的根菜类蔬菜等。在搭配葡萄酒时也需要考虑食材的季节性,以实现最佳风味。

三、常见中国传统节日中葡萄酒的选择

中国传统节日因其深厚的文化背景和独特的饮食习惯,可以选择与之相得益彰的葡萄酒进行搭配。以下是各节日的推荐搭配。

❶ 春节（农历新年）　春节是中国最重要的传统节日，家人团聚，共享丰盛的年夜饭。年夜饭中常见的菜品有鱼、饺子、年糕等。此时，可以选择一款果香丰富、单宁柔和的红葡萄酒，如梅洛或西拉葡萄酒，来搭配肉类菜品，增添节日的喜庆气氛。

❷ 中秋节　中秋节以赏月和吃月饼为传统习俗。月饼种类繁多，口味有甜有咸。甜月饼，如莲蓉、五仁等，可以选择甜度适中的葡萄酒，如莫斯卡托或晚收雷司令葡萄酒来搭配。咸月饼则可以选择酸度适中的白葡萄酒，如长相思葡萄酒。

❸ 端午节　端午节的传统食物是粽子，粽子通常由糯米和其他配料（如肉、豆、枣等）制成，口感多样。为了平衡粽子的粘腻感，可以选择一款清新的白葡萄酒，如霞多丽葡萄酒。

❹ 元宵节　元宵节有吃汤圆的习俗，汤圆通常甜而软糯。此时，可以搭配一款甜型葡萄酒，如冰葡萄酒或贵腐葡萄酒，使其与汤圆的甜味相得益彰。

❺ 七夕节（中国情人节）　七夕节是中国传统的爱情节日，为了增添节日的浪漫气氛，可以选择一款浪漫且具有象征意义的葡萄酒，如桃红葡萄酒或起泡酒。

❻ 重阳节　重阳节有登高和赏菊的习俗，为了搭配秋日的菊花和登高时的野餐，可以选择一款清新、带有花香的白葡萄酒，如维欧尼葡萄酒。

❼ 冬至　冬至是中国农历中一个重要的节气，有吃饺子或汤圆的习俗。为了搭配冬至的食物，可以选择一款中等酒体的红葡萄酒，如黑皮诺葡萄酒，增添温暖感。

任务执行

任务执行

实践任务二：阅读顾客客情→根据一桌菜/一个节日设计一套合适的酒品→根据侍酒服务标准流程进行服务→填写任务表 3-4-2。

任务表 3-4-2

任务编号	任务名称	负责人	具体任务内容
任务 3-4-2	"餐酒搭配大师"		阅读顾客客情
			设计一套合适的酒品
			根据侍酒服务标准流程进行服务
			形成研究报告

任务二　酒单设计及酒水采购

知识精讲

酒单不仅是酒水的展示平台，更是餐厅独特风格和品位的体现。精心编制的酒单，能为顾客提供清晰的酒水选择，同时使点酒过程变得更加轻松和愉悦。

一、深入理解餐厅定位

制作酒单的第一个重点，是深入理解餐厅的市场定位。这包括服务的顾客群体、每位顾客的平均消费水平、储存与展示酒水的方式,以及提供的酒水种类和数量。

❶ **洞悉消费人群**　任何餐厅都是针对特定人群而开设的,没有哪家餐厅可以接待全部类型的消费人群。所以,精准定位消费人群非常重要。消费人群的确立,既决定了餐厅接待的顾客类型,又决定了酒水的风格和价位。例如,在北京常年接待德国顾客的餐厅,其酒单上往往会以德国各式白葡萄酒为主,辅以部分有酸度的红葡萄酒,并且酒单上必不可少德国的啤酒,啤酒甚至可能成为酒单的重点。

❷ **把握餐厅人均消费水平**　确定消费人群,其实也基本上确定了餐厅的人均消费水平。餐厅可以根据人均消费水平制定更加合理的酒单搭配。要避免选择过于便宜的酒水,以免导致餐厅的酒水收益不足。同时,也要避免选择过于昂贵的酒水,把优质顾客拒之门外。一般来说,建议人均葡萄酒消费水平为 1/3～1/2 人均食物消费水平。特殊情况下可特殊对待。

❸ **认识酒水的储存与展示方式**　酒水储存方式(使用酒柜和酒窖)的不同,也决定了酒水展示风格的不同。当餐厅使用酒窖储存酒水时,酒水的展示区域往往过于封闭。使用酒柜储存酒水的餐厅,可以让顾客直接看到酒水,便于拿取和展示。因此,对于没有公共展示区域的酒窖,建议使用可以直观地让顾客看到主推酒水图的图文形式酒单。

❹ **了解酒水库存容量**　酒水储存方式(酒柜和酒窖)的不同,也决定了餐厅酒水库存容量的不同。排除摆放随意,不重视酒水储存的餐厅外,酒窖可以存放大量的酒水,使得酒单的内容更加丰富。只有酒柜的餐厅,则可能需要让酒单更加精简,让顾客的选择更加集中化。酒单丰富的好处就是能够为顾客带来更多的消费选择和展示餐厅专业性,缺点就是导致消费集中度分散,增加顾客选择障碍,同时加大库存压力。酒单精简能够带来集中的消费体验,便于侍酒师进行精准推荐,但是集中的消费会提高库存周转率,集中采购的价格优势可能导致顾客的消费酒水覆盖面不足,在顾客点到特殊酒款时有缺货的可能,给顾客带来不良消费体验。同时,过于简单的酒单不易体现出艺术表现力。因此,这两类酒单需要餐厅侍酒师综合考虑,做出取舍。

二、紧密结合餐厅菜品

对于酒单设计的第二个重点就是需要了解餐厅的菜品。根据菜品和菜单的风格来决定酒单的设计方向。

中餐的多样化组合,给酒单设计带来极大的挑战。传统意义上的八大菜系、新晋的新八大菜系、各式的融合菜系,让中餐既保留了传统风味,又融合了现代元素。传统意义上的中餐菜系特色鲜明,酒单可以根据菜品决定设计方向。

明确购买
葡萄酒的
预算

酒水销售
策略

餐厅的酒水
采购策略

茶及其他无酒精饮品服务

项目描述

在高端餐饮服务中,茶及其他无酒精饮品服务已成为提升顾客体验和餐厅品位的重要环节。项目五旨在加强学生对茶及其他无酒精饮品服务的全面理解和操作技能,使其能够在实际操作中满足各种场合的饮品服务需求。通过本项目的学习,学生将系统掌握茶的种类、冲泡技巧、品饮礼仪,以及其他无酒精饮品的种类和服务方式。

项目引入

在广州一家知名粤菜餐厅,几位外国顾客正在品尝广式点心,如沙琪玛、叉烧包、蛋挞等。这时,一位顾客提出想品尝适合搭配广式点心的茶或其他无酒精饮品,但对茶叶种类并不了解。服务员需要快速回应顾客的需求,既要提供适当的饮品选择建议,还要现场展示茶的冲泡技艺,体现服务的专业性与优雅风范。

问题:

(1)面对不了解茶叶种类的顾客,服务员应如何快速判断并推荐合适的饮品?

(2)如何利用现场茶艺表演,提升顾客的用餐体验?

(3)在提供茶及其他无酒精饮品服务时,服务员应注意哪些细节以体现餐厅的高端服务品质?

通过本项目的学习,你将掌握应对以上问题所需的专业知识与技能,更好地满足顾客在不同用餐场景中的需求。

项目目标

(1)了解、掌握茶的种类与品鉴。

(2)了解、掌握无酒精饮品的种类与服务方式。

(3)了解茶的冲泡技巧和品饮礼仪。

项目实训

学生角色扮演任务单	
茶及其他无酒精饮品服务	
项目	茶及其他无酒精饮品服务实训
实训名称	茶及其他无酒精饮品服务
实训日期	
实训地点	

续表

实训目标			让学生学会茶及其他无酒精饮品服务
实训任务			
任务编号	任务名称	负责人	具体任务内容
任务 1	茶的种类与品鉴		进行茶叶品鉴的实际操作,通过品饮不同种类的茶,熟悉其口感和品质差异; 制定一份茶叶品鉴记录表,记录品鉴过程中的感受和评分
任务 2	无酒精饮品的种类与服务方式		进行无酒精饮品的制作和服务练习,模拟餐饮服务中实际的操作流程; 完成无酒精饮品菜单的设计,并进行实际服务中的推介与讲解
任务 3	茶的冲泡技巧和品饮礼仪		实际操作茶的冲泡,从准备茶具到最后的品饮,完整体验整个过程; 参与茶艺礼仪的演练,掌握与顾客互动的方式和礼仪,提升服务质量

任务一　茶的种类与品鉴

→ 知识精讲

中国茶叶按制作方式可分为 3 大类,即不发酵茶、半发酵茶、全发酵茶;按商品分类可分为 6 大类,即红茶、绿茶、白茶、黄茶、黑茶、乌龙茶(又称青茶)。

一、绿茶

❶ 历史与典故　绿茶是中国历史上最早出现的茶类。早在 3000 多年前,古人便已经开始采集野生茶树芽叶,并通过自然晾晒的方式保存。这种早期的茶叶加工方式可以看作绿茶制作工艺的雏形。真正意义上的绿茶制作工艺则在公元 8 世纪逐渐形成,当时创造了蒸青制法,使茶叶在制作过程中保持了其天然的绿色。到了 12 世纪,炒青制法的出现进一步完善了绿茶的制作工艺,奠定了现代绿茶制作的基础。

绿茶在中国茶文化中占据重要地位,不仅是内销的主力茶类之一,也是中国茶叶出口的主要品种。在国际市场上,中国绿茶出口量占国际贸易量的 70% 以上,销往全球 50 多个国家和地区,包括北非、西非各国,以及法国、美国和阿富汗等地。

❷ **制作工艺** 绿茶的制作工艺相对简单,但工艺要求十分精细,旨在保留茶叶的天然色泽、香气和营养成分。其主要制作步骤如下。

(1)杀青:通过高温迅速破坏茶叶中酶的活性,防止茶叶发酵,从而保持茶叶的绿色。这一步骤是决定绿茶品质的关键。

(2)揉捻:将杀青后的茶叶进行揉捻,以破坏茶叶细胞壁,使茶汁外溢,同时塑造茶叶的形状。

(3)干燥:干燥是最后一步,主要通过烘干、炒干或晒干等方法,去除茶叶中多余的水分,提高茶叶的耐储存性。

根据干燥和杀青的方法不同,绿茶可以分为炒青绿茶、烘青绿茶、晒青绿茶和蒸青绿茶。

❸ **特征** 绿茶的干茶色泽以绿色为主调,冲泡后的茶汤也是清澈的绿色或黄绿色。绿茶保留了鲜叶中较多的天然物质,其中鲜叶茶多酚和咖啡因的保存率超过 85%,叶绿素保存率为 50% 左右,维生素的损失也较少。绿茶具有"清汤绿叶,滋味收敛性强"的特点,带有明显的清香和鲜爽感。

❹ **产地** 绿茶的产地遍布中国各个产茶省份,其中浙江、安徽和江西三省的产量最高,质量最佳。浙江的西湖龙井、安徽的黄山毛峰和江西的庐山云雾等都是享誉国内外的绿茶品种。

❺ **口感** 绿茶的口感清爽、鲜嫩,茶汤入口时带有清凉感,并伴有明显的回甘。根据茶叶品种和产地的不同,绿茶的口感有一定的差异,如西湖龙井以嫩爽著称,六安瓜片则更为醇厚。

❻ **饮用场合** 绿茶适合在早晨或下午饮用,尤其适合在夏季饮用,有清热解暑之功。绿茶可以单独饮用,也可以搭配中式点心,如绿豆糕、糯米糕等。此外,绿茶因其清新的口感和较低的刺激性,非常适合作为日常饮品,长期饮用对健康有益。

❼ **著名品种** 中国的绿茶品种繁多,其中最为著名的品种如下。

(1)西湖龙井(浙江杭州):以其独特的豆香和鲜嫩的口感闻名,是绿茶中的经典品种。

(2)碧螺春(江苏苏州):茶叶细嫩,香气浓郁,滋味鲜醇,因采摘于早春时节而得名。

(3)黄山毛峰(安徽黄山):外形细扁,色泽翠绿,滋味醇厚,带有独特的兰花香。

(4)六安瓜片(安徽六安):以其厚实的茶叶片和浓醇的滋味著称,汤色清澈,香气高长。

二、红茶

红茶的干茶色泽与冲泡的茶汤以红色为主调,所以称为红茶。红茶以适宜制作本品的茶树新芽叶为原料,经萎凋、揉捻、发酵、干燥等典型工艺过程精制而成。红茶在创制时称为"乌茶"。红茶在加工过程中发生了化学反应,鲜叶中的化学成分变化较大,茶多酚减少 90% 以上,同时产生了茶黄素、茶红素等新成分。香气物质从鲜叶中的 50 多种,增至 300 多种,部分咖啡因与茶红素和茶黄素结合形成滋味鲜美的络合物,从而形成了红茶特有的红汤、红叶和香甜味醇的特征。红茶按制作方法的不同,又分为小种红茶、工夫红茶和红碎茶。

❶ **历史与典故** 红茶是中国最具代表性的全发酵茶

类,起源于明朝(约 16 世纪),福建省的武夷山地区被认为是红茶的发源地。关于红茶的历史,有一个著名的典故,传说当地一支军队驻扎在茶园,因故耽误了茶叶的制作时间,导致茶叶发酵变红。为了挽回损失,茶农将这些变色的茶叶以低价出售,意外地受到了市场的欢迎,从此红茶成为一个新的茶类。红茶因其制作过程中茶叶变红而得名,具有独特的香气和滋味,迅速流传到欧洲,并受到西方国家的热烈追捧,特别是在英国,红茶成为人们日常生活的重要组成部分。

❷ **制作工艺**　红茶的制作工艺主要包括萎凋、揉捻、发酵和干燥几个步骤。

(1)萎凋:采摘的新鲜茶叶首先经过萎凋处理,使其失去部分水分,叶片变软,便于后续的揉捻过程。

(2)揉捻:在揉捻过程中,茶叶细胞壁被破坏,茶汁外溢,茶叶充分接触氧气,为后续发酵过程做好准备。

(3)发酵:发酵是红茶制作的核心步骤。茶叶在适宜的温度和湿度条件下进行充分的氧化反应,叶片逐渐变红,形成红茶特有的色泽和风味。

(4)干燥:发酵后的茶叶通过干燥处理,去除多余的水分,使茶叶定型并便于长期保存。

❸ **特征**　红茶具有鲜红或深红色的茶汤,香气浓郁,以果香、花香或蜜香为主,口感醇厚甘甜,回味悠长。红茶的多酚类物质较绿茶更为丰富,具有暖胃、促进消化、提神等保健功效。

❹ **产地**　中国的红茶主要产于福建、安徽、云南等地。其中,福建的武夷山正山小种被誉为红茶的鼻祖,安徽的祁门红茶因其卓越的品质被誉为"红茶皇后",云南红茶(滇红)则以其浓烈的香气和厚实的口感著称。

❺ **口感**　红茶的口感浓郁、醇厚,带有天然的甜味。不同产地的红茶口感略有不同,如祁门红茶以其浓郁的花香和果香为特色,滇红则因其厚实的茶汤和强烈的滋味而广受喜爱。

❻ **饮用场合**　红茶因其醇厚的口感和温暖的特性,适合在早晨或下午饮用,特别是在寒冷的季节。此外,红茶还可以加入牛奶、糖或柠檬,制成英式下午茶。红茶还常用于社交场合,如宴会、下午茶聚会等。

❼ **著名品种**

(1)正山小种(福建武夷山):正山小种是世界上最早的红茶品种之一,带有松烟香和桂圆汤香,茶汤红亮,味醇甘爽。

(2)祁门红茶(安徽祁门):祁门红茶以其独特的香气和优雅的口感著称,因其香气复杂,被称为"祁门香"。

(3)滇红(云南):滇红以其浓烈的口感和金黄色的茶毫为特色,茶汤红浓明亮,滋味醇厚。

(4)英德红茶(广东英德):茶叶条索紧结,色泽乌润,汤色红亮,滋味浓厚,香气持久。

三、乌龙茶

乌龙茶,也称青茶、半发酵茶,以本茶的创始人而得名。它是我国几大茶类中,具有鲜明特色的茶叶品类。乌龙茶综合了绿茶和红茶的制作工艺,口感介于二者之间,既有红茶的浓鲜味,又有绿茶的清香,所以有"绿叶红镶边"的美誉。饮后齿颊留香,回味甘鲜。乌龙茶的保健功效,主要突出在分解脂肪等方面。在日本,乌龙茶被称为"美容茶""健美茶"。

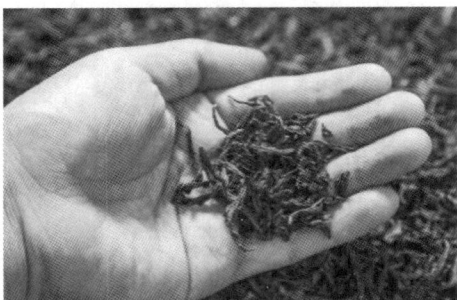

❶ 历史与典故　乌龙茶的产生,伴随着一个神奇的传说。相传在清朝雍正年间,福建省安溪县西坪镇南岩村里有一个茶农,同时也是打猎能手,名叫苏龙,因其黝黑强健,乡亲们都叫他"乌龙"。一年春天,乌龙腰挂茶篓,身背猎枪上山采茶,采至中午时分,一头山獐突然从其身边溜过,乌龙举枪射击,但负伤的山獐拼命逃向山林之中,乌龙紧追不舍,终于捕获了猎物。当把山獐背到家时已经是晚上了,乌龙和全家人忙着宰杀、品尝野味,将制茶的事全然忘记。直到第二天清晨,全家人才想起此事,没想到放置了一夜的鲜叶,已镶上了红边,并且散发出阵阵清香。制成的茶叶,滋味格外清香浓重,全无往日的苦涩之味。于是,经过反复的试验与细心的琢磨,通过萎凋、做青、揉捻、干燥等工序,终于制出了品质优异的茶类新品——乌龙茶。安溪也就成了乌龙茶的著名茶乡。

在明清时期,乌龙茶逐渐从福建传播至广东和台湾,形成了多样的茶类分支,如武夷岩茶、铁观音、凤凰单丛茶等。

❷ 制作工艺　乌龙茶的制作工艺较为复杂,主要包括萎凋、做青、杀青、揉捻和干燥等步骤。

(1)萎凋:鲜叶经过日光萎凋和室内萎凋,使叶片失水软化,叶片色泽发生变化。

(2)做青:做青是乌龙茶制作中的关键步骤,通过反复的摇青和静置处理,茶叶发生部分发酵,形成特有的花香和果香。

(3)杀青:通过高温杀青,停止发酵过程,以保留茶叶的香气。

(4)揉捻:揉捻过程有助于茶叶成型,并促进茶汁外溢,进一步提升香气和滋味。

(5)干燥:使茶叶定型,去除茶叶的多余水分,以便于保存。

❸ 特征　乌龙茶介于绿茶和红茶之间,既有绿茶的清香,又有红茶的醇厚,茶汤呈琥珀色或金黄色。乌龙茶以其花香、果香、蜜香等丰富香气著称,滋味甘醇且回甘持久。乌龙茶具有丰富的多酚类物质,具有提神、消脂、抗氧化等多种保健功效。

❹ 产地　乌龙茶主要产于福建、广东和台湾。福建的武夷岩茶、安溪铁观音,广东的凤凰单丛茶,以及台湾的冻顶乌龙茶都是著名的乌龙茶品种。

❺ 口感　乌龙茶的口感浓厚饱满,具有明显的层次感。不同品种的乌龙茶口感各异,如铁观音以其清香甘甜而著称,武夷岩茶则以其"岩韵"独特而闻名。乌龙茶的口感随着冲泡次数的增加而发生变化,前几泡多以香气为主,后几泡则滋味醇厚。

❻ 饮用场合　乌龙茶可在任何时候饮用,特别适合在餐后饮用,有助于消化。由于乌龙茶的滋味浓厚且香气持久,适合在正式或休闲的场合中品饮,如家庭聚会、商务宴请等。

❼ 著名品种

(1)武夷岩茶(福建武夷山):武夷岩茶以其独特的"岩韵"而著称,代表品种有大红袍、武夷水仙、武夷肉桂等。

(2)铁观音(福建安溪):铁观音因其浓郁的兰花香气和醇厚的口感而深受人们喜爱,是乌龙茶中的经典代表。

(3)凤凰单丛茶(广东潮州):凤凰单丛茶以其丰富的品种和独特的花果香而闻名,口感厚重,香气持久。

(4)冻顶乌龙茶(台湾):冻顶乌龙茶叶片紧结、色泽墨绿、滋味甘醇、香气高扬。

四、白茶

❶ **历史与典故**   白茶,属细微发酵茶,是我国茶类中的特殊珍品。白茶因其成品茶多为芽头,满披白毫,如银似雪而得名。白茶的历史悠久,迄今已有 800 余年。其主要品种包括白牡丹、白毫银针等。唐朝著名诗人陆羽在其著作《茶经》中提道:"其地,上者生烂石,中者生砾壤,下者生黄土。"其中的"上者生烂石"被认为是对福建白茶产地的描述。白茶的制作工艺较为简单,以轻微发酵为特征,制作时不经揉捻、杀青,从而保留了茶叶的原始风味。

❷ **制作工艺**   白茶的制作工艺,一般包括萎凋、干燥两道工序,而其关键在于萎凋。萎凋分为室内萎凋和室外萎凋两种。要根据气候条件灵活掌握,以春秋晴天或夏季不闷热的晴天,采取室内萎凋或复式萎凋为佳。其精制工艺是在剔除梗、片、蜡叶、红张、暗张之后,以文火进行烘焙至足干,只需以火香衬托茶香,待茶叶水分含量为 4%～5% 时,趁热装箱。白茶制作工艺的特点是既不破坏酶的活性,又不促进氧化作用,从而保持茶叶毫香的显现和汤味鲜爽。白茶的制作工艺以自然萎凋和干燥为主,不经过揉捻和杀青,因此茶叶保留了较多的天然物质。其主要制作步骤如下。

(1)萎凋:茶叶采摘后,直接在自然环境下进行萎凋,使茶叶水分逐渐蒸发,茶叶慢慢变软。

(2)干燥:干燥是白茶制作的关键步骤,通过自然干燥或低温烘干的方式,使茶叶定型,以便长期保存。

❸ **特征**   白茶外形满披白毫,颜色银白,干茶形状自然舒展,茶汤清澈明亮,色泽浅淡。白茶香气清新淡雅,滋味甘甜清爽,回味悠长。由于制作工艺中保留了大量的天然物质,白茶具有清热解毒、退火降压、抗氧化等多种保健功效。

❹ **产地**   白茶主要产于福建的福鼎、政和等地,这些地区常年气候温和,雨量充分。山地土壤以红、黄壤为主,主要种植福鼎白茶、政和白茶及水仙白茶等优良茶树品种。

❺ **口感**   白茶的口感清淡爽口,具有鲜爽、甘甜的特点。新制的白茶香气清香高扬,味道淡雅柔和;陈年的白茶则更加醇厚甘甜,滋味深长,回甘明显。白茶的口感会随着储存时间的延长而逐渐变化,越陈越香。

❻ **饮用场合**   白茶适合在温暖的天气中饮用,尤其是春夏季节,因为它具有清热解暑的效果。白茶还适合搭配清淡的中式点心,如绿豆糕、红豆沙等。白茶具有较强的保健功能,也常被作为保健饮品。

❼ **著名品种**

(1)福鼎白茶(福建福鼎):福鼎白茶以其满披白毫、香气清新、滋味甘甜而著称,是白茶中的典型代表。

（2）政和白茶（福建政和）：政和白茶色泽白中透黄，汤色杏黄，滋味醇厚甘甜，回味持久。

（3）白牡丹茶（福建）：白牡丹茶是白茶中的高级品种，以其外形如花、叶底嫩绿、香气浓郁而闻名。

（4）寿眉（福建）：寿眉茶叶粗壮，色泽黄绿，汤色深黄，滋味醇厚，耐泡性强，是白茶中的大众品种。

五、黄茶

在炒青绿茶的过程中，人们发现，如果杀青、揉捻后干燥缺乏或不及时，叶色会变黄，于是产生了新的茶叶品类——黄茶。

黄茶的制作与绿茶有相似之处，不同点在于多一道闷黄工序。这个闷黄工序是黄茶制作工艺的主要特点，也是它同绿茶的根本区别。绿茶属于不发酵茶类，而黄茶属于发酵茶类。

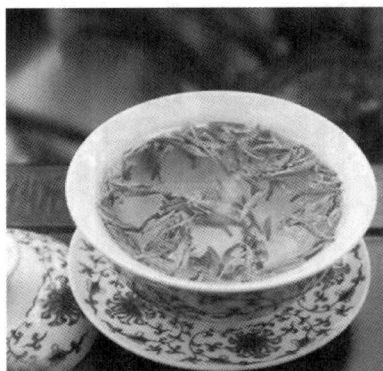

黄茶按其鲜叶的嫩度和芽叶大小，分为黄芽茶、黄小茶和黄大茶三类。黄芽茶主要有君山银针、蒙顶黄芽和霍山黄芽，黄小芽主要有北港毛尖、沩山毛尖、远安鹿苑茶、皖西黄小茶、浙江平阳黄汤等，黄大茶有安徽霍山、金寨、六安、岳西和湖北英山所产的黄茶以及广东大叶青等。

❶ **历史与典故** 黄茶是一种经过闷黄工艺制作的轻发酵茶类。尽管黄茶的出现较晚，但其因独特的制作工艺和口感逐渐受到喜爱。黄茶的名称来源于其在制作过程中形成的黄色茶汤和茶叶，黄茶的发源地主要集中在中国湖南、安徽和四川等地。

❷ **制作工艺** 黄茶的制作工艺独特，主要包括杀青、揉捻、闷黄和干燥四个步骤。

（1）杀青：通过高温杀青，使茶叶内酶的活性丧失，防止茶叶进一步发酵。

（2）揉捻：茶叶经过揉捻后，形状得以固定，茶汁外溢，有助于增强茶叶的香气和滋味。

（3）闷黄：闷黄是黄茶制作的关键步骤。通过包裹或堆积茶叶，使茶叶在温暖潮湿的环境中进行轻度发酵，形成黄茶独特的色泽和口感。

（4）干燥：将茶叶干燥定型，使其适合长期保存。

❸ **特征** 干的黄茶色泽黄绿或金黄，茶汤呈明亮的黄色，叶底黄亮。黄茶香气清新，带有独特的熟香或花香，滋味醇和甘甜，口感细腻柔滑。黄茶在制作过程中经过闷黄工序，其多酚类物质和茶多糖含量丰富，具有较好的保健功能。

❹ **产地** 黄茶的主要产地包括湖南、安徽和四川等地。湖南的君山银针、安徽的霍山黄芽、四川的蒙顶黄芽等都是著名的黄茶品种。

❺ **口感** 黄茶的口感细腻柔滑，带有淡淡的熟香或花香，滋味醇厚甘甜，入口顺滑，回甘悠长。黄茶因其轻度发酵的特点，虽不如绿茶清爽，但更为温和，适合广泛的饮用人群。

❻ **饮用场合** 黄茶四季皆宜饮用，尤其适合在春秋季节饮用。其温和的特性有助于调节体内寒热平衡。黄茶还适合搭配清淡的中式菜肴或点心，如清蒸鱼、素菜羹等。黄茶的香气和滋味较为淡雅，适合在安静的场合中细细品味。

❼ **著名品种**

（1）君山银针（湖南岳阳）：黄茶中的极品，茶芽挺直，色泽金黄，香气清雅，滋味鲜醇甘爽。

（2）霍山黄芽（安徽霍山）：外形秀美，色泽黄绿，茶汤明亮，滋味醇厚，香气持久。

（3）蒙顶黄芽（四川雅安）：叶片嫩黄，汤色杏黄，滋味鲜醇甘甜，回味悠长，是四川黄茶的代表。

六、黑茶

黑茶在鲜叶选料、工艺流程以及对色泽、品质的要求上，都具有其独特的标准与风味，形成了与其他茶类不同、独占一个"黑"字的茶类特色。

最早的黑茶起源于四川，是由绿毛茶经蒸压而成的边销茶。由于四川的茶叶要运输到西北地区，而当时交通不便，运输困难，为了减小体积，人们将茶叶蒸压成团块。在加工成团块的过程中，茶叶要经过20多天的湿性渥堆发酵，所以毛茶的色泽由绿逐渐变黑。成品团块茶叶为黑褐色，并形成了茶品的独特风味，这便是黑茶的由来。

黑茶的采摘标准多为一芽五至六叶，叶粗梗长。由于黑茶一般原料较粗老，加之制作过程中的渥堆发酵时间较长，因此叶色黝黑或黑褐，故称黑茶。根据产区和工艺上的差异，黑茶可分为湖南黑茶、湖北老青茶、四川边茶和滇桂黑茶。其中，滇桂黑茶中的云南黑茶是用滇青毛茶经潮水渥堆发酵后干燥而成的，统称为普洱茶。普洱茶是黑茶中独具浓醇陈香的品种。

❶ **历史与典故**　黑茶是中国历史悠久的发酵茶类，其制作历史可以追溯到公元16世纪的明朝时期，因茶叶在制作过程中逐渐变黑而得名。黑茶的发源地主要集中在中国的湖南、四川、云南等地。黑茶在古代是"茶马古道"上重要的商品，被广泛运输到西藏、新疆等地，供当地居民饮用。黑茶因其浓烈的口感和独特的保健功效，成为西北少数民族日常生活中不可或缺的一部分。

❷ **制作工艺**　黑茶的制作工艺独特，主要包括杀青、揉捻、渥堆发酵和干燥四个步骤。

（1）杀青：通过高温杀青，破坏茶叶中酶的活性，从而防止茶叶进一步发酵。

（2）揉捻：对茶叶进行揉捻，使其成型，并促进茶汁外溢，增加香气。

（3）渥堆发酵：渥堆发酵是黑茶制作中的关键步骤，通过堆积茶叶，使其在一定温度和湿度下进行微生物发酵，形成黑茶特有的陈香和深色茶汤。

（4）干燥：通过干燥定型，去除茶叶中多余的水分，使茶叶便于保存和运输。

❸ **特征**　干的黑茶色泽乌黑或深褐，茶汤呈红褐色或深褐色，香气醇厚，带有独特的陈香或烟香。黑茶滋味浓郁，入口甘甜，回味悠长，且具有强烈的保健功能，特别是在促进消化、降脂方面效果显著。

❹ **产地**　黑茶的主要产地包括湖南、云南、四川等地。其中，湖南的安化黑茶、云南的普洱茶、四川边茶等都是著名的黑茶品种。

❺ **口感**　黑茶的口感浓厚饱满，滋味醇和甘甜，带有明显的陈香或烟香。不同产地的黑茶口感略有不同，如安化黑茶以其醇厚甘甜而著称，普洱茶则以其丰富的层次感和独特的发酵香气而闻名。

❻ **饮用场合**　黑茶适合在餐后饮用，特别是与油腻的食物搭配，有助于促进消化和清理肠胃。此外，黑茶还适合

在寒冷的天气饮用,以温暖身体。由于其浓烈的口感,黑茶常用于传统的藏族、蒙古族饮食中,如酥油茶、奶茶等。

❼ 著名品种

(1)安化黑茶(湖南安化):安化黑茶以其浓郁的陈香、厚实的口感和甘甜的回味而著称,是黑茶中的代表品种。

(2)普洱茶(云南):普洱茶分为生茶和熟茶,生茶鲜爽甘醇,熟茶醇厚滑润,均具有极高的收藏价值。

(3)四川边茶(四川):四川边茶主要用于制作藏族的酥油茶,茶叶色泽乌黑,滋味浓烈,具有极强的耐泡性。

中国茶的品鉴

不同茶叶种类的评鉴要点

同步检测

任务执行

任务执行

实践任务一:阅读茶叶品鉴表→根据标准逐一评价给出的茶品→填写茶叶品鉴表→填写任务表 3-5-1。

任务表 3-5-1

任务编号	任务名称	负责人	具体任务内容
任务 3-5-1	茶品品鉴		阅读茶叶品鉴表
			根据标准逐一评价给出的茶品
			填写茶叶品鉴表
			形成研究报告

任务二　其他无酒精饮品服务

知识精讲

一、无酒精饮品概述

无酒精饮品在现代餐饮业中扮演着至关重要的角色,满足了不同顾客的需求,提升了整体用餐体验。这些饮品不仅仅是餐桌上的陪衬,更是餐饮文化的重要组成部分,反映了一家餐厅的专业水平和服务理念。

无酒精饮品种类繁多,既包括最基础的饮用水、矿泉水,又涵盖经过复杂工艺制作的调制饮品,如咖啡、果汁、苏打水、冰沙、奶昔等。这些饮品拥有各自独特的制作方法、历史背景和文化内涵,在不同的用餐场合中起着不同的作用。例如,在正式的商务餐中,选择优质的矿泉水或经过精心调制的咖啡,可以提升用餐的档次和氛围;而在休闲场合,果汁和苏打水则以其清爽的口感为顾客带来轻松愉悦的体验。

掌握无酒精饮品的种类、特点以及相应的服务技巧,是餐饮服务员必备的技能之一。

二、无酒精饮品的种类与服务

(一)咖啡

❶ **历史与文化背景** 咖啡的历史可以追溯到埃塞俄比亚。据传,当地的牧羊人最早发现了咖啡的提神作用。在随后的几个世纪里,咖啡被阿拉伯人引入中东。15世纪,咖啡在也门被大量种植和推广。到了16世纪,咖啡通过奥斯曼帝国传入欧洲,并迅速风靡欧洲大陆,成为上流社会的宠儿。

❷ **种类** 咖啡种类多样,不同的制作方法和原料选择造就了风味各异的咖啡。常见的咖啡种类如下。

(1)意式浓缩咖啡:意式浓缩咖啡是通过高压蒸汽对磨细的咖啡粉进行快速萃取而成,口感浓郁,层次丰富,是制作其他咖啡饮品的基础。

(2)卡布奇诺:由等量的意式浓缩咖啡、热牛奶和奶泡组成,顶部通常会撒上一层肉桂粉,口感柔滑,带有淡淡的甜味。

(3)拿铁:以意式浓缩咖啡为基础,加入大量热牛奶和少量奶泡,味道较为柔和,适合不喜欢咖啡苦味的顾客。

(4)美式咖啡:将意式浓缩咖啡用水稀释后制作而成,口感较为清淡,但依然保留了咖啡的独特风味。

❸ **对健康的影响** 咖啡因是咖啡中的主要成分,具有提神醒脑的作用,因此适量饮用咖啡可以提高注意力和工作效率。然而,过量摄入咖啡因可能导致一系列健康问题,如焦虑、失眠、心率加快等。尤其是对咖啡因敏感的人群,更应注意控制咖啡的饮用量。此外,咖啡中还含有丰富的抗氧化物质,有助于抵抗自由基,对预防某些慢性疾病可能有益。但应注意,加工过的咖啡饮品(如含糖、奶油的咖啡)热量较高,长期饮用可能导致体重增加和其他健康问题。因此,饮用咖啡时应根据个人的身体状况和需求适量选择。

(二)餐厅的咖啡服务操作要点

在餐厅的实际服务场景中,咖啡服务不仅涉及饮品的制作,还包含与顾客的互动、服务的细节以及整体体验的管理。以下是针对餐厅服务场景中咖啡服务的详细操作要点。

❶ **迎接顾客与点单服务**

(1)迎接与座位安排。

①热情迎接:服务员应微笑迎接每位进入餐厅的顾客,礼貌地询问顾客的需求。如果顾客明确表示想要点咖啡,应及时将顾客引导至座位,并递上菜单。

②座位选择:根据顾客的需求,为其选择合适的座位。为保证顾客有良好的咖啡品饮体验,尽量将顾客安排在安静、舒适的区域,避免嘈杂的环境影响顾客的品饮体验。

(2)点单与顾客沟通。

①了解顾客需求:在点单过程中,服务员应耐心倾听顾客的口味偏好,如咖啡的浓淡、是否加糖或奶、是否有特殊的风味需求等。

②专业建议:如果顾客不确定选择,服务员应根据顾客的描述,从专业角度推荐合适的咖啡种类,介绍其特点和风味,以帮助顾客做出选择。

③确认订单:在顾客点单后,服务员复述订单内容,确保订单内容无误,同时告知顾客咖啡的制作时间,避免顾客因等待时间过长而产生不满情绪。

❷ **咖啡的制作与装饰**

(1)咖啡豆的选择与准备。

Note

①咖啡豆的选择：根据顾客的订单，选择合适的咖啡豆种类，如阿拉比卡豆或罗布斯塔豆，并确保咖啡豆的新鲜度。若顾客对咖啡豆的来源感兴趣，服务员应熟知并能简要介绍其产地和特点。

②研磨咖啡豆：使用磨豆机将咖啡豆研磨至适当的粗细度，确保研磨后的咖啡粉颗粒均匀，以保证萃取的稳定性。研磨咖啡豆应尽量在顾客点单后进行，以确保咖啡的香气和风味。

（2）咖啡的萃取与调制。

①意式浓缩咖啡的萃取：将适量研磨好的咖啡粉装入手柄中，压实后开始萃取。意式浓缩咖啡的萃取时间应严格控制在 25～30 秒之间，以充分释放出咖啡的最佳风味。萃取时间过短或过长都会影响咖啡的浓度和口感。

②牛奶的加热与打泡：对于需要加奶的咖啡，如拿铁或卡布奇诺，服务员应熟练掌握牛奶的打泡技巧。蒸汽棒应放置在牛奶表面稍下方，以打出细腻、光滑的奶泡。牛奶的温度应控制在 60～65 ℃，温度过高会导致口感不佳。

（3）装饰与美化。

①拉花技巧：拉花是提升咖啡视觉吸引力的重要环节。服务员应掌握基本的拉花技巧，如心形、树叶、郁金香等图案。拉花时需注意奶泡的均匀性和流动性，确保图案清晰和美观。

②装饰与附加品：根据顾客需求，可以在咖啡表面撒上适量的肉桂粉或可可粉，以增强风味。对于特殊咖啡（如摩卡），还可以添加鲜奶油或巧克力酱进行装饰。

任务执行

实践任务二：阅读任务要求→阅读软饮料表→无酒精饮品制作与服务练习→无酒精饮品菜单设计与推介→形成研究报告→填写任务表 3-5-2。

任务表 3-5-2

任务编号	任务名称	负责人	具体任务内容
任务 3-5-2	无酒精饮品的服务		阅读软饮料表
			无酒精饮品制作与服务练习
			无酒精饮品菜单设计与推介
			形成研究报告

果汁服务

苏打水和
软饮料服务

同步检测

任务执行

任务三　茶的冲泡技巧和品饮礼仪

▶ 知识精讲

一、茶叶用量的控制

茶叶用量的控制是茶叶冲泡过程中极为关键的一个环节。茶叶用量的多少直接影响茶汤的浓度、香气以及整体品饮体验。尽管没有绝对统一的标准,但掌握适当的茶叶用量,能够让茶汤更好地体现出茶叶的本质风味。

❶ 因茶而异

(1)绿茶、花茶、黄茶、白茶:这些类型的茶叶较为细嫩,适宜采用单饮法冲泡,茶水比例一般为1:(50～60),即每杯放入约 3 克的茶叶,注入 150～180 毫升热水。这一比例能够充分展现茶叶的清新香气和淡雅滋味,使茶汤清澈、柔和。

(2)普洱茶:普洱茶的茶叶较为粗壮,适宜的茶水比例为 1:(30～40),即每次放入茶叶 5～10 克,注入 150～400 毫升热水。普洱茶的这种冲泡方式能够保证茶汤的厚重感和陈香。

(3)乌龙茶:由于乌龙茶的茶叶较为紧实,放入的茶叶量通常占壶容量的 2/3 左右。这一比例不仅能够让茶汤浓郁且层次丰富,还能在多次冲泡后仍然保持茶香余韵。

❷ 因地而异

(1)西北地区:我国西北地区少数民族因日常食物以肉类为主,蔬菜摄入较少,茶叶成为补充维生素的重要来源。这些地区的居民通常饮用紧压茶,如金尖、康砖、茯砖茶和方包茶等,采用煎煮的方法,并加入糖、奶制品、盐等,以保证茶汤的浓度和营养成分被充分释放,因此茶叶用量相对较大。

(2)华北和东北地区:这些地区的居民更偏爱花茶,通常用较大的茶壶或盖碗冲泡,居民的茶饮习惯偏向于淡雅的花香和清新的口感,因此茶叶用量相对较小。适当的投茶量使得茶汤不至于过于浓烈。

❸ 因人而异

(1)中老年人:常年饮茶的中老年人通常偏好浓茶,茶叶用量较大。这部分人群对茶的苦涩感和浓郁的口感有较高的接受度,茶水比例通常较大,能够更好地满足他们对茶汤厚重感的需求。

(2)青年人:初学饮茶的青年人普遍喜爱较淡的茶汤,茶叶用量相对较小。青年人更关注茶汤的清新和顺滑的口感,适宜的茶水比例约为 1:50,以使茶汤清淡、适口。

二、水温的掌控

水温对茶叶的冲泡效果有着直接的影响,它不仅决定了茶叶中有效成分的溶出速度,还影响到茶汤的色泽和香气。因此,在冲泡不同类型的茶叶时,合理控制水温是至关重要的。

❶ 水温与茶汤的关系

(1)低温泡茶:冲泡细嫩的高级绿茶或黄茶的最佳水温为 75～85 ℃。此温度范围能够有效保护茶叶中的维生素 C,避免茶汤变黄,同时保留茶叶的清新口感和明亮色泽。水温过高会使茶叶中的咖啡因过量溶出,导致茶汤苦涩。

(2)高温泡茶:红茶、白茶、花茶和乌龙茶宜用开水冲泡。高温有助于茶叶中芳香物质的充分释放,使茶汤更为浓郁、香气更为丰富。尤其是乌龙茶,在冲泡前需用开水烫壶,壶外还需用开水浇淋,以提升茶汤的色、香、味。

(3)煎煮法:适用于紧压茶,如饼茶、砖茶等。这类茶叶需要更高的水温,甚至可以将其放在壶中熬煮,以确保茶叶中的有效成分充分溶出,获得浓厚的茶汤。

❷ 茶叶种类与水温的匹配

(1)绿茶:适合用 75～85 ℃的热水冲泡,茶叶越嫩,水温越低。这样能够最大限度地保留茶叶的鲜嫩色泽和清爽口感,避免苦涩。

(2)红茶、白茶:适合用 95～100 ℃的热水冲泡。高温能够充分溶解茶叶中的芳香物质和茶多酚,形成浓郁的茶汤。

(3)乌龙茶:需要用 100 ℃的开水冲泡。由于乌龙茶的叶片较为厚实,较高的水温能够更好地激发其香气和醇厚的滋味。

（4）普洱茶：宜用 100 ℃的开水或采用煎煮法冲泡，尤其是紧压的普洱茶砖或饼，以充分释放其独特的陈香，获得浓厚的茶汤。

三、冲泡时间的控制

冲泡时间的长短直接影响茶汤的浓度、香气以及茶叶的耐泡性。了解不同茶叶的冲泡时间要求，是掌握茶叶冲泡技术的重要环节。

❶ 茶叶冲泡时间

（1）绿茶：一般情况下，绿茶的冲泡时间为 1～2 分钟。过长的冲泡时间会使茶汤变得苦涩，而过短则不能充分释放茶叶的香气和滋味。因此，应精确把握绿茶的冲泡时间，以保证茶汤的清爽和鲜美。

（2）红茶：红茶的冲泡时间通常为 3～5 分钟，此时间能够充分释放其浓郁的香气和醇厚的口感。对于更喜欢浓茶的顾客，冲泡时间可以适当延长，但不宜超过 5 分钟，以免茶汤变得过于苦涩。

（3）乌龙茶：乌龙茶的冲泡时间可根据发酵程度进行调整。轻发酵的乌龙茶宜冲泡 2～3 分钟，重发酵的乌龙茶则可冲泡 3～5 分钟。乌龙茶的耐泡性较强，通常可以连续冲泡多次，每次冲泡时间应适当延长。

（4）普洱茶：普洱茶的冲泡时间宜长，一般为 4～5 分钟。普洱茶的耐泡性极强，通常可以连续冲泡十次以上，茶汤仍然保持浓厚的口感和独特的陈香。

❷ 冲泡次数的掌握

（1）一般茶叶：第一次冲泡时，可溶性物质能溶出 40%～45%；第二次溶出 30% 左右；第三次溶出 20% 左右；第四次溶出约 10%；第五次冲泡后，茶叶中的有效成分几乎已全部溶出。因此，一般茶叶适合冲泡四次。

（2）乌龙茶：因冲泡乌龙茶时茶叶用量多且壶体较小，故冲泡七次仍有余香。乌龙茶的耐泡性较强，冲泡时茶汤层次丰富，香气悠长。

（3）普洱茶：普洱茶的耐泡性极强，可连续冲泡十次以上，茶汤仍然醇厚，香气不减。由于普洱茶的茶叶较为粗老，较长的冲泡时间和多次冲泡有助于其内在物质的逐步释放。

茶道入门：茶艺步骤及红茶的冲泡方法

同步检测

任务执行

任务执行

实践任务三：阅读任务要求→根据任务要求进行茶艺服务→填写互评表→形成研究报告→填写任务表 3-5-3。

任务表 3-5-3

任务编号	任务名称	负责人	具体任务内容
任务 3-5-3	茶艺服务		阅读任务要求
			根据任务要求进行茶艺服务
			填写互评表
			形成研究报告

模块四

中国传统节日定制餐厅服务

扫码看课件

模块描述

　　餐饮业迎来高质量发展阶段，定制化服务、国潮体验、营养服务、线上餐饮消费成为其发展新趋势。鉴于此，《职业教育专业目录（2021年）》中用"餐饮智能管理"取代了原有的"餐饮管理"；2022年新修订的《中华人民共和国职业分类大典》中，"餐厅服务员"序列新增了"宴会定制服务师"岗位。本模块针对餐厅服务中最大的提升难点——"高级中餐定制服务"，让学生在学习与工作中感受中国餐饮文化，文技双修。

模块目标

　　(1)掌握顾客体验地图定制设计服务。
　　(2)掌握菜品外观定制设计服务。
　　(3)掌握营养菜单定制设计以及菜品定制优化服务。
　　(4)掌握鸡尾酒定制设计与制作服务。

顾客体验地图定制设计服务

项目描述

　　春节是中国重要的传统节日之一，具有深厚的文化内涵和丰富的象征符号。它不仅是一个家庭团聚的时刻，也是体验中国传统文化的重要机会。随着春节的到来，餐饮业也迎来了最繁忙的时段，各大餐厅纷纷推出与春节相关的定制服务，以满足顾客的节日需求。为了提升顾客的用餐体验，餐厅可设计一份能够充分体现春节文化特色的顾客体验地图，并通过 H5 邀请卡进行推广，以吸引更多顾客前来体验。

项目引入

　　广州的"福满堂"餐厅是一家以传统粤菜为特色的中高档餐厅，已经在本地和外地游客中积累了相当高的声誉。每年春节期间，"福满堂"都会成为许多家庭和商务人士首选的聚餐地点。今年，餐厅管理层决定在春节期间特别推出"春节团圆宴"服务，旨在深度融合传统春节文化与现代餐饮服务，为顾客带来难忘的用餐体验。

　　"福满堂"位于广州的核心商业区，地理位置优越，餐厅的装修风格融合了现代设计和传统中式元素，具有高雅而不失温馨的就餐氛围。餐厅的菜品以粤菜为主，包括经典的烧腊、点心、海鲜等，尤其是一些传承多年的传统菜肴，如广式烧鹅、叉烧包、虾饺皇等，深受广大食客喜爱。

　　广州是中国南方的重要城市之一，春节期间，大量本地居民和外地游客会聚于此，感受节日的气氛。春节对于中国人来说，不仅是一个家庭团聚的时刻，更是一个表达情感、传承文化的重要节日。因此，在这样的背景下，"福满堂"餐厅推出"春节团圆宴"服务，不仅符合市场需求，还能够进一步提升品牌影响力。

　　问题：如果你是这个项目的负责人，你会如何通过顾客体验地图的设计和 H5 在线邀请卡的推广，来提升顾客春节期间在"福满堂"餐厅的用餐体验？你会如何将传统春节文化与现代餐饮服务相结合，为顾客带来难以忘怀的春节用餐体验？

项目目标

（1）了解春节文化内涵和象征符号系统。
（2）掌握主题文化特征与顾客体验地图设计。
（3）了解 H5 在线邀请卡设计。

Note

项目实训

学生角色扮演任务单

顾客体验地图定制设计服务

项目	为春节主题的餐厅服务设计一桌八人的顾客体验地图,包括餐厅布置、菜品选择、服务流程等
实训名称	春节主题宴会顾客体验地图定制设计服务
实训日期	
实训地点	
实训目标	教会学生顾客体验地图定制设计服务

实训任务

任务编号	任务名称	负责人	具体任务内容
任务 1	春节文化研究		学习春节文化内涵以及象征符号系统
任务 2	顾客体验地图定制设计和绘制		设计和绘制顾客体验地图
任务 3	H5 在线邀请卡设计		根据顾客体验地图"餐前活动"环节设计在线邀请卡

任务一　春节文化内涵和象征符号系统

知识精讲

春节,亦称农历新年,是中国的核心传统节日,在全球华人社区中同样有极高的重要性和影响力。春节通过其丰富多彩的庆祝活动,展现了中国深厚的文化底蕴和传统。春节不仅是家庭团聚的时刻,还是一年中最为重要的庆祝时节,人们通过各种传统习俗和仪式来迎接新年的到来,这些习俗和仪式反映了中国人民对美好生活的愿望和对未来的积极期待。

春节是中华文明中最重要的传统节日,其起源可追溯至夏商时期,形成于周代,并在汉朝得到制度化。春节的历史背景深植于农耕文化的周期性节奏中,蕴含着阴阳五行学说中阴气消退、阳气上升的观念。

在先秦时期,春节与农业生产紧密相关,标志着农历岁首和春耕的开始,因此具有深厚的农业文化根基。在这一时期,春节不仅是庆祝农时到来的节日,还是人们祭祀祖先和自然神灵的节日,体现了古代中国社会的宗法观念和天人合一思想。

随着时间的推移,春节的庆祝形式不断丰富发展。到了唐宋时期,春节已成为全民性的重大节

日。不仅有宫廷的隆重庆典,民间的庆祝活动也极为繁盛,如市场的年货交易、家庭的祭祖宴饮和赛灯会等。元代杂剧《赵氏孤儿大报仇》以及宋代画家张择端的《清明上河图》,都生动描绘了当时春节的习俗和盛况。

到了民国时期,春节虽然仍然保留了许多传统习俗,但也受到了西方文化和现代化进程的影响。城市中的春节庆祝活动更加现代化,如跳舞、看电影成为新的娱乐方式。《申报》等报刊记录了民国时期城市中春节的庆祝情况,既有传统的放鞭炮、吃年夜饭,也有西式的庆祝活动。此时期的春节,既反映了中国社会的传统价值观,也体现了社会变革和文化融合的趋势。

现代春节融合了传统习俗与现代生活方式,展现了中国文化的丰富多样性及其在全球化背景下的演变。尽管如此,春节家庭团聚仍是核心,年夜饭、拜年、赠送红包等传统活动依旧盛行,而饺子、年糕等象征吉祥的食物也持续承载着文化寓意。随着科技的进步,春节联欢晚会、社交媒体的电子红包成为新的庆祝方式,反映了现代科技与传统节日的融合。春节假期亦成为旅游和消费的高峰期,体现了经济发展对节日庆祝方式的影响。

中国春节的
象征符号

中国春节
饮食习俗

同步检测

任务执行

实践任务一:研究中国春节文化→收集象征符号的表现形式→选择象征符号→形成研究报告→填写任务表 4-1-1。

任务表 4-1-1

任务编号	任务名称	负责人	具体任务内容
任务 4-1-1	春节文化研究		研究中国春节文化
			收集象征符号的表现形式
			选择象征符号
			形成研究报告

任务二　顾客体验地图设计

→ 知识精讲

一、顾客体验地图的定义

顾客体验地图是一张超越时间和空间,从个体视角展现顾客与企业、服务、产品之间关系的地图。它能够视觉化地描绘顾客在使用服务的整个过程中的流程、需求、痛点,帮助我们梳理和分析常见场景中可能存在的问题,在营销、服务、产品的场景分析中都能发挥很大作用。顾客体验地图是基于目标顾客在特定的场景下,使用产品的某个核心功能或服务时,从开始到结束的整个体验过程。通过对顾客的整个体验过程进行调研、分析、资料梳理,将阶段、行为、触点、想法、情绪曲线、爽点、痛点、机会点等维度梳理成一张可视化的体验地图,对体验地图进行思考、讨论、总结,分析出产品的整体体验,最终提出产品的改进方案。顾客体验地图是一种重要的工具,可以帮助企业全面了解顾客的体验过程,发现问题和瓶颈,并及时采取改进措施,提升顾客满意度和忠诚度。它是建立以顾客为中心理念的重要手段,有助于企业实现持续增长和发展。

以下是顾客体验地图的要素。

❶ **触点**　顾客体验地图首先要考虑的是顾客与企业或产品互动的各种接触点(又称触点)。这些触点可以是线上的,比如网站、社交媒体、应用程序等;也可以是线下的,比如实体店铺、客服电话、活动现场等。明确不同触点可以更好地了解顾客与品牌互动的全貌。

❷ **情感和感受**　在顾客体验地图中,需要记录顾客在每个触点上产生的情感和感受。这些情感和感受可以包括积极和消极的情绪,比如喜悦、满意、失望、焦虑等。了解顾客的情感和感受,有助于企业更好地把握顾客的需求和期望,进而提升顾客的满意度和忠诚度。

❸ **关键时刻**　顾客体验地图中的关键时刻指的是顾客在整个互动过程中的重要时刻或关键事件。这些时刻可能是顾客第一次接触品牌或产品的时刻、做出购买决策的时刻、使用过程中的关键时刻以及售后服务时刻等。关键时刻对于顾客的整体体验影响深远,因此需要重点关注和分析。

❹ **关键行为**　在顾客体验地图中,还需要记录顾客在各个关键时刻采取的行为或决策。比如顾客可能会点击购买按钮、填写调查问卷、留下评价等。通过分析顾客的关键行为,可以更好地理解他们的需求和行为模式,为企业改进和优化提供有力依据。

❺ **反馈和改进**　顾客体验地图最后一个要素是反馈和改进。这包括顾客对每个触点和关键时刻的反馈,比如评价、投诉、建议等,以及企业针对这些反馈所做的改进措施。通过及时收集和分析顾客的反馈,并采取针对性的改进措施,可以不断优化顾客体验,提升品牌形象和竞争力。

二、顾客体验地图的分类

顾客体验地图可以根据不同的分类标准进行分类。以下是一些常见的分类标准。

（一）按照阶段分类

❶ 前台体验地图

（1）品牌认知阶段:关注顾客对品牌的认知程度,包括品牌形象、品牌口碑等。旨在通过有效的品牌传播和营销活动提升顾客对品牌的认知度。

（2）信息获取阶段:关注顾客获取产品或服务信息的渠道和方式,包括线上和线下渠道、媒体报道、口碑传播等。旨在提供多样化的信息获取途径,满足顾客的信息需求。

（3）比较决策阶段:关注顾客比较不同产品或服务、做出购买决策的过程,包括价格比较、产品特性比较、顾客评价比较等。旨在为顾客提供充分的比较信息,促使顾客做出理性的购买决策。

❷ 服务体验地图

（1）产品交付阶段:关注顾客在购买产品或服务之后的交付过程,包括交付速度、交付准确性等。旨在提供快速、准确的产品交付过程。

（2）售后支持阶段:关注顾客在使用过程中的售后支持和服务,包括问题解决、顾客关怀等。旨在提供高效的售后支持,提升顾客满意度和忠诚度。

（3）顾客关系管理阶段:关注顾客与企业之间长期的互动和关系维护,包括顾客反馈、投诉处理、顾客关怀活动等。旨在建立良好的顾客关系,促进口碑传播和顾客推荐。

❸ **整体体验地图**　整合前台和服务体验地图的所有阶段,展示顾客从接触品牌到购买再到使用服务的整个过程。有助于企业全面了解顾客的整体体验过程,发现问题和做出相应改进,提升顾客满意度和忠诚度。

（二）按触点分类

1 线上体验地图

（1）顾客界面设计：关注网站或应用程序的顾客界面设计是否简洁、清晰，是否易于操作和导航。

（2）信息呈现：关注网站或应用程序上信息的呈现方式，包括文字、图片、视频等的展示方式和排版设计。

（3）交互流程：关注顾客在线上渠道与平台的交互流程，包括注册登录、浏览商品、下单支付、评价反馈等流程的流畅度和便捷性。

2 线下体验地图

（1）店面布局：关注实体店铺的布局设计，包括陈列方式、展示区域、通道设计等，营造舒适的购物环境。

（2）服务流程：关注线下渠道的服务流程，包括顾客进店、选购过程、结账付款、售后服务等环节的设计和执行效率。

（3）人员素质：关注线下服务员的素质和服务态度，包括热情度、专业性、解决问题的能力等，以提升顾客在实体店铺的购物体验。

（三）按业务流程分类

1 销售体验地图 此地图关注顾客在购买产品或服务的过程中所经历的体验，包括选购、支付、交付等环节。销售体验地图的目的是优化销售流程，提升顾客购买体验和转化率。

2 服务体验地图 此地图关注顾客在使用产品或服务后所经历的体验，包括售后支持、投诉处理、顾客关系管理等环节。服务体验地图的目的是提升服务质量和顾客满意度。

（四）按顾客分类

1 新顾客体验地图

（1）初次接触体验：关注新顾客在初次接触企业或产品时的体验，包括品牌认知、产品介绍、网站体验等。旨在留住新顾客，打造良好的第一印象，提升转化率。

（2）购买体验：关注新顾客在购买过程中的体验，包括购物流程、支付体验、售后服务等。旨在确保购买过程流畅顺利，为新顾客提供良好的购物体验，促使新顾客成为忠实顾客。

2 老顾客体验地图

（1）重复购买体验：关注老顾客在多次购买过程中的体验，包括购物便利性、服务态度等。旨在维持老顾客的满意度，提高复购率和顾客忠诚度。

（2）顾客关系维护体验：关注老顾客在长期使用和互动过程中的体验，包括售后服务、顾客关怀、优惠活动等。旨在通过良好的体验维护顾客关系，促进口碑传播。

（五）按行业分类

1 零售行业体验地图

（1）购物体验：关注顾客在购物过程中的体验，包括产品展示、选购过程、购物环境等。旨在提升购物便利性、产品吸引力和购物愉悦感。

（2）支付体验：关注顾客在支付过程中的体验，包括支付方式选择、支付流程便捷性等。旨在提升支付安全性、便捷性和顾客支付体验的流畅度。

（3）物流体验：关注顾客在物流配送过程中的体验，包括配送速度、物流信息跟踪、配送服务质量等。旨在提升物流效率、配送准时性和顾客对配送服务的满意度。

2 服务行业体验地图

（1）预约体验：关注顾客在预约服务过程中的体验，包括预约流程便捷性、预约确认及时性等。旨在提升预约服务的便捷性和顾客预约体验的舒适度。

（2）服务体验：关注顾客在接受服务过程中的体验，包括服务质量、服务态度、服务流程等。旨在提升服务的专业性、及时性和顾客对服务的满意度。

（3）售后体验：关注顾客在接受售后服务过程中的体验，包括问题解决速度、售后支持质量等。旨在提升售后服务的效率、解决问题的能力及顾客对售后服务的信任度和满意度。

三、顾客体验地图的设计

比起传统的服务设计方案，顾客体验地图增加了四个新的视角，分别是顾客情绪流、内外交汇流、沟通过程流和内部任务流。

① **第一步，确定目标和范围**

（1）确定设计顾客体验地图的目标，比如提升顾客满意度和忠诚度、优化服务流程等。

（2）确定顾客体验地图的范围和涵盖的环节，可以是整个购买过程，也可以是特定阶段。

② **第二步，收集数据和信息**

（1）通过问卷调查、顾客访谈等调研方式，收集顾客的反馈和意见，了解顾客的期望、需求和痛点。

（2）收集相关业务部门的数据和信息，包括销售数据、顾客服务记录、市场调研报告等，以了解现有的服务流程、顾客界面设计等情况。

③ **第三步，顾客体验地图信息调研**　根据收集到的数据和信息，绘制顾客体验地图，展示顾客在整个购买过程中的各个关键时刻和体验点。顾客体验地图通常包括顾客行为、情感反应、关键触点、痛点和机会等信息，以便全面理解顾客的体验过程。

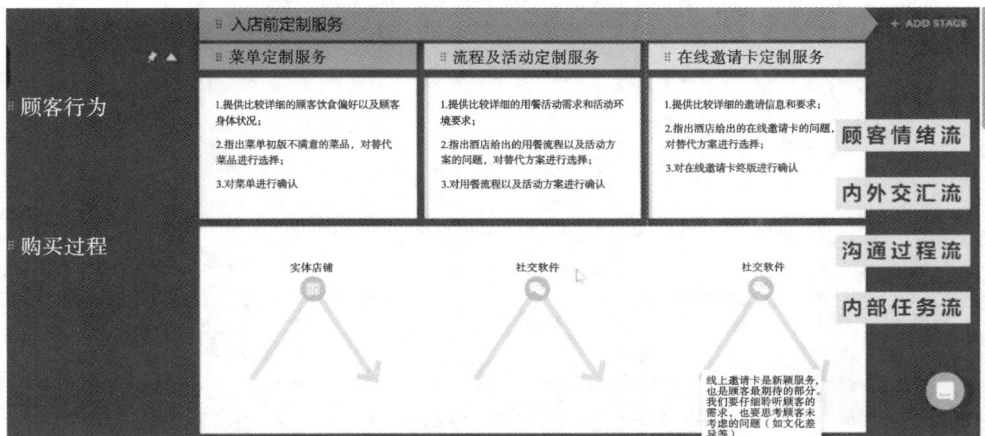

（1）顾客行为：顾客在购买过程中的具体行为，比如入店前搜索、就餐前沟通、就餐过程、就餐仪式等。

（2）情感反应：顾客在不同时刻的情感状态，包括兴奋、困惑、满意、失望等，以便了解顾客的情感变化。

（3）关键触点：顾客与企业接触的重要触点，包括网站、社交媒体、顾客服务等，帮助企业了解顾客接触企业的渠道。

（4）痛点：顾客在购买过程中遇到的问题或不满意之处，比如入店流程复杂、信息不准确等需要解决的问题。

（5）机会：识别到的改进和优化机会，帮助企业提升顾客体验感和满意度，进而提高转化率和忠诚度。

❹ 第四步，绘制顾客体验地图

（1）收集数据和信息：通过顾客访谈、分析数据等调研方式收集顾客的行为、反馈和意见，了解顾客的购买过程和体验点。

（2）确定关键阶段：根据收集到的数据和信息，确定顾客购买过程中的关键阶段，包括意识阶段、考察阶段、购买决策阶段、购买行为阶段和售后服务阶段等。

（3）绘制地图框架：在纸上或电子软件上绘制地图框架，包括横轴和纵轴，横轴表示时间或步骤，纵轴表示关键行为、情感和感受等要素。

（4）填充内容：根据确定的关键阶段和要素，填充地图内容，包括顾客行为、情感反应、关键触点、痛点和机会等信息。

（5）分析和优化：分析顾客体验地图，识别关键痛点和机会，制定改进策略和优化措施，以提升顾客体验感和满意度。

（6）持续更新：顾客体验地图是一个动态工具，需要随着时间和业务的发展持续进行更新和优化，以保持与顾客实际体验的一致和准确。

四、顾客体验地图的设计案例

顾客体验地图的常见结构如下。

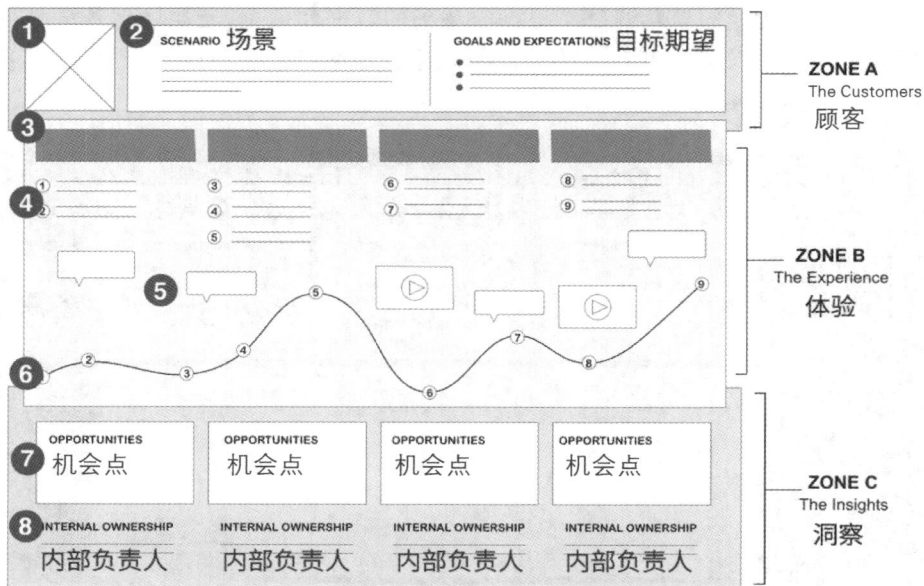

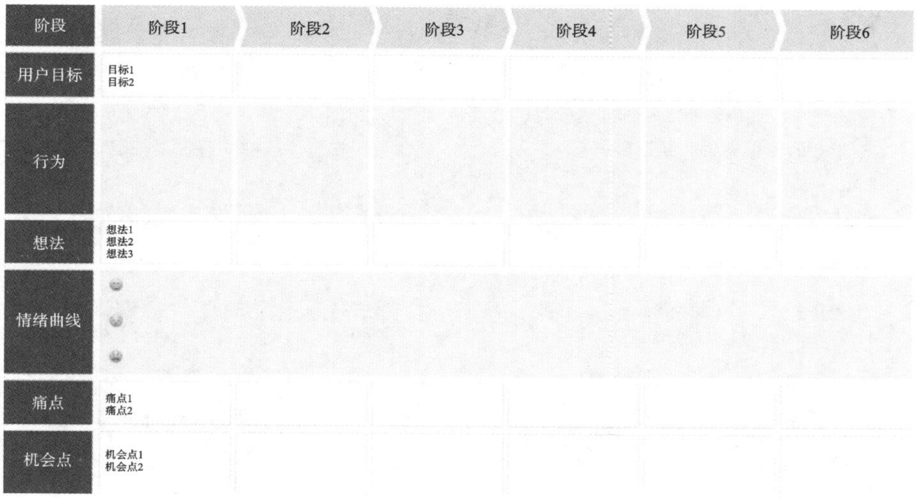

阶段	阶段1	阶段2	阶段3	阶段4	阶段5	阶段6
用户目标	目标1 目标2					
行为						
想法	想法1 想法2 想法3					
情绪曲线						
痛点	痛点1 痛点2					
机会点	机会点1 机会点2					

任务执行

实践任务二：研究选定春节宴席类型和顾客信息→设计顾客体验地图→绘制顾客体验地图→形成研究报告→填写任务表 4-1-2。

任务表 4-1-2

任务编号	任务名称	负责人	具体任务内容
任务 4-1-2	顾客体验地图定制设计和绘制		研究选定春节宴席类型和顾客信息
			设计顾客体验地图
			绘制顾客体验地图
			形成研究报告

任务三　H5 在线邀请卡设计

知识精讲

在线邀请卡制作是顾客体验地图梳理中的顾客情绪高点，也是餐饮企业目前可以提供的数字服务中重要的一种类型。制作 H5 在线邀请卡的技术难度现在已经大大降低，但是想要制作一个信息完整、表达符合顾客需求的 H5 在线邀请卡，需要对顾客宴会详情、文化信息进行全面梳理。

133

一、信息梳理

信息传达			视觉传达		
信息传达的完整度最关键			**视觉传达的共识性最关键**		
什么事 What	什么原因 Why	什么过程 How	春节的 颜色	春节的 民俗	春节的 美物
时间 When	地点 Where	人物 Who	春节的 标识	春节的 字体	春节的 图片
口诀：5个W，1个H 传达清楚所有关键信息			**视觉传达有主题**		

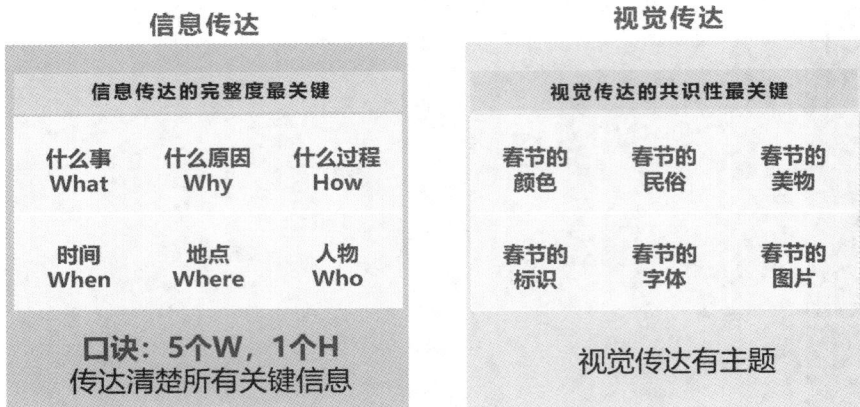

二、列表检查设计

- ✔ 主题明确
- ✔ 中英双语
- ✔ 设计规范
- ✔ 信息齐全

三、检查页面流程

任务执行

实践任务三：整理 H5 在线邀请卡信息→选择 H5 在线邀请卡模板、图标→进行信息编辑、页面排版→检查信息完整程度以及页面流程→形成研究报告→填写任务表 4-1-3。

任务表 4-1-3

任务编号	任务名称	负责人	具体任务内容
任务 4-1-3	H5 在线邀请卡设计		整理 H5 在线邀请卡信息
			选择 H5 在线邀请卡模板、图标
			进行信息编辑、页面排版
			检查信息完整程度以及页面流程
			形成研究报告

同步检测

菜品外观定制设计服务

项目描述

在当代餐饮业中,将视觉吸引力与文化内涵相结合已成为提升餐饮产品竞争力的重要手段。为了满足现代消费者日益增长的个性化需求和文化体验需求,本项目专注于菜品外观的定制设计,特别是探索如何将传统节日文化融入餐饮产品的外观设计中,以此提升顾客的用餐体验和品牌认同感。

本项目以元宵节为文化背景,旨在帮助学生掌握餐饮产品外观设计的理论与实践技能,结合数字工具和传统技法,创造出既富有文化内涵又具有现代美感的餐饮产品设计。通过学习和实践,学生将深刻理解元宵节的文化内涵,掌握食品造型设计和色彩搭配技巧,熟练使用数字绘图软件进行创意盘绘设计,最终实现从概念到成品的设计转化。

项目引入

广州一家以广式点心闻名的五星级酒店"粤点居"正计划在即将到来的元宵节期间推出一系列独特的节日主题餐饮产品。作为一家拥有深厚文化底蕴的高端酒店,"粤点居"希望通过创新的菜品外观设计,吸引更多的顾客前来感受独特的节日氛围,并进一步提升酒店的品牌形象。

为了实现这一目标,酒店决定在其主打的广式点心产品中融入元宵节的文化元素,如灯笼、汤圆、灯谜等,以创造出既富有节日特色又具有视觉吸引力的菜品外观。这不仅能为顾客提供耳目一新的用餐体验,也能借此机会传播中华传统文化,增进中外顾客对元宵节的理解与喜爱。

问题:如果你是这个项目的负责人,你会如何设计这些菜品?如何将元宵节的象征符号如灯笼、汤圆、灯谜等融入菜品的外观设计中,使它们既美观又富有文化内涵?如何通过视觉设计吸引顾客的注意力,并提升他们的用餐体验?

项目目标

(1)探索不同的设计模式和流行趋势,如最新的食品造型、色彩搭配和装饰方法。

(2)深入了解元宵节的历史起源、传统习俗、文化内涵及其象征符号,如灯笼、汤圆、灯谜等。

(3)学习使用不同材料和方法来创造引人注目的餐饮产品外观;练习果酱画等特色技法,掌握其细节和应用方式。

项目实训

学生角色扮演任务单

菜品外观定制设计服务

项目	根据顾客需求完成一个融合元宵节文化的酒店核心产品外观设计,并完成盘绘设计、制作
实训名称	元宵节菜品外观定制设计服务
实训日期	
实训地点	
实训目标	教授学生菜品外观定制设计服务

实训任务

任务编号	任务名称	负责人	具体任务内容
任务1	元宵节文化研究		学习元宵节文化内涵以及象征符号系统
任务2	菜品造型定制设计服务		根据宴会主题进行菜品造型设计服务
任务3	菜品果酱画定制设计服务		根据宴会主题进行果酱画设计服务
任务4	展示果酱画作品		进行果酱画练习后,展示果酱画作品

任务一　元宵节的内涵与饮食习俗

知识精讲

　　元宵节,亦称灯节,其根植于中国古代的祭祀文化和民间传统,逐渐发展成为春节系列庆祝活动的重要组成部分。元宵节在中国历史长河中经历了从古代祭祀仪式到现代民间庆祝活动的演变,其发展反映了中国社会的文化变迁。这个节日不仅是农历新年庆典的重要组成部分,还具有深刻的文化和社会意义,彰显了其在中国传统文化中的重要地位。

　　据《汉书·武帝纪》记载,早在汉武帝时期,就有了为祭祀太一神而设立的灯会,这可以视为元宵节的早期形式。进入唐宋时期,元宵节的庆祝活动达到鼎盛,灯会规模空前,成为当时社会生活的重要组成部分。宋代文学家孟元老在《东京梦华录》中详细描绘了宋代东京(今河南开封)元宵节的盛况,其中包括灯会的繁华景象、市民的节日生活和各种娱乐活动,展现了元宵节在宋代社会生活中的重要地位。到了清代,《乾隆帝元宵行乐图》体现出清代元宵节庆祝活动的高度仪式化和艺术化的特点。清代元宵节的庆祝活动主要有吃汤圆、点彩灯、放烟火、猜灯谜等。

元宵节的
象征符号

元宵节的
文化内涵

任务执行

实践任务一：研究中国元宵节文化内涵→选择元宵节习俗中的象征符号→收集象征符号的表现形式→选取象征符号→填写任务表 4-2-1。

任务表 4-2-1

任务编号	任务名称	负责人	具体任务内容
任务 4-2-1	元宵节文化研究		选择元宵节习俗中的象征符号
			收集象征符号的表现形式
			选择象征符号
			形成研究报告

任务二 菜品造型定制设计服务

知识精讲

一、中式美学

中式美学根植于中国的传统文化和哲学体系,深刻体现了对和谐、自然、简约与意境的追求。如《周易》中的"天地定位,山泽通气,雷风相薄,水火不相射,八卦相错,数往者顺,知来者逆,是故《易》逆数也",反映了中式美学中追求天人合一的和谐理念。《道德经》里所说的"大音希声,大象无形",强调了中式美学中意境和含蓄的重要性。唐代诗人杜甫在《旅夜书怀》中所描绘的"星垂平野阔,月涌大江流"的景象,生动体现了中式美学追求意境与情感共鸣的特点。

中式美学强调形式上的简约与自然,同时,中式美学也倡导在艺术创作中追求韵律与动静结合,如《文心雕龙》对文学作品中"文气"的论述,体现了中式美学中对动态美的追求。

中式美学融合了天人合一的自然观、以意境为核心的艺术追求、简约朴实的形式美、富有韵律的动态感以及深厚的文化内涵。这些哲学思想和美学原则贯穿于中国的文学、艺术、建筑、园林等多个领域,展现了中式美学的独特魅力和深远影响。

❶ **中国艺术意境结构的特点** 宗白华将中国艺术意境结构的特点总结为"道""舞""留白"。

"道"的概念在中国文化中有至高无上的地位。许多古代典籍描述了先贤对"道"的理解。《易传》中提到"形而上者谓之道,形而下者谓之器","器"即具体可操作的"艺"。在中国文化中,"道"和"艺"之间是统一且不可分割的关系,并着重强调"以道统艺,由艺臻道","求道"被视为一切"艺"的根本指归。

艺术境界终究存在于人的灵性之中。"舞"是生命的力,是人的韵律与节奏,是宇宙创化过程的象征。天成就了人,人以"舞"演化"道",天、人、道在舞中证演、显示、表现。"舞"是"道"的运动方式,是艺术之精神。

"留白",写心境之空灵,言虚空之大化。"留白"又称"余玉",是中国画中一个重要的艺术表现手法。它大致可以理解为预留空白,但中式美学中的"留白",并非单纯的空白,而是经过精心设计的艺术空间,正如"无画处皆成妙境""行得之于形外"。

❷ **中国色彩之美**　中国的"色彩学"有其独特的认知系统,是艺术的、文化的,也是生活的体现。中国文联副主席潘鲁生认为,中国民间色彩不同于其他的色彩体系,它更加贴近生活的观念,承载着一种符号化的民间信仰。中国民间色彩已经融入了岁时节令、人生礼仪和游艺活动等日常生活之中,展现出独特的意象审美特征和生动的情感色彩。

中国传统的民间色彩有着鲜明的地域属性。智慧的人们在大自然中寻找色彩的原料,就地取材、量材为用,创造出丰富多彩的民间文艺作品。例如,过去北方的姑娘出嫁时的手织土布,往往表现出她们"双手调和三江水,巧手能染五彩云"的精湛技艺。色彩不是单纯的审美,而是要有吉祥的寓意。在社火表演中,五行、五色的象征内涵已经融入人们的观念;脸谱以不同的颜色象征不同人物的性格。中国的传统色彩在中国文化中构成了一个庞大体系。

中国色彩观念中最重要的是以"天玄地黄"为核心的五方色彩观念,即以青、赤、黄、白、黑指代东、南、中、西、北五个方位,并与五行木、火、土、金、水进行有机结合,形成了色彩、方位、五行一体的基础观念结构。

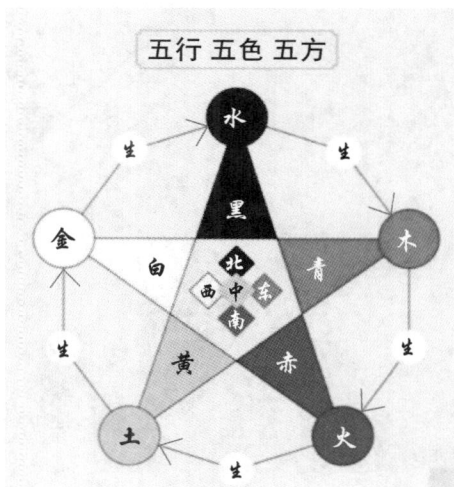

❸ **中式构图之美**　中国画构图方式与空间处理并不拘泥于特定的时间与空间,而是常按照画家的主观意念自由经营与组合。这体现了中国传统美学思想中"情境交融"的审美追求。中国绘画自诞生之初,就带有浓厚的人文主义色彩。所谓"经营""布局",也都是绘画主体主观意愿的体现。

(1)全景式、鸟瞰式构图:通过散点透视、移步换景的方法,把画家的所见、所知、所想综合成一种宏观意识,表现在同一幅画中,从而创造出客观世界与主观情感相交融的鸟瞰式画面形式。与西方画的焦点透视不同,这种构图形式突破了透视学的视力限制。为了突出主要形象,画家按照美的法则,将不同地点、不同时间、不同空间的事物放在同一时间与空间中,这体现出中国画家很早就摆脱了时空观念的束缚,追求自由的艺术表现。

(2)"之"字构图:整幅画的重点在画面的中间,即画幅从下方偏右开始,接着稍上偏左,再往上又偏右,再往上又偏左;反之亦可。"之"字构图和"S"形构图非常相似,整个画面呈现多个曲线交接的外形,物象组合显得幽雅、舒展。西方绘画把"S"形构图分成两种情况:一种是外轮廓线呈"S"形,另一种是纵深关系呈"S"形。在西方风景画中,后一种情况更为常见;而在中国画中,往往前一种情况更为普遍。中国画讲究起、承、转、合,各个物象通过曲折变化的内在联系组合在一起。

(3)"甲"字构图:呈现出倒三角形,画面重点位于上方,是一种极不稳定的构图形式。生活中,上大下小的倒三角形易于倾倒,因此,这种构图形式适合表现极为动荡不安的内容和题材。画面上方往往是精密集中的物象,是画面的主体;画面下方分散轻虚,是画面上方主体的延续、陪衬或是以云、水和空白的形式呈现。这种构图给人以轻盈、活泼之感,但在运用时需慎重。由于其具有不稳定性,如果处理不当,就可能给人不稳定、头重脚轻之感而有失平衡。

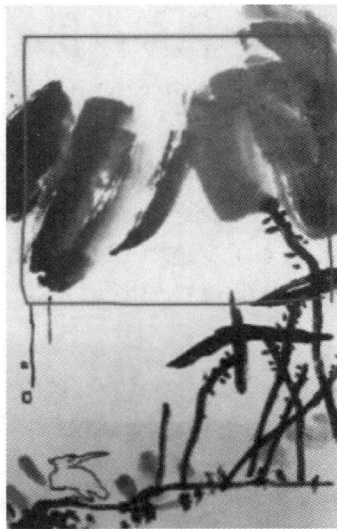

(4)"由"字构图("品"字构图):与"甲"字构图恰好相反。其构图主体在画面的下方,是相对稳定的一种构图形式,这种构图形式往往给人以耸立之感,画面主体有挺立、俊朗之感。当画面中出现三个或三组物象的时候,可以按照三角形的方式安排物象,以取得稳定感。清代画家邹一桂在其著作《小山画谱》里,提出了关于中国画的构图原理:"布置之法,势如勾股,上宜空天,下宜留地。或左一右二,或上奇下偶,约以三出为形。"这是指将画面布置为三角形方为得势。勾股构图法利用三角形的比例关系分割画面,此法通过设置直角或斜三角形来确定视觉焦点和引导视线。简言之,这种方法将画面划分成多个区域,使主要物象落在数学比例较为和谐的位置上,无论使用直角三角形(勾股三角形)还是斜三角形,都能巧妙地增强画面的层次感和动势。这种构图形式给人以端庄朴厚的感觉,有崇高、稳固、积极向上的意蕴。

(5)"则"字构图:画面主体偏向左边,右边则显得相对轻盈,画面左边的物象组织饱满,并按照传统的构图原则进行组合,这些物象组合的边线大多是曲线;而画面右边作为主体物象的陪衬,常常是云、水、飞鸟或人等点景元素,"则"字构图常常给人以宁静、有序、安详之感。

(6)"须"字构图:与"则"字构图相对。"则"字构图的画面主体在左边,而"须"字构图的画面主体在右边。画面右边饱满、丰富,左边则轻盈、空灵。

(7)边角构图:这种构图形式活泼、大方、独特,有偏于一角的,也有对角线式的,在南宋山水画中较为常见。边角构图的主要特点是画面上的主要景物沿着画纸的四边或聚集于画面的一角,强调景物的局部特点,其他部分则多留白,以表现水天辽阔、空远宁静之感。这种构图非常适合表现"无限高远,天人合一"的哲学原则。

(8)折枝式构图:宋代花鸟画最常用的构图形式。此种构图截取树木花草中的一角或一段作为描绘和表现对象,经过提炼加工,创造出"谁言一点红,解寄无边春"的佳境。折枝式构图的背景大多是以全留白处理,通过以少胜多、以小见大的艺术手法,折射出老庄哲学"尚简"的精神内涵。

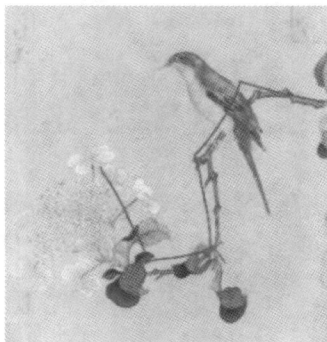

二、菜肴外观设计原则

（一）食材色彩搭配

菜肴外观设计中的色彩协调是提升菜品吸引力和美感的关键因素，它直接影响顾客的第一印象和食欲。

❶ **色彩心理**　色彩不仅是视觉体验，还与人的情感和心理反应紧密相关。例如，红色常被认为能激发食欲，绿色给人以清新自然之感，黄色则通常与愉悦和温暖相关联。在进行菜肴外观设计时，了解色彩心理学有助于厨师选择合适的色彩进行搭配，以激发顾客的食欲和情感共鸣。

❷ **色彩的搭配原则**

（1）互补色：跳跃夺目，色环相距180°，如红与绿、黄与紫、蓝与橙。绿色常给人以新鲜、清爽的舒适感，红色则是激情和令人兴奋的象征。利用互补色制作的菜肴，视觉冲击强烈，显得活泼奔放，充满生命力。

（2）对比色：鲜艳丰盛，色环相距120°～180°，相邻4～5格。例如，紫与绿、红与青，任何色彩与黑、白、灰，以及深色与浅色、冷色与暖色、亮色与暗色都是对比色。按照对比色原则搭配制作的菜肴，色彩亮丽，层次分明。

（3）相近色：统一协调，色环相距90°以内，相邻2～3格。

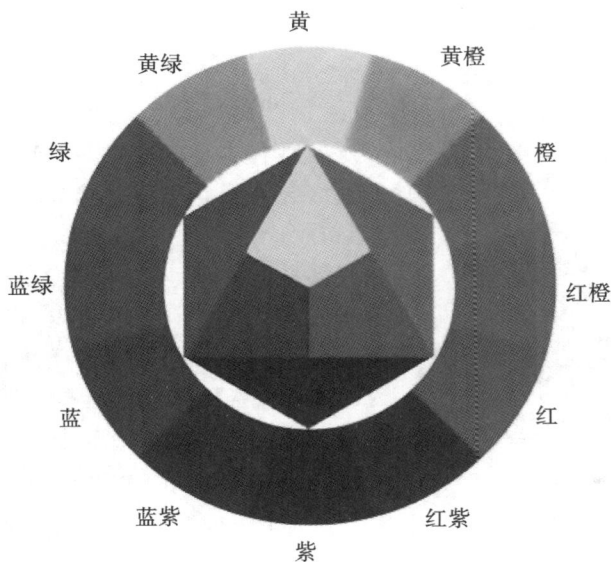

扫码看彩图

（4）名画配色模仿：进行菜肴外观设计时，还可以参考中西方名画的色彩搭配和色彩比例，挑选与主食材相衬的配菜、水果、酱汁。

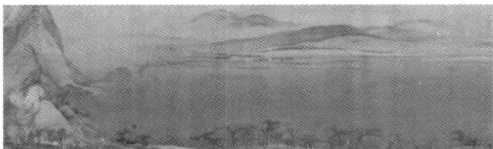

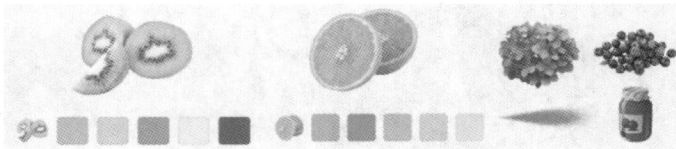

❸ **利用色彩创造层次感和立体感**　合理运用不同的色彩可以给菜品增加层次感和立体感。例如，深色调的底盘搭配浅色调的主食材，通过色彩的深浅变化增强菜品的空间感。此外，在装盘时使用色彩鲜明的点缀物，如绿色的菜叶或红色的辣椒片，可以使整个菜品显得更加生动且富有层次。

❹ **考虑食材本身的色彩**　食材本身的色彩也是设计时需要考虑的重要因素。利用食材本身的颜色，如新鲜蔬菜的绿色、熟肉的棕红色或海鲜的淡雅色彩，不仅可以呈现食材的新鲜度，还能增加菜品的真实感和吸引力。

❺ **文化和情境的考量**　不同的文化和就餐情境对色彩的接受度和偏好可能有所不同。设计菜品时，应考虑目标顾客群体的文化背景和用餐场合，选择适宜的色彩搭配，以满足不同顾客的审美和情感需求。

（二）形状和结构

❶ **展示食材特性**　菜品的形状应该能够展示食材本身的特点和风味。例如，一块完整的牛排保持其原有的形状可以最大限度地展示肉质的纹理和厚度，而切成片状的鱼肉则能更好地展现其嫩滑。通过创意的切割和造型技巧，可以增强菜品的视觉吸引力。例如，将蔬菜切成花朵形状或使用曲线切割来营造动感，不仅能美化菜品，还能在视觉上吸引顾客的注意力。

　　良好的菜品结构应该具有清晰的层次感。食材的堆叠和组合可以创造出立体感和层次感，使菜品看起来更加丰富和诱人。例如，一个精心设计的汤品，可以通过将配料巧妙地浮于汤面来展示多层次的美感。同时，菜品的形状和结构还应考虑食用的便利性。在设计菜品时，应确保顾客能够方便地切割和食用，避免过于复杂的结构带来食用不便。

❷ **展示食材新鲜度和质地** 利用菜品的形状和结构来展示食材的新鲜度是提升菜品吸引力的关键。例如，新鲜的蔬菜和水果可以通过生动的切割和摆放方式来展现其新鲜、多汁的特点。在菜品中运用不同质地的食材并通过巧妙的结构设计，可以创造出口感上的对比和层次，增加用餐的趣味性。例如，脆皮烤鸡搭配柔软的蔬菜，就是通过结构上的对比来突出食材质地的差异。

（三）食材层次

❶ **形状变化** 利用不同形状的食材来构建层次。可以将食材切割成不同的形状，如圆形、条状、片状等，通过这些形状的组合和排列，创造出有趣且富有动感的菜品外观。这种形状上的变化不仅使菜品更具美感，还能激发顾客的好奇心和探索欲。

❷ **高度差异** 通过调整食材的高度，形成视觉上的层次分明。例如，可以通过层叠技术，将食材堆叠出不同高度，从而形成立体的结构效果。这种高低错落的设计不仅增加了菜品的立体感，还使得整个盘面更加丰富多样。

❸ **立体摆盘** 创意的立体摆盘方式可以有效提升菜品的层次感。可以利用食材自身的结构特点，如将带骨的肉类立起，或将某些食材支撑起来，以创造出视觉上的高度和层次。这种摆盘方式不仅展示了食材的自然美感，还给人以视觉冲击。

❹ **结构设计** 在考虑菜品的整体结构设计时，应注重每一层的食材相互支撑，以形成一个稳定而有吸引力的整体。通过结构上的巧妙安排，可以使菜品看上去既富有艺术感，又不失实用性和美观性。

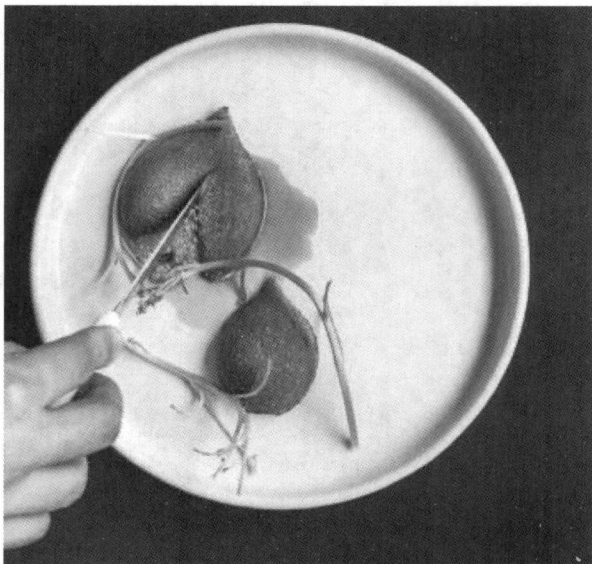

⑤ **空间利用** 有效利用盘面空间,通过食材的分散或集中布局,形成视觉上的层次感和空间感。空间的运用可以是对称的,也可以是非对称的,以营造出动态和节奏感,让整个菜品更具艺术性。

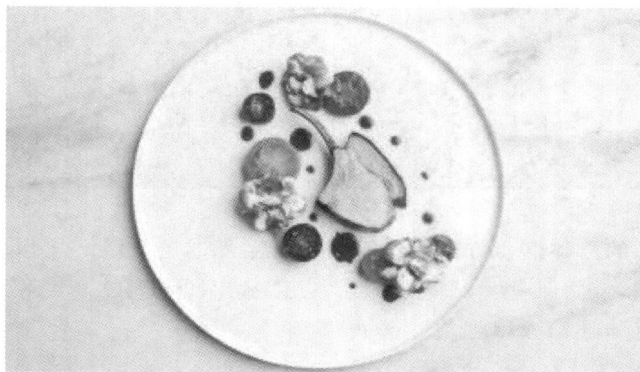

(四)辅料搭配

① **可食用的装饰** 菜品装饰应优先考虑可食用的元素,以确保美观且不浪费。常用可食用装饰物包括新鲜的草本植物(如香菜、罗勒、薄荷)、食用花(如金盏花、紫罗兰)、果蔬或食用金箔等。

② **颜色搭配** 装饰元素的颜色应与主菜相协调,避免产生颜色冲突。使用颜色对比鲜明或相衬的装饰,可以使菜肴更加生动。

③ **点缀恰当** 装饰应恰到好处,不应过多或过杂,以免喧宾夺主。通常,装饰物应放置在菜品的边缘或顶部,作为点缀,既不遮挡主体,又能增添美感。

④ **增强风味** 装饰物除了增加菜品的美观外,还应考虑是否能提升菜品的风味。例如,使用柠檬片或香草不仅美化了菜品,还能为菜品增添额外的香气和味道,增加顾客的食欲。

⑤ **创意装饰** 装饰的设计应体现厨师的创意和艺术感。可以尝试使用不寻常的材料或新颖的装饰方法,如利用食物本身的形状创造有趣的图案,或者使用特制的酱料进行艺术性的点缀。

⑥ **文化元素** 在某些情况下,装饰物还可以用来传达特定的文化意义或营造节日气氛,如使用

特定的花草来庆祝中秋节或春节,这样既提升了菜品的美感,又赋予了菜品文化内涵。

（五）选择器皿

器皿不仅具备使用功能,还会影响顾客的食欲,比如器皿的颜色和造型。在现代餐饮中,器皿的作用越来越重要,合适的器皿有画龙点睛之效。

❶ **器皿材质**　中餐厅常见的餐具:镀金与镀银餐具,用以展现金碧辉煌的隆重场景;紫砂陶和漆器餐具,用以展现古朴典雅的传统高级宴会场景;传统的瓷器、玉器,用以展现雍容华贵的中西餐宴会场景;原始的瓦钵、陶罐、土罐、竹编等餐具,用以展现朴素趣味的乡土场景;特色的大理石、玻璃器皿、不锈钢餐具、不同造型的玻璃镜子等,用以展现活泼轻松的就餐场景。

❷ **器皿纹样**　在器皿的选择上,一桌菜品的器皿色彩与纹样需协调统一。形态各异、图案不同的器皿与同一菜品搭配,会产生截然不同的视觉效果;同一器皿与色彩、形状不同的各种菜品搭配,也会产生迥然各异的审美感受。对于白色菜品,最佳搭配是使用深色或有色彩图案的器皿来盛装。

❸ **器皿形状**　一般来说,炒菜宜选用圆盘或腰盘,而烩菜、汤羹类菜品则需要选用较深的汤盆。器皿的大小必须与菜品的数量相适应,一般在装盘时,"黄金分割法"是最为理想的,即菜品的体积占器皿容积的 60%～70%。

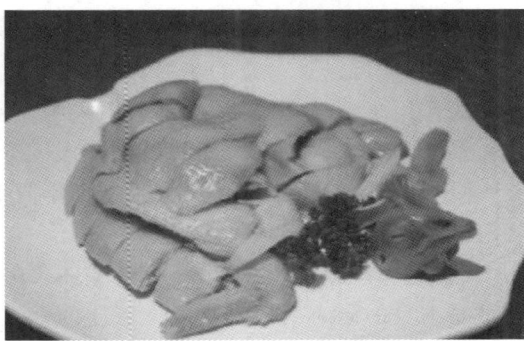

饮食器皿的质地应与菜品品质相称。古人在食与器的搭配上极其注重等级制度,金银玉器往往是统治阶级的专用品,一般平民难以享用。如今,在宾馆、饭店中,高档宴席菜品一般会配以优质精美的器皿来盛装,尤其是高级宴会,所用器皿应是整套的,而对于一般的宴席,所用的盛器也应该是系列化的。器皿的选用还会涉及风格问题,如农家菜和土家菜,最好选用乡土味浓厚的瓦钵、竹罐等。

同步检测

任务执行

实践任务二:结合中式美学观,为选定菜品选择恰当的构图→按照色彩搭配原则选择主菜的配菜、装饰物、器皿、酱汁等→利用数字画图工具做出菜品设计草图→形成研究报告→填写任务表 4-2-2。

任务表 4-2-2

任务编号	任务名称	负责人	具体任务内容
任务 4-2-2	菜品外观设计		结合中式美学观,为选定菜品选择恰当的构图
			按照色彩搭配原则选择主菜的配菜、装饰物、器皿、酱汁等
			利用数字画图工具做出菜品设计草图
			形成研究报告

任务三 果酱画设计服务

→ 知识精讲

一、认识果酱画

中式菜品装饰一般可以分为平面装饰、立雕装饰、套盘装饰和菜品互饰四类,其中果酱画便是平面装饰的一种表现形式。

果酱可以是水果的酱汁,也可以是巧克力酱、黑醋汁、蚝油汁等;所绘图案可以是简单的花纹、抽象的曲线,也可以是写意的花鸟鱼虾,或是优美流畅的中英文书法字体。只要图案漂亮,能起到装饰菜品的作用且不喧宾夺主,便都可以入画。

果酱画在点缀盘饰方面有以下四大优势。

(1)果酱画取材方便,易于购买,创作简单,且容易操作。只要经过系统的学习,就能够很快掌握这门技术。

(2)用果酱画进行盘饰,能提升整体菜品的质量和美观度,使菜单上的每个菜品更吸引人。在提升菜品本身的同时也提升了整个餐厅的档次,对餐厅菜品的整体包装起到一定的作用。

(3)用果酱画做盘饰的同时能有效降低成本,从而在激烈的餐饮市场上确立竞争优势。盘饰相对于雕刻、鲜花、糖艺等成本显著降低。

(4)在提升餐厅档次的同时,果酱画能够充分发挥现代厨师的技艺,真正做到以艺术眼光来烹饪,让厨师在工作中不觉乏味,充分发挥其创意潜能。

果酱画的应用范围广泛,但只有做工精细、数量较少、档次较高的冷菜或干爽无汁(或少汁)的热菜才适用于盘饰。

二、果酱画工具

(一)果酱

绘制果酱画盘饰时,多使用黏性较大的果膏、袋装果酱、巧克力酱、沙拉酱等。

❶ **果膏**　果膏又称镜面光亮膏、水晶光亮膏,是蛋糕裱花和果酱画盘饰中最为常用的一种材料。其黏度适宜、光亮度好、质地细腻、使用方便,有多种颜色。此外,厨师可运用无色果膏,根据菜品的需要自行添加食用色素进行调色。

❷ **袋装果酱**　这种材料价格较低,使用方便,色彩丰富,使用时用剪刀在袋子上剪一个小孔即可。然而,其缺点是黏度较大、颜色较浅。

❸ **巧克力酱**　巧克力酱又称朱古力膏,呈棕黑色,具有气香味甜、稠度适宜、黏性较大等特点。此外,相对于果膏和袋装果酱而言,巧克力酱给人以高档、稳重之感,但价格较高、色彩单一。

❹ **沙拉酱**　沙拉酱是由鸡蛋和油制作而成的,在果酱画中使用相对较少,一般会将其与食用色素调和后放入裱花袋中使用。沙拉酱的特点是比较润滑、流畅,且调色后色彩浓烈、对比度好、覆盖力强。

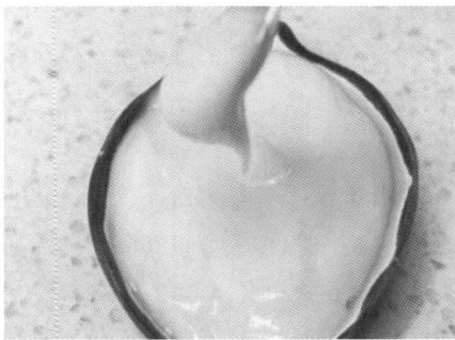

❺ **其他材料**　除上述材料外,还可使用蚝油、老抽、陈醋、蜂蜜等材料自行熬制酱汁。这种自制酱汁色彩浓黑、口味咸甜,非常适合用来装饰海参、鲍鱼等高档菜品。需要注意的是,自制酱汁应掌握其浓稠度,因为酱汁过浓不宜作画,过稀则会在盘中自行晕开。

（二）果酱画绘制工具

绘制果酱画盘饰需要使用到一些工具,如果酱画壶、画笔、裱花袋、棉签、竹签和酱汁笔等。

❶ **果酱画壶**　果酱画壶又称酱汁壶,由果酱壶和挤酱头两部分组成。果酱画壶主要用于盛装果酱、蚝油、沙拉酱等流质材料,在壶口处扎孔即可作为勾线笔使用。

❷ **画笔**　画笔主要用于在器皿上绘制植物或动物的细节部分或书写文字等。

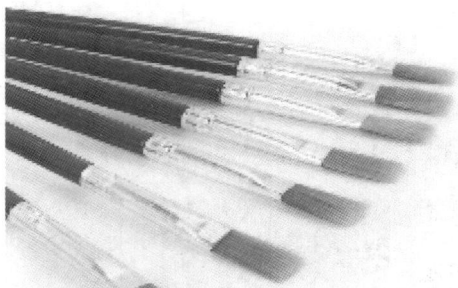

③ **裱花袋** 裱花袋用于盛装各色果酱、黑醋、番茄酱、蚝油等流体材料,用于拉线条、点等画法。

④ **棉签** 棉签用于修整图案,其作用相当于橡皮擦。

⑤ **竹签** 竹签在果酱画中用于拨出线条、点缀色彩,以增加立体感。

⑥ **酱汁笔** 酱汁笔属于创意盘绘工具、意境菜工具、最新厨用工具,适用于写文字、画线条等果酱画创作。

（三）果酱画设计与构图

设计果酱画时,首先要以菜品为出发点,根据菜品的颜色、形状、数量来选择果酱。设计与构图时要灵活运用各种元素。

① **颜色** 如果菜品的颜色较浅(如白色、浅黄色、浅绿色等),则可选择黑色、紫色、棕色等颜色的果酱;如果菜品的颜色较深(如红色、棕色、黑色等),则应选择黄色、橙色、绿色等颜色的果酱。要确保菜品与果酱的颜色之间有明显的对比,避免顺色。

② **构图** 果酱画不仅要讲究美观,还要讲究意境。装饰形状最好的是简单明快的线条,比如弧线、折线、螺纹线、交叉线或花草之类的形状,大型的复杂装饰可偶尔为之,平时应重点掌握简单的装饰线条。

果酱画的构图法主要包括以下五种。

(1)盘角构图法:将图案绘制在方形盘子的一角,一般选择左上角,以避免影响顾客的食用体验。

(2)盘边构图法:将图案绘制在方形盘子的一边,无论左右,盘内都要留出足够区域盛放菜品。

(3)对角线构图法:将图案绘制在方形盘子的对角线上,几种菜品适合摆在对角线上或两侧。

(4)居中构图法:将图案绘制在盘子的中央,菜品环绕在四周。

(5)环角式构图法:将图案绘制在方形盘子的四角处,互相呼应,菜品则摆放在盘子中央。

（四）果酱画基本技法

❶ **挤**　最常用的技法。

❷ **点**　常用于绘制水滴、葡萄等，或用于背景的点缀。

❸ **抹**　自上而下操作。

❹ **推**　自下而上操作

❺ **画**　常用于表现精细、逼真的果酱画效果。

❻ **勾**　利用画笔或果酱画壶等工具勾画一些细节部分。

❼ **描**　常用于绘制花瓣、树叶、细枝、羽毛等精细图案。

❽ **涂**　简单地将果酱涂在图案内部，不需要晕染出特殊效果。

（五）果酱画常见线条

❶ **直线**　常见的有单直线、双直线和放射性直线。其中，双直线和放射性直线在果酱画盘饰中应用最多。

❷ **弧线**　弧线是利用略带弯曲的线条，将简单的元素（如花朵、树叶等）串联起来，形成既美观又活泼的果酱画盘饰。此外，弧线还包括 S 线。S 线在果酱画盘饰中有两种常用方法：一种是位于盘面中间纵向书写，左右两侧用于摆放菜品或点心；另一种是横跨全盘，将菜品或点心摆放在 S 线的空白区域。

❸ **螺旋线**　螺旋线造型活泼，往往以藤蔓样的效果呈现在盘面上。配合一些简单的图案，以盘边构图的形式呈现。

同步检测

任务执行

实践任务三：运用酱汁壶拉直线→运用酱汁壶拉弧线→运用酱汁壶和酱汁笔填色→填写任务表 4-2-3。

任务表 4-2-3

任务编号	任务名称	负责人	具体任务内容
任务 4-2-3	果酱画基本功练习		运用酱汁壶拉直线
			运用酱汁壶拉弧线
			运用酱汁壶和酱汁笔填色
			相互观摩和点评

实践任务四：选取元宵节象征符号→运用拉线、点对元宵节的象征符号如烟花、灯笼、汤

圆进行描绘→运用酱汁壶和酱汁笔填色→填写任务表 4-2-4。

任务表 4-2-4

任务编号	任务名称	负责人	具体任务内容
任务 4-2-4	元宵节果酱画练习		选取元宵节象征符号
			运用拉线、点对元宵节的象征符号如烟花、灯笼、汤圆进行描绘
			运用酱汁壶和酱汁笔填色
			相互观摩和点评

营养菜单定制设计以及菜品定制优化服务

项目描述

在健康中国战略深入实施的背景下,公众健康意识显著提升,对餐饮业提出了提供个性化、健康化产品的新需求。营养菜单定制设计是根据顾客的特定健康需求、饮食偏好、生活方式等,为顾客提供个性化的餐饮计划和建议。而持续的菜品优化和顾客反馈跟踪,是确保餐饮服务符合顾客期望和需求的重要手段。在本项目中,学生将学习如何在营养菜单定制设计以及菜品定制优化服务中,将中国传统节日文化与健康餐饮相结合,尤其是清明节的文化元素,为顾客提供个性化、文化感浓郁的宴席体验。

视频:菜品营养
设计原则

项目引入

广州的一家老字号粤菜餐厅"粤胜品味"在即将到来的清明节期间推出清明祭祖宴预订服务,旨在服务回乡祭祖的人员并吸引更多顾客。"粤胜品味"以其高水准的出品和精致的菜品在本地拥有良好的口碑,但其人均消费较高。如何在激烈的市场竞争中脱颖而出,满足高端消费人群的差异化餐饮需求,是该餐厅面临的挑战。

为此,"粤胜品味"决定推出以清明节为主题的定制营养宴席,通过结合中国传统文化与营养健康理念,增强品牌的文化吸引力和市场竞争力。这不仅要求餐饮服务员掌握营养菜单搭配技能,还需要深入理解清明节的文化背景,并将其巧妙地融入宴席菜单的创意设计中。

(1)你会如何通过菜品搭配使整桌宴席营养健康?

(2)你会选择什么样的菜品来表达清明节的文化元素?

(3)你会通过什么方式和途径来进行菜品的优化?

项目目标

(1)学习餐饮食品营养标签,了解食品营养标签的形式及应用以及食物感官评定的方法。

(2)深入了解清明节的饮食习俗和象征意义,了解清明节在中国文化中的地位和作用。

(3)学习宴席营养菜单定制设计的原则、方法,了解菜品定制优化服务的方法。

项目实训

<table>
<tr><td colspan="5" align="center">学生角色扮演任务单</td></tr>
<tr><td colspan="5" align="center">营养菜单定制设计以及菜品定制优化服务</td></tr>
<tr><td>项目</td><td colspan="4">能够根据顾客的需求和清明节节日主题,挖掘中国传统文化与清明节宴席的特征,设计宴席营养菜单并进行菜品优化</td></tr>
<tr><td>实训名称</td><td colspan="4" align="center">清明节宴席营养菜单定制设计服务</td></tr>
<tr><td>实训日期</td><td colspan="4"></td></tr>
<tr><td>实训地点</td><td colspan="4"></td></tr>
<tr><td>实训目标</td><td colspan="4" align="center">教授学生宴席营养菜单定制服务</td></tr>
<tr><td colspan="5" align="center">实训任务</td></tr>
<tr><td>任务编号</td><td>任务名称</td><td>负责人</td><td colspan="2">具体任务内容</td></tr>
<tr><td>任务 1</td><td>清明节特色菜品的营养标签设计</td><td></td><td colspan="2">学会分析餐厅特色菜品的营养数据</td></tr>
<tr><td>任务 2</td><td>菜品优化定制</td><td></td><td colspan="2">学会菜品感官评定,能够根据顾客需求优化菜品</td></tr>
<tr><td>任务 3</td><td>宴席营养菜单定制</td><td></td><td colspan="2">能够结合清明节日设计主题宴席营养菜单</td></tr>
</table>

任务一 餐饮食品营养分析

知识精讲

一、餐饮食品的营养成分

民以食为天,合理的饮食和充足的营养是人们身体健康的重要保证。餐饮食品营养不足可能会导致贫血、消瘦、发育迟缓等营养不良性疾病,而饮食过度、营养过剩也可能导致肥胖症、糖尿病等多种慢性疾病,严重影响身体健康。在评估餐饮食品营养价值时,要考虑多种营养成分,包括碳水化合物、蛋白质、脂肪、维生素、矿物质、水以及植物化学物质等。

❶ **碳水化合物** 碳水化合物是人体的主要能量来源,包括糖、淀粉和纤维素。不同菜品所含的碳水化合物种类不同,如米饭、面条等主食中含有大量淀粉,因此碳水化合物含量较高;而全谷物、绿叶蔬菜、豆类中膳食纤维含量丰富,有助于消化系统健康并增强饱腹感。甜点中精制糖含量较高,过量摄入可能会导致热量超标和血糖水平波动较大,从而增高患肥胖症和糖尿病等疾病的风险,因此要适当控制含有较多精制糖的餐饮食品的摄入。

❷ **蛋白质** 蛋白质由氨基酸组成,是身体细胞和组织的基本组成成分,对细胞修复和生长至关重要。肉、蛋类食物的蛋白质含量较高,因此许多菜品特别是荤菜,通常蛋白质含量丰富。如每 100 克的北京烤鸭含 15～25 克蛋白质。

❸ **脂肪** 脂肪是供能的主要营养素,也是人体必需脂肪酸的来源,对人体细胞膜和激素生成很重要。摄入适当的脂肪有利于保持健康和促进脂溶性维生素的吸收,但摄入过量的饱和脂肪酸与心脏病风险增加有关。因此,在评估餐饮食品的营养价值时需要关注菜品的脂肪类型,如猪肉中饱和

脂肪酸含量较高,可以通过适当搭配或调整来控制饱和脂肪酸的摄入。

④ **维生素**　维生素分为水溶性维生素(如维生素 C 和 B 族维生素)和脂溶性维生素(如维生素 A、维生素 D、维生素 E 和维生素 K)。适量摄入维生素对于维持身体正常功能和免疫力至关重要。不同菜品的维生素含量不同,通常蔬菜中含有较多的维生素 C,有助于细胞抵抗自由基,预防细胞损伤。

⑤ **矿物质**　矿物质包含钙、铁、锌、镁、钾等,对人体骨骼健康、神经传导、肌肉功能等有重要作用。菜品的矿物质含量与其原料密切相关,如海鲜类菜品通常含有较为丰富的锌、镁、钾等矿物质。

⑥ **植物化学物质**　植物化学物质是存在于植物性食品中的天然化合物,虽然不属于基本营养素,但对人体健康有诸多益处。植物化学物质具有多种生物活性,包括抗氧化、抗炎、抗菌和调节激素水平等作用。如类黄酮、花青素等存在于某些水果和蔬菜中,具有抗氧化作用和其他健康益处。

二、影响餐饮食品营养成分的因素

研究发现,相较于家庭自制食品,餐厅的餐饮食品含有更多的能量、盐、糖和脂肪,而膳食纤维、矿物质和维生素的含量则相对较低。随着在外就餐人数的增加,由此产生的潜在营养健康问题日益凸显。分析影响餐饮食品营养成分的因素有助于推广使用餐饮食品营养标识及优化菜品,从而提升餐饮食品营养品质,为消费者营造更加健康的饮食环境。餐饮食品营养成分的影响因素主要包括以下四个方面。

① **原材料质量与保存**　食材的管理是餐饮食品营养成分的重要影响因素。原材料的产地、质地以及储存管理条件都可能是餐饮食品营养成分的影响因素。新鲜的水果、蔬菜等食材通常含有较多的维生素和丰富的膳食纤维,这些营养成分对人体的健康非常重要。而在食材储存时间过长或者品质不佳的情况下,食材的维生素含量会逐渐减少。同样,新鲜食材中矿物质含量相对较高,对于维持人体各种生理功能至关重要。因此,餐饮食品原材料需要良好的食材管理,包括严格的原材料审查验收流程、适当的食材保存条件以及专业的食材保存管理。

② **前处理方法**　食材的清洗、去皮、切割等前处理方法可能会影响餐饮食品的营养成分,包括宏量营养素及微量营养素。如对块茎类食材进行加工时,剥皮能显著增加块茎粗脂肪、总氨基酸含量和能量密度,而洗削和挤压可能会导致矿物质的丢失;对肉类食材进行前处理时,修剪可见的脂肪组织可导致其脂肪含量大幅度减少;对于新鲜绿叶菜,先洗后切时维生素 C 损失 1%,而切后浸泡 10分钟,维生素 C 损失可达 16%~18%,且浸泡时间越长,维生素 C 损失越多。此外,腌制、预煮、焯水等烹饪处理方法也是影响餐饮食品营养成分的重要因素。

③ **烹饪方式**　不同的烹饪方法,如煮、蒸、烤、炸等,对营养成分的影响各不相同。例如,在食材烹饪过程中,蒸因不直接接触水和油,可以有效保存食物中的水溶性维生素和矿物质,减少营养成分的流失;烤、焙不仅可以保持食材的原汁原味,还能减少额外的脂肪摄入;而炒、煮是利用高温快速加热食材,可能会破坏一些维生素和酶,同时水溶性营养素也会流失到汤汁中,导致食材营养成分减少。例如,鲍鱼最常见的烹饪方式有蒸、煮和煎,研究表明,与蒸和煎相比,水煮鲍鱼虽然能保持较高的氨基酸和脂肪酸含量,但同时也会产生饱和脂肪酸。在各种烹饪方式中,煮沸后压榨和切成薄片后泡水导致维生素及矿物质等微量元素的损失最大,其次是烘干、油炸和炖煮。

④ **烹饪条件**　不同的烹饪条件对餐饮食品中的营养成分会产生不同的影响。如烹饪时间越长、烹饪温度越高,对营养成分的影响越大。研究发现,长时间高温的烹饪方式会促进美拉德反应的发生,从而使菜品的糖、蛋白质含量下降;如果食物含有丰富的蛋白质、脂肪等,长时间高温烹饪方式还会使这些营养物质发生化学反应,生成糖基化终末产物,这些物质一旦被人体吸收,可能会对人体健康造成危害。由此可见,烹饪温度及烹饪时间无疑是餐饮食品营养成分的重要影响因素。

三、餐饮食品营养标识设计

在评估餐饮食品营养价值时,需要考虑营养素密度、能量密度、营养素平衡及食物加工程度等因素。近年来,为了帮助顾客更好地了解自己所食用的食品,根据《健康中国行动(2019—2030 年)》和

《国民营养计划(2017—2030 年)》,国家卫生健康委制定了《餐饮食品营养标识指南》,用于指导和规范餐饮食品营养标识。

❶ **餐饮食品营养标识内容** 基本标识内容包括能量、脂肪、钠含量和相当于钠的食盐量(1 毫克钠相当于 2.5 毫克食盐)。

可选择标识的内容包括蛋白质、碳水化合物、糖、维生素及矿物质等。鼓励在标识能量和营养素含量的同时,标识出其占营养素参考值(NRV)的百分比,其中 NRV 数值参照《食品安全国家 标准预包装食品营养标签通则》(GB 28050—2011)的相关规定。鼓励在菜单上明确标注"成人每日能量需要量为 2000 kcal"和"成人每日食盐摄入量不超过 5 g(相当于钠摄入量不超过 2000 mg)"。

❷ **餐饮食品营养标识要求** 《餐饮食品营养标识指南》规定了餐饮食品营养标示要求,包括以下几点。

(1)餐饮食品营养标识应当真实、客观、清晰、醒目。

(2)能量值和营养素含量值应当以每份和(或)每 100 克和(或)每 100 毫升餐饮食品中的含量值标示,鼓励标示每份餐饮食品的质量或体积。能量和营养素的名称、标示顺序和表达单位见下图。

名称和标示顺序	表达单位
能量	千焦（kJ）或千卡（kcal）
蛋白质ᵃ	克（g）
脂肪	克（g）
碳水化合物ᵃ	克（g）
糖ᵃ	克（g）
钠/食盐ᵇ	毫克（mg）/克（g）
其他营养素（维生素及矿物质）ᵃ	
注：ᵃ为可选择标示营养素； ᵇ1毫克（mg）钠相当于2.5毫克（mg）食盐	

(3)餐饮食品营养标识格式见下图。各类餐饮服务经营者和单位食堂应当根据餐饮食品特点选择使用其中一种格式进行标示。

餐饮食品名称

营养成分表

名称	每份或每100克（g）或100毫升（mL）
能量	千焦（kJ）或千卡（kcal）
脂肪	克（g）
钠/食盐*	毫克（mg）/克（g）
*1毫克（mg）钠相当于2.5毫克（mg）食盐	

(4)餐饮食品营养标识内容可标示在菜单、官方网站、官方公众号、外卖平台等载体上。

(5)自助取用和展示用的餐饮食品,可在餐饮食品旁标示营养信息。

(6)通过网络餐饮交易第三方平台等无接触供餐方式提供的餐饮食品,可在常用餐饮容器(如餐盒)上标示营养信息。

❸ **餐饮食品营养标识设计实例**　广州人在清明节后有食用猪肉炒荠菜的传统,荠菜因与"轿"同音,寓意先人坐轿归去。下面以此菜品为例,展示餐饮食品营养标识设计。

(1)明确菜品的原辅料:一份猪肉炒荠菜的菜品原辅料包括荠菜 300 克、五花肉 150 克、盐 3 克、蚝油 3 克、花生油 3 克。

(2)软件录入:将原辅料的重量输入可以查询并计算食物营养素含量的软件中,可以得到这道菜品的营养含量为能量 593 千卡,蛋白质 13.7 克,碳水化合物 8.7 克,脂肪 56.6 克,钠 1676.4 毫克。

(3)称取菜品的熟重并计算每 100 克菜品的各类营养素含量:由于不同餐饮企业、不同类型的菜品每份重量不等,为了方便对比,建议能量值和营养素含量值以每 100 克和(或)每 100 毫升餐饮食品中的含量值进行标示。对于猪肉炒荠菜,标识值为每 100 克熟重,因此要称取这道菜品加工后的重量。

加工后,此份猪肉炒荠菜的重量为 400 克,因此可以计算出这道菜品每 100 克能量值和营养素含量值分别为:

$$能量=(593 千卡/400 克)×100 克=148.25 千卡$$
$$蛋白质=(13.7 克/400 克)×100 克=3.425 克$$
$$脂肪=(56.6 克/400 克)×100 克=14.15 克$$
$$碳水化合物=(8.7 克/400 克)×100 克=2.175 克$$
$$钠=(1676.4 毫克/400 克)×100 克=419.1 毫克$$

根据营养标签修约间隔规定,能量的计算结果保留整数,即精确至 1 千卡;蛋白质、脂肪、碳水化合物的计算结果保留至小数点后一位数,即精确至 0.1 克;钠的计算结果保留至个位数,即精确至 1 毫克。因此可以得出每 100 克猪肉炒荠菜的能量、蛋白质、脂肪、碳水化合物、钠的含量值分别为 148 千卡、3.4 克、14.2 克、2.2 克和 419 毫克。

(4)计算营养素参考值百分比(NRV%):营养素参考值(nutrient reference values,NRV)是用于比较食品营养成分含量高低的值,将营养成分含量与 NRV 进行比较,消费者能更好地理解营养成分含量的高低。

食品的 NRV%为:
$$NRV\%=(营养成分含量/对应的营养素参考值)×100\%$$

注:食品的 NRV%结果保留至个位数,即精确至 1%。

根据《食品安全国家标准　预包装食品营养标签通则》(GB 28050-2011),能量和 32 种营养成分参考数值如下图所示。

营养成分	NRV	营养成分	NRV
能量[a]	8400千焦	叶酸	400微克DFE
蛋白质	60克	泛酸	5毫克
脂肪	≤60克	生物素	30微克
饱和脂肪酸	≤20克	胆碱	450毫克
胆固醇	≤300毫克	钙	800毫克
碳水化合物	300克	磷	700毫克
膳食纤维	25克	钾	2000毫克
维生素A	800微克RE	钠	2000毫克
维生素D	5微克	镁	300毫克
维生素E	14毫克α-TE	铁	15毫克
维生素K	80微克	锌	15毫克
维生素B_1	1.4毫克	碘	150微克
维生素B_2	1.4毫克	硒	50微克
维生素B_6	1.4毫克	铜	1.5毫克
维生素B_{12}	2.4微克	氟	1毫克
维生素C	100毫克	锰	3毫克
烟酸	14毫克		
[a]能量相当于2000千卡;蛋白质、脂肪、碳水化合物供能分别占总能量的13%、27%与60%			

根据此标准,可以计算得到能量、蛋白质、脂肪、碳水化合物和钠的 NRV% 分别为:

能量 NRV%＝(148 千卡/2000 千卡)×100%≈7%

蛋白质 NRV%＝(3.4 克/60 克)×100%≈6%

脂肪 NRV%＝(14.2 克/60 克)×100%≈24%

碳水化合物 NRV%＝(2.2 克/300 克)×100%≈1%

钠 NRV%＝(419 毫克/2000 毫克)×100%≈7%

(5)整理并设计菜品营养标识:根据计算结果整理菜品营养成分表如下表所示。

项目	每 100 克含量	NRV%
能量	148 千卡	7%
蛋白质	3.4 克	6%
脂肪	14.2 克	24%
碳水化合物	2.2 克	1%
钠	419 毫克	7%

餐饮企业还可以根据自身的需求,对菜品的营养标识做进一步的优化和调整,下图为某餐饮企业菜品的营养标识。

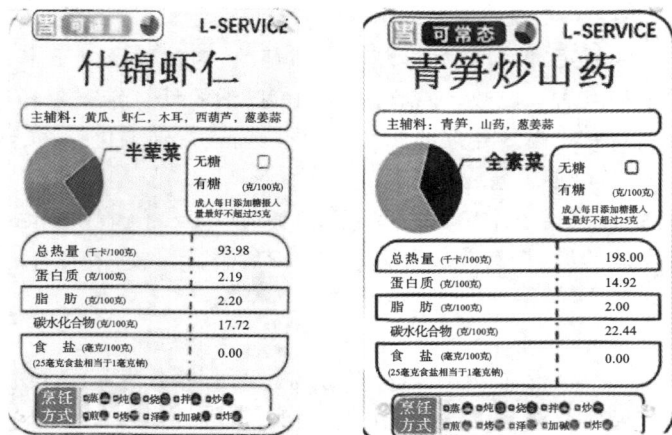

任务执行

实践任务一:整理菜品原辅料信息→输入营养计算软件计算菜品能量及营养素含量→称取菜品的熟重,计算每 100 克菜品中各类营养素含量→计算营养素参考值百分比(NRV%)→整理并设计菜品营养标识→填写任务表 4-3-1。

任务表 4-3-1

任务编号	任务名称	负责人	具体任务内容
任务 4-3-1	清明节特色菜品的营养标签设计		整理菜品原辅料信息
			输入营养计算软件计算菜品能量及营养素含量
			称取菜品的熟重,计算每 100 克菜品中各类营养素含量
			计算营养素参考值百分比(NRV%)
			整理并设计菜品营养标识

→ 知识精讲

一、餐饮菜品优化定制的意义

在当今多样化的社会中，人们对餐饮服务的需求也越来越多样化。为了满足不同人群的口味偏好和饮食需求，可以对餐饮企业菜品进行优化定制。这不仅可以为顾客提供更个性化的餐饮体验，还能够满足不同人群的特殊需求。多元化、智能化、健康化的菜品定制服务，是未来餐饮优化定制的发展方向。

❶ **满足个性化需求**　每个人的饮食喜好和习惯都不尽相同。部分顾客可能有过敏的食物或者特殊的饮食要求，而传统的菜品无法满足。通过创新的菜品优化定制服务，餐饮企业可以更好地满足顾客的个性化需求，提供更加符合其口味和饮食要求的菜品。

❷ **提高顾客忠诚度**　菜品优化定制可以为顾客创造独特的用餐体验，让顾客感受到餐饮企业的贴心和关怀。当顾客发现餐厅能够满足他们的个性化需求时，他们会更加喜欢并且偏向于选择这家餐厅用餐，从而增加餐厅的顾客黏性。

❸ **提高市场竞争力**　随着餐饮市场的竞争日益激烈，传统的菜单已经无法满足消费者的需求。餐饮企业如果能够推出创新的定制化菜单，将吸引更多消费者前来就餐，从而在市场竞争中占据更有优势的位置。

二、餐饮菜品优化定制的实施

餐饮菜品优化定制是一项系统性的工作，它涉及对顾客需求的调研和了解、菜品创新优化方案制订、菜品感官评价及反馈、优化定制菜品实施。

❶ **顾客需求的调研和了解**　在餐饮菜品优化定制前，首先要进行顾客需求调研，了解顾客的口味偏好、健康状况及特殊需求等。可以通过问卷调查、访谈等方法，收集顾客的反馈和建议，为菜品优化定制的设计提供依据。例如，本次清明宴席，顾客为海外华侨，一家回乡祭祖，对顾客进行菜品需求访谈时，顾客提到特别怀念清明节时的家乡美食——烧肉，但家中长辈年事已高，近年来血脂、血压偏高，因此顾客要求定制低脂、低盐的烧肉菜品。

❷ **菜品创新优化方案制订**　根据调研结果，餐饮企业可以在现有菜品的基础上，进行创新优化，包括符合特殊饮食要求的菜品，以满足不同人群的需求。对于上述案例，餐饮接待人员积极与后厨沟通，确定了通过利用低盐烧肉调味料、选择较瘦的猪肉原料及缩小烧肉块的规格的方式来满足顾客的需求，并据此制作出了优化后的低脂、低盐的烧肉菜品。

❸ **菜品感官评价及反馈**　为了提高顾客的满意度，创新优化后的菜品需要经过专业人士的感官评价及反馈。菜品感官评价通常从菜品的色、香、味、形等方面进行，同时兼顾营养健康、菜品成本、顾客特殊需求等因素。

收集优化后的菜品感官评价反馈后，餐饮服务员要积极向餐饮企业反馈意见并积极沟通，厨房工作人员对食材、烹饪方法、菜品配方等进行调整，最终确定菜品制作方案。

④ 优化定制菜品实施 厨房按照优化后的菜品制作方案制作菜品,呈现给顾客。与此同时,服务员应该了解菜品的特点和原料,能够准确地向消费者介绍菜品,并跟踪菜品的表现,如顾客的满意度、建议及反馈等。

任务执行

实践任务二:消费者需求的调研和了解→菜品创新优化方案制订→菜品感官评价及反馈→优化定制菜品实施→填写任务表 4-3-2。

任务表 4-3-2

任务编号	任务名称	负责人	具体任务内容
任务 4-3-2	菜品优化定制		消费者需求的调研和了解
			菜品创新优化方案制订
			菜品感官评价及反馈
			优化定制菜品实施
			形成研究报告

任务三 宴席营养菜单定制

知识精讲

一、宴席营养菜单搭配的原则

宴席是人们在社交活动中为了迎宾、答谢、庆功、贺节、饯行、祝寿、婚嫁等各种目的,以美酒佳肴宴请宾客的一种聚餐方式。中国的传统宴席菜品繁多,大体上由冷碟、热炒、大菜、汤菜、点心、水果六个部分组成。宴席通常餐标较高,菜品品种偏多,通常存在能量超标、营养不均衡的问题。在进行宴席菜品组合时,要从整体角度去考虑宴席菜品营养搭配的合理性。既要继承和发扬我国各民族高超的烹调技艺、优良的饮食传统,更要不断地改革创新,以满足个性化、健康化的餐饮需求。

宴席菜单的营养搭配应遵循以下原则。

① 荤素原料的搭配 动物性原料与植物性原料的相互搭配,其搭配品种、数量、比例、因人而异。食材的种类要尽量多样化,动物性原料可以选用海鲜、肉类、蛋类等,植物性原料可以选用蔬菜、菌藻类、豆类等。例如番茄炖牛腩,一是可以增加单一原料牛肉中的膳食纤维和番茄红素;二是可以提高单一原料番茄中番茄红素的吸收利用率,增加优质蛋白的含量。中国传统的烧菜类、粉蒸菜类、凉拌菜类等都是十分优秀的营养搭配组合。

② 五色原料的搭配 五色原料指白、绿、红、黄、黑等各种颜色的食物。中医有"五色入五脏"之说,人体是一个内外统一的有机整体,五色食物发挥不同功效,可起到滋补五脏、调和身体的作用。中医认为,青色入肝,绿色食物大多含有丰富的膳食纤维、钙、维生素,对肝、胆、筋、目、指(趾)甲等有很好的保健养生作用;红色入心,红色食物中的抗氧化物质可以让身体更加年轻、有活力,使人精力

充沛,同时能促进血液循环,软化血管,加快新陈代谢;黄色入脾,黄色食物中所含的叶黄素、胡萝卜素有助于维持表皮的正常生理功能,膳食纤维能增强饱腹感;白色入肺,白色食物可以抗氧化、保护心血管,增强免疫系统活性,改善人体对钙和其他矿物质的吸收;黑色入肾,黑色食物常含有丰富的花色苷、多酚类等植物化学物质,具有抗氧化作用,有利于改善认知和记忆功能,还可促进肠胃消化功能,提高新陈代谢。因此,在菜品搭配时候应尽量颜色多样,不仅美观增进食欲,还可以提供丰富的营养成分。

❸ **口味及质地多样化**　要遵循清淡和浓腻、麻辣和咸鲜以及与其他口味的菜品交互搭配的原则,这样可以避免单一口味导致的口感疲劳。此外,主料和配料的质地有软、脆、韧等,在搭配时可以韧搭配韧,如蒜苗炒鱿鱼;嫩搭配嫩,如菜心炒鸡片。不同质地的菜品在宴席菜单中组合呈现,可以使菜品口感更加丰富多样。

❹ **烹调方法多样化**　宴席菜品搭配要考虑到运用多种烹调方法,如炒、蒸、煮、烤、炸、拌和炖等,以适应不同食材的特性和提升菜品的口感。这种方法不仅能够保留食材的原始风味,还能创造出层次丰富、风味各异的美食,满足不同宾客的口味偏好,同时增加宴席的多样性和吸引力。

❺ **考虑食材的季节性和地区性**　宴席菜单设计还应该考虑食材的季节性和地区性。根据所处的季节和地理位置,选择符合现代食品安全和可持续发展原则的食材。此外,可以适当考虑地方特色和传统食材,以增加餐饮体验的独特性。

二、宴席营养菜单定制过程

宴席营养菜单的设计,要以顾客的用餐标准(简称餐标)为依据,以科学合理的营养搭配为主要目标,通过丰富的菜品品种、适宜的口味、合理的营养供给和多样的烹饪技法,让顾客满意。

❶ **宴席营养菜单的初定**　首先要了解宴席人数及其性别、年龄、工作性质及特殊需求,根据参加宴席人员的基本情况计算能量供给量,再依据餐标制定出主、副菜单。

❷ **宴席能量和营养素的核定**　宴席能量和营养素的核定是定制宴席菜单的工作重点,要依据宴席的时间、参加宴席人员构成等因素进行准确的计算。

❸ **宴席菜单的营养分析与调整**　首先要对宴席进行分析,可凭经验直观分析,也可利用计算机软件进行比较准确的定量分析。根据分析结果,调整菜单,直至符合膳食平衡要求。很多餐饮企业已经形成定式菜单,但菜品搭配、能量及各类营养素的供给仍不尽合理,可以通过调整主、配料比例,努力使膳食趋于平衡。

宴席营养菜单
定制实例

任务执行

任务执行

实践任务三:选择一份现有的基础宴席菜单→进行菜单营养分析→根据主题和顾客营养需求改良→与顾客沟通并确定菜单→填写任务表 4-3-3。

任务表 4-3-3

任务编号	任务名称	负责人	具体任务内容
任务 4-3-3	宴席营养菜单定制		选择一份现有的基础宴席菜单
			进行菜单营养分析
			根据主题和顾客营养需求改良
			与顾客沟通并确定菜单
			填写任务表 4-3-3

鸡尾酒定制设计与制作服务

项目描述

在现代餐饮业中，鸡尾酒不仅是一种饮品，更是一种文化的载体和时尚的象征。鸡尾酒制作的艺术融合了不同国家和地区的酒文化，同时通过巧妙的口味搭配和创新设计，展现出独特的文化内涵和服务体验。在这个项目中，学生将学习如何通过鸡尾酒的定制设计与制作，将中国传统的节日文化，尤其是端午节的文化元素，与现代酒吧服务相结合，为顾客提供个性化、文化感强烈的鸡尾酒体验。

项目引入

广州的一家知名酒吧"南粤之光"决定在即将到来的端午节期间推出一系列特别的中式鸡尾酒，以庆祝这一传统节日并吸引更多顾客。"南粤之光"以其精致的调酒技艺和创新的饮品设计在本地拥有良好的口碑，但在节日期间，如何在激烈的市场竞争中脱颖而出，吸引新顾客，并为常客提供耳目一新的体验，是"南粤之光"的主要挑战。

为此，"南粤之光"决定推出以端午节为主题的定制鸡尾酒系列，通过结合中国传统文化与现代调酒艺术，增强品牌的文化吸引力和市场竞争力。这不仅要求调酒师们掌握精湛的调酒技艺，还要深入理解端午节的文化背景，并将其巧妙地融入鸡尾酒的创意设计中。

（1）你会如何设计这款中式鸡尾酒？

（2）你会选择什么样的基酒和辅料来表达端午节的文化元素？

（3）你会如何通过创新的组合来满足不同顾客的口味偏好？

（4）你会如何在调酒的过程中运用表演技巧，让顾客在视觉和互动上获得更好的体验？

项目目标

（1）学习鸡尾酒口味、口味搭配模式以及各种中国酒的分类和特征，了解酒文化在全球各地的不同表现形式。

（2）深入了解端午节的由来、传统习俗（如赛龙舟、吃粽子）、相关的历史人物（如屈原）和象征意义，了解端午节在中国文化中的地位和作用。

（3）学习不同种类的中国酒基酒、辅料（如各种果汁、糖浆、香草和香料）的特性及其在调酒中的应用，了解各种鸡尾酒的口味特点和制作方法。

项目实训

学生角色扮演任务单

鸡尾酒定制设计与制作服务

项目	能够根据顾客的需求和端午节的文化背景,挖掘中国传统文化与中国酒的特征,自创中式鸡尾酒
实训名称	端午节鸡尾酒定制设计与制作服务
实训日期	
实训地点	
实训目标	教授学生鸡尾酒设计与制作服务

实训任务

任务编号	任务名称	负责人	具体任务内容
任务 1	端午节文化研究		研究端午节文化内涵以及象征符号体系
任务 2	鸡尾酒基本口味构建原理理解		理解鸡尾酒基本口味构建
任务 3	中式鸡尾酒定制设计		根据宴会主题进行中式鸡尾酒定制设计

任务一　端午节的内涵与习俗

→ **知识精讲**

端午节,又称端阳节、龙舟节、重午节、天中节等,时间在每年农历五月初五,是集拜神祭祖、祈福辟邪、欢庆娱乐和饮食于一体的民俗大节。端午节源于自然天象崇拜,由上古时代祭龙演变而来。仲夏端午,苍龙七宿飞升于正南中央,处在全年最"中正"之位,正如《易经·乾卦》第五爻:"飞龙在天"。端午是"飞龙在天"吉祥日,龙及龙舟文化始终贯穿于端午节的历史中。

端午节最初可能是中国古代南方地区崇拜龙图腾的部族举行的祭祀活动。《吕氏春秋》记载,古人在夏季的这一时间举行驱除疫病和邪恶的仪式。这种习俗后来传播到全国各地,演变成端午节的雏形。在历史的发展过程中,端午节已被赋予了驱邪避疫和祈求健康平安的象征意义。挂艾草、菖蒲,佩戴香囊,饮用雄黄酒等习俗,都反映了古人对健康平安的追求。《荆楚岁时记》等古代文献中详细记载了这些端午习俗,显示了端午节在民间传统文化中的重要地位。

到了汉代,端午节的习俗已经相当普及。《汉书·食货志》中提到了端午饮酒的习俗,而《后汉书》中则有关于端午节悬挂艾草的记载,说明端午节的习俗已经深入人心。唐代的端午节更加隆重,

不仅民间有庆祝活动，皇室也会举办盛大的庆典。《新唐书》中记载了唐代端午节划龙舟、赛马等活动，端午节已成为全民共庆的节日。在明代，端午节的庆祝活动更加官方化和规模化。除了民间的赛龙舟、吃粽子等传统习俗，皇室也会举行一系列的仪式来庆祝端午节。

现在的端午节在保持传统习俗的基础上，融入了更多现代元素。端午节成为国家法定节假日，人们会利用这个假期回家团聚或旅游。现代科技也使得赛龙舟等活动更加国际化，各地的端午节龙舟赛吸引了世界各地的参与者。

端午节的象征符号

端午节的习俗与符号

同步检测

任务执行

实践任务一：研究中国端午节文化内涵→选择端午节习俗中的象征符号→收集象征符号的表现形式→形成研究报告→填写任务表 4-4-1。

任务表 **4-4-1**

任务编号	任务名称	负责人	具体任务内容
任务 4-4-1	端午节文化研究		研究中国端午节文化内涵
			选择端午节习俗中的象征符号
			收集象征符号的表现形式
			形成研究报告

任务二　鸡尾酒制作基础

知识精讲

鸡尾酒（cocktail）是一种混合饮品，是由两种或两种以上的酒或饮料、果汁、汽水混合而成，有一定的营养价值和欣赏价值。通常鸡尾酒以朗姆酒、金酒、龙舌兰、伏特加、威士忌、白兰地等烈酒或葡萄酒作为基酒，再配以果汁、蛋清、苦精、牛奶、咖啡、糖等其他辅料，加以搅拌或摇晃而成的一种混合饮品，最后根据口味需求和鸡尾酒主题需求添加装饰物。如果仅掌握鸡尾酒的经典配方是无法制作出特色鸡尾酒的，所以需要从口味以及口味搭配的角度掌握鸡尾酒的搭配模式和口味控制方法。

一、鸡尾酒口味分类

❶ 甜味鸡尾酒

（1）化合物：主要由糖类（如葡萄糖、果糖等）提供甜味，直接刺激舌头上的甜味感受器。

（2）感知方式：甜味感受器较为集中在舌尖，对甜味非常敏感。

（3）代表鸡尾酒：激情海岸、椰林飘香。

（4）特点：甜味鸡尾酒通常加入糖浆或含糖的混合饮料，适合喜欢温和口感的顾客。

❷ 苦味鸡尾酒

（1）化合物：通常由生物碱类化合物（如咖啡因、奎宁等）提供苦味。

（2）感知方式：苦味感受器分布在舌根部，对微量的苦味即反应灵敏。

（3）代表鸡尾酒：尼格罗尼、马天尼。

（4）特点：苦味鸡尾酒经常使用苦艾酒、金酒等调配，适合喜欢复杂且层次分明口感的饮者。

❸ 酸味鸡尾酒

（1）化合物：主要由有机酸（如柠檬酸、苹果酸等）提供酸味。

（2）感知方式：酸味感受器主要分布在舌边缘。

（3）代表鸡尾酒：玛格丽特、威士忌酸。

（4）特点：使用柠檬汁或酸橙汁调配，酸爽口感明显，受到广泛欢迎，特别适合夏日饮用。

❹ 芳香型鸡尾酒

（1）化合物：由挥发性芳香油和香料（如薄荷醇、芳樟醇等）提供香气。

（2）感知方式：香气主要通过鼻腔嗅觉感受器感知，但香气也通过口腔后部嗅觉区间接影响味觉。

（3）代表鸡尾酒：莫吉托、薰衣草马天尼。

（4）特点：通常使用薄荷、罗勒等调配，提供清新的香气和味道，增强饮用体验。

❺ 水果味鸡尾酒

（1）化合物：由水果中的天然糖和酸提供主要口味。

（2）感知方式：水果味的甜味和酸味在舌头上平衡，产生综合感知。

（3）代表鸡尾酒：龙香兰日出、蓝色夏威夷。

（4）特点：色彩缤纷，果味浓郁，极受寻求清新口味饮者的青睐。

Note

二、味道的情感特征

❶ 甜味与安慰感

(1)影响:甜味通常与安慰和愉悦的情绪相关联。甜食能够刺激大脑释放多巴胺,其是一种与愉悦感觉相关的神经递质。

(2)情境:在情绪低落时,人们可能会更偏爱甜味鸡尾酒,如巧克力马天尼,以获得某种程度的心理安慰。

❷ 苦味与成熟感

(1)影响:苦味往往被认为是成熟的象征。它能够激起人们的探索欲,因为苦味通常需要时间和经验来欣赏。

(2)情境:在正式或思考性强的场合,如商务会晤,人们可能更倾向于选择具有苦味的鸡尾酒,如马天尼或老式鸡尾酒,以展现成熟和深邃的气质。

❸ 鲜味在鸡尾酒中的应用

(1)影响:鲜味是由氨基酸(如谷氨酸)引起的,它能增强食物的整体口感,使味道更加饱满。在鸡尾酒中添加具有鲜味的成分,如番茄汁、海鲜汁,可以显著提升饮品的味道深度。在制作马天尼时,可能会加入少量的酱油或海藻提取物,以增加鸡尾酒的鲜味层次。

(2)情绪:鲜味通常与愉悦和满足相关联,因为它能增强食物的整体感受,使人感觉满足和愉快。在寒冷或需要提振精神的场合,提供含有鲜味的鸡尾酒,如血腥玛丽或其他含有番茄汁或鱼露的鸡尾酒,可以带来心理上的舒适感和温暖。

三、味道之间互相影响

❶ 甜与酸的平衡

(1)互动:甜味可以中和酸味的锐利感,而适当的酸味又可以减少甜味带来的沉闷感。这种平衡方法是调制鸡尾酒时常用的技巧,可以使饮品更加爽口。

(2)例子:在制作玛格丽特时,柠檬汁的酸味与三重酒的甜味相结合,创建出既清新又具层次感的口感。

❷ 苦与甜的对比

(1)互动:苦味可以增强甜味的复杂度,给单一甜味的饮料添加层次感。在调饮中,适当的苦味可以提供深度和丰富性。

(2)例子:经典的尼格罗尼鸡尾酒中,苦艾酒的苦味与利口酒的甜味形成鲜明对比,使整体风味更加均衡和引人入胜。

❸ 咸味的增强功能

（1）互动：咸味可以增强其他味道，尤其是酸味和甜味。在鸡尾酒中适量添加咸味，可以使饮品的口感更加丰富和复杂。

（2）例子：血腥玛丽通常会加入少量的盐，以增强番茄汁的鲜味和酸味，提供更丰富的味觉体验。咸味有助于调动食欲，给人一种满足感。在社交场合，提供带有咸味的鸡尾酒，如含橄榄或咸肉边的马天尼，可以增添愉悦和满足的情绪。

任务执行

任务执行

实践任务二：选择一款西方常见鸡尾酒→分析其经典配方中味道的搭配模式→写出品尝到的各种原材料的味道以及鸡尾酒的综合口味→形成研究报告→填写任务表 4-4-2。

任务表 4-4-2

任务编号	任务名称	负责人	具体任务内容
任务 4-4-2	经典鸡尾酒味道搭配模式调查		选择一款西方常见鸡尾酒
			分析其经典配方中味道的搭配模式
			写出品尝到的各种原材料的味道以及鸡尾酒的综合口味
			形成研究报告

任务三　中国传统节日定制鸡尾酒

📥 知识精讲

中国酒不仅是一种饮料，更深深扎根于中国的文化和历史之中，承载着丰富的象征意义和文化价值。我们将从多个维度来探讨中国酒的文化深度，如其在社会交往、节庆活动、文学艺术和传统医学中的地位和作用。

中国酒常被视为社交的媒介，象征着友情和尊重。在宴席和聚会中，敬酒是表达敬意和好意的重要方式，人们通过推杯换盏加深关系，促进感情。

在中国的传统节日如春节、中秋节、端午节等，饮酒是庆祝活动的重要组成部分，象征着团聚和欢庆。特别是在春节，饮用带有祝福意义的酒，如"长寿酒""团圆酒"，象征着长寿、健康和家庭的和睦。

在中国古典文学中，酒经常作为诗歌和散文的载体出现。许多诗人如李白、杜甫等，他们的作品通过饮酒抒发情感，酒成为一种抒情和寄托哀思的工具。此外，酒也象征着文人的逍遥自在和对世态炎凉的超然。

在传统中医中，酒被用作药引，认为其有助于药物的吸收和发挥作用，特别是可用于制作药酒。药酒不仅象征着健康和长寿，还被视为一种防病治病的手段。例如，使用人参、黄芪等药材泡制的药酒，旨在增强体质、延年益寿。

一、中国酒的历史与文化

中国酒的历史可以追溯到新石器时代,最早的证据出现在约 7000 年前的贾湖遗址中的陶罐,里面存有发酵酒的残留物。在随后的几千年中,酿酒技术逐渐发展,尤其是在周代,酒文化开始成为政治和宗教仪式的一部分。到了汉代,随着人们对酒的需求增加,酿酒业开始快速发展,白酒和黄酒的生产技术趋于成熟。

黄酒的历史比白酒早,可追溯到公元前。它主要在东南地区生产,尤其是绍兴黄酒,在宋代就已经非常著名。白酒的历史则可以追溯至汉代,其蒸馏技术则大约在宋代达到成熟。其中,酱香型白酒的制作工艺中的"回沙"工艺在明清时期已经形成。而米酒在中国的南方地区尤为流行,是一种传统的农家酒酿产品,尽管在历史文献中不如白酒和黄酒出现频繁,但其生产和消费一直是农村生活的一部分。药酒结合了中医药理与传统酿酒技术,早在汉代的《神农本草经》中就有记载。药酒在历史上被视为药物和保健品,用于治疗各种疾病和强身健体。果酒在中国的发展相对较晚,主要是在20 世纪中叶随着果园业的发展而兴起。随着人们对健康饮品需求的增加,果酒逐渐成为市场上的新宠,特别是在追求自然和健康生活方式的群体中。

二、中国酒基本种类与特征

(一)白酒

❶ 白酒特征

(1)原料:主要使用高粱、玉米、小麦和水等。

(2)制作工艺:采用发酵和蒸馏技术,历经发酵、蒸馏、陈化等过程。

(3)酒精含量及特点:酒精含量一般在 40%~60%,色泽透明。

(4)分类:①按香型分为酱香型、浓香型、清香型、米香型等。
②按工艺分为固态法白酒、液态法白酒、固液法白酒。

(5)代表品牌:茅台、五粮液、泸州老窖等。

(6)文化价值:白酒在中国社交和商务场合中占据重要地位,象征着友情和尊敬,常用于宴席和庆典中的敬酒环节。

❷ 白酒的饮用习俗

(1)敬酒文化:在中国,敬酒是表达尊敬、友好和祝福的重要方式。白酒常被用于表示敬意和庄重的承诺。宴席中,主人往往需要向宾客一一敬酒,以示尊重。

(2)酒令与酒局:在较为随性的聚会中,饮用白酒常伴随着各种酒令和游戏,以增添乐趣。这种方式可以增加宾客之间的互动和加深友谊。

(3)宴席搭配:白酒常与高脂肪、重口味的菜品搭配,如红烧肉、烤鱼等。其具有较高的酒精含量,可以帮助分解油脂,增加食物的风味。

(4)节庆饮用:在中国的传统节日和重要庆典中,白酒是不可或缺的。例如,在春节、中秋节、婚礼等重要时刻,白酒用来增添喜庆气氛,象征团圆和幸福。

❸ 白酒饮用禁忌 白酒的酒精含量高,过量饮用易导致醉酒,可能带来不良后果,如言行失控或身体不适。因此,饮用白酒时应注意控制饮用量,避免酒后驾车。应尊重他人的饮酒偏好和限度,尤其是在正式的社交场合中。肝功能不佳或有其他健康问题的人群饮用白酒需要格外谨慎。此外,孕妇和未成年人应避免饮用白酒。

(二)黄酒

❶ 黄酒特征

(1)原料:糯米、小麦和酒曲等。

(2)制作工艺:采用半固态发酵,不经过蒸馏。

(3)酒精含量及特点:酒精含量通常不超过 20%,色泽黄棕、口感甘甜。

(4)分类:①按甜度分为甜型黄酒、半甜型黄酒、干型黄酒。

②按产地分为绍兴黄酒、福建老酒、台湾米酒等。

(5)代表品牌:绍兴酒、女儿红、加饭酒等。

(6)文化价值:黄酒被视为中国传统文化的象征,尤其在江南地区,文人墨客常在雅集、书画活动中饮用。

❷ **黄酒的饮用习俗**

(1)节庆饮用:黄酒常在中国的传统节日如春节、中秋节和端午节等饮用。它是庆祝和祭祀活动中不可或缺的一部分,用来表达对祖先的敬意和对未来的美好祝愿。

(2)餐饮搭配:黄酒的口感温和,因此是餐饮搭配的佳选,尤其适合与中式传统菜品如红烧肉、醉虾等一起享用。黄酒的甜味和醇厚可以中和食物的油腻,增加菜品的风味层次。

(3)温饮习惯:在寒冷天气,黄酒常被加热后饮用,称为热酒。温热的黄酒不仅可以驱寒暖身,还能更好地发挥其香气,提升饮用体验。

(4)婚宴必备:在许多地区的婚礼习俗中,黄酒是必不可少的。传统上,新人需共饮黄酒,象征着夫妻共同的人生旅程和甜蜜的婚姻。

❸ **黄酒饮用禁忌**　黄酒的饮用温度应适中,过热可能会破坏酒的香气,而过冷则可能抑制其风味的展现。虽然黄酒的酒精含量相对较低,但过量饮用仍可能对肝造成负担,尤其是肝功能不佳的人群。黄酒应存放在阴凉处,避免阳光直射,以保持其最佳风味。开瓶后的黄酒应尽快饮用,以免其被氧化而影响品质。

(三)米酒

❶ **米酒特征**

(1)原料:普通粳米或糯米等。

(2)制作工艺:通过全曲法或半曲法发酵,不经过蒸馏。

(3)酒精含量及特点:酒精含量较低,一般在 10%~15%,口味较甜。米酒营养成分与黄酒相近,酒精含量低。但热量比啤酒、葡萄酒高多倍。

(4)代表品牌:米花酒、龙眼酒等。

(5)文化价值:米酒不仅是一种饮品,还承载着中国饮食文化中的社交和节庆元素。它的温和与甜美使其成为家庭团聚和友情分享的理想选择,体现了中国文化中注重和谐与团结的价值观。

❷ **米酒的饮用习惯**

(1)家庭聚餐:米酒常作为家庭聚餐时的饮品,尤其是在节日等特殊场合,如春节、中秋节等。因为米酒的酒精含量较低,适合全家一起享用,以增添节日氛围。

(2)烹饪使用:米酒也被广泛用于烹饪中,特别是在制作中式菜品如红烧肉、鱼香肉丝等时。米酒可以去腥增香,使食物的味道更加鲜美和丰富。

(3)节气饮用:在某些地区,人们习惯在农历的特定节气(如立春、立夏)饮用米酒,以此来庆祝季节的变换,人们还认为这样对身体健康有益。

(4)传统医疗:传统中医认为米酒能帮助药材的吸收,有时也被用作药引。一些家庭会自制带有草药成分的米酒,用于调理身体。

❸ 米酒饮用禁忌　虽然米酒酒精含量较低，但过量饮用仍可能导致不适，尤其是对酒精敏感或消化系统较弱的人群。有时米酒适合温热饮用，特别是在寒冷的天气，温饮米酒可以暖身。然而，夏天则更适合冷藏后饮用，以清凉解暑。开瓶后的米酒应尽快饮用或密封保存在冰箱中，以保持其新鲜和味道，以免长时间暴露在空气中导致变质。

（四）果酒

❶ 果酒特征

（1）原料：新鲜水果，如苹果、葡萄、荔枝等。

（2）制作工艺：水果榨汁后发酵，有些果酒会经过澄清和陈酿过程。

（3）酒精含量及特点：酒精含量较低，通常在 10%～15%，口感轻柔、甜美。

（4）代表品牌：张裕葡萄酒、长城葡萄酒等。

（5）文化价值：果酒常被视为时尚和健康的选择，在现代中国逐渐受到欢迎，适合各种社交场合。

❷ 果酒的饮用习俗

（1）休闲与社交：果酒因其口感轻柔、甜美，常被视为一种适合休闲和非正式场合的饮品。在朋友聚会、家庭聚餐或约会时，果酒常成为佳选。

（2）节日庆祝：在一些特定的节日如情人节、圣诞节等，果酒因其富有浪漫色彩和甜美口感，常被作为节日庆祝时的饮品。

（3）餐饮搭配：果酒能与多种食物搭配的特性使其在餐饮场合中备受青睐。轻甜的果酒可以与海鲜、咸味奶酪、甜点等相搭配，其酸甜的口感能够中和食物的油腻，增加口味的层次感。

在高端餐厅，果酒有时也作为餐前酒或餐后酒，提供给顾客清新独特的味觉体验。

❸ 果酒饮用禁忌　大多数果酒适合冷饮，过热或过冷都可能影响其风味。一般推荐在 8～12 ℃之间饮用，以充分发挥果酒的香气和口感。虽然果酒的酒精含量相对较低，但对于对酒精敏感或有相关健康问题的人群，仍需适量饮用。果酒一般不宜长时间保存，开瓶后应尽快饮用，避免因氧化而影响风味。

（五）药酒

❶ 药酒特征

（1）原料：白酒或黄酒（基酒）、具有药用价值的中草药。

（2）制作工艺：将草药与酒一起浸泡一段时间，使药材的有效成分溶入酒中。

（3）酒精含量及特点：因基酒而异，药效成分取决于草药种类。

（4）代表品牌：保健酒、人参酒等。

（5）文化价值：药酒在中国传统医学中有着悠久的历史，被认为有助于强身健体和治疗与预防疾病，是传统健康观念的延伸。

❷ 药酒引用习俗

（1）保健与治疗：传统中医认为，药酒是预防和治疗各种常见疾病的有效方式，如风湿病、消化不良等。药酒因其药效迅速、易于吸收等特点而受到推崇。常见的药酒有人参酒、黄芪酒等，此类药酒被认为可以补气补血，增强身体抵抗力。

（2）日常养生：药酒也常作为日常养生饮品。在寒冷的冬季，老年人常饮用具有驱寒效果的药酒，如带有桂枝、姜等成分的酒，可促进血液循环和温暖身体。养生药酒通常在餐后少量饮用，以帮助消化及吸收。

（3）节气饮用：按照传统习俗，某些药酒会在特定的节气饮用，以适应季节变化对身体的影响。例如，立春后饮用春季药酒，以调理身体、预防春困。这些特定的药酒通常会在节气前准备好，使药材的有效成分能充分溶解于酒中。

（4）作为礼品：药酒也常作为礼品，赠送给长辈或有特定健康需求的人。药酒被视为对接收者健康的关心和祝福。赠送药酒通常选择对方可能需要的药效类型，以表达个性化的关怀。

❸ 药酒饮用的注意事项 虽然药酒具有健康益处，但过量饮用可能导致身体不适，如加重肝负担。因此，饮用药酒应适量，遵医嘱饮用。孕妇、儿童及酒精过敏者应避免饮酒。同时，具有特定健康问题如肝病、高血压的人群也应谨慎饮用。正在服用药物的人群在饮用药酒前应咨询医生，以免发生药物相互作用。

三、中国酒作为鸡尾酒基酒的口味特征以及搭配建议

每种中国酒都有其独特的制造工艺和风味，从白酒的强烈和复杂到黄酒的温和甜美，再到米酒的柔和以及果酒的香甜，这些风味为鸡尾酒创作提供了新的视角和感官体验。

（一）白酒

❶ 白酒味型

（1）白酒通常口感强烈，酒精含量高，呈现出浓郁的酒香和辛辣感。

（2）根据不同的酿造工艺和原料，白酒可以分为浓香型、酱香型、清香型等，各有其特定的香气和味道。

（3）白酒通常具有较长的回味，口感复杂，带有轻微的甜味或果香。

❷ 搭配建议

（1）酱香型白酒：适合与果酱或浓郁的果味搭配，如桃子味、杏仁味等，以平衡酱香的复杂度。

（2）浓香型白酒：适合与柑橘类果汁或清新的香草搭配，如柠檬汁、薄荷，以增强饮品的清爽感。

（3）清香型白酒：适合与轻微的花香或茶味搭配，如茉莉花茶、绿茶，其可用于制作茶香鸡尾酒。

（4）白酒与香辛料：香辛料（如姜、肉桂或八角）与酱香或浓香型白酒相搭配，能够创造出独特的温暖口感。

（5）白酒与苏打水：为了降低白酒的酒精含量，同时保持其独特风味，可以用苏打水稀释白酒，并加入柠檬片和薄荷叶。

（二）黄酒

❶ 黄酒味型

（1）黄酒口感通常比较温和甜美，酒精度较低（通常为 $15\%\sim20\%$）。

（2）黄酒呈现出甜美或半甜的口味，具有明显的米香和果香，有时会有微妙的酸味。

（3）绍兴黄酒是黄酒中著名的代表，其特点是呈琥珀色，味道醇厚，带有独特的曲香和轻微的甘草味。

❷ 搭配建议

（1）黄酒与蜂蜜：黄酒适宜与蜂蜜、柠檬、生姜搭配，可以调制成类似热柠檬蜜式的热饮。

（2）黄酒与果汁：黄酒的甜米香与果汁的天然甜味相结合，可以创造出和谐而平衡的鸡尾酒。如黄酒中加入苹果汁或梨汁，可调制出适合秋冬季节的温暖鸡尾酒。

示例：将黄酒与苹果汁按 1∶1 比例混合，加入一些肉桂粉，可调制出带有东方风味的苹果肉桂鸡尾酒。

（3）黄酒与苦艾酒：苦艾酒的苦味与黄酒的甜味相辅相成，能为鸡尾酒带来复杂的口味。

示例：将黄酒与少量苦艾酒混合，加入柠檬片和少许糖浆，可调制出具有东方风格的马天尼。

（4）黄酒与草本饮料：草本饮料（如茉莉花茶或绿茶）可以与黄酒的米香和甜味相结合，创造出具有茶香的清爽鸡尾酒。

示例：将黄酒与冷泡茉莉花茶按 2∶3 比例混合，加入薄荷叶和柠檬片，可制成茉莉黄酒冰茶。

（5）黄酒与调味糖浆：使用不同的调味糖浆（如姜糖浆、香草糖浆）可以为黄酒增添额外的味道层次。

示例：将黄酒与姜糖浆按 1：0.5 的比例混合，加入苏打水增强口感，可调制出具有刺激感的姜黄酒苏打。

（三）米酒

❶ 米酒味型

（1）米酒口感通常较为柔和，甜度较高，适合不喜欢烈酒的人群。

（2）米酒的酒精含量较低（通常不超过 15％），易于饮用，常带有浓郁的米香和水果香。

（3）米酒适合与各种食物搭配，特别是甜点，或用于烹饪增加食物的香气。

❷ 搭配建议

（1）米酒与热带水果（如杧果、菠萝）搭配，可以制作出甜美的热带风味鸡尾酒。

（2）米酒也可用于制作甜味的奶油类鸡尾酒，如与椰奶、香草等调和，适合作为餐后甜点饮品。

（四）果酒

❶ 果酒味型

（1）果酒根据使用的水果种类不同，有不同的口味，如苹果酒、荔枝酒等。

（2）果酒通常口感甜美，酒精含量相对较低，具有清新的果香和甜味。

（3）果酒适合在休闲场合饮用，常作为女性和年轻人的首选饮品。

❷ 搭配建议

（1）果酒与气泡水搭配：气泡水能够增加果酒的清爽感，降低其甜度带来的厚腻感，使饮品更加轻盈。

示例：将荔枝酒与气泡水按照 1：3 的比例混合，加入少许新鲜薄荷叶和柠檬片，制成清新的荔枝气泡鸡尾酒。

（2）果酒与柑橘类果汁：柑橘类果汁（如橙汁、柚子汁）的口感与果酒的甜味混合后能够相得益彰，同时提供一些酸味，平衡整个饮品的口感。

示例：将苹果酒与鲜榨橙汁按照 1：1 的比例调配，加入冰块和橙片，制作苹果橙汁鸡尾酒。

（3）果酒与利口酒：选择口味互补的利口酒，如甜味的阿马雷托（杏仁利口酒），可以增加鸡尾酒的复杂度和层次感。

示例：将桃子酒与阿马雷托按照 2：1 的比例混合，加入少许柠檬汁和碎冰，制成桃杏冰饮。

（4）果酒与茶的组合：茶的清香可以中和果酒的甜味，增添鸡尾酒的清新感。

示例：将草莓酒与冷泡绿茶按照 1：2 的比例混合，加入少许新鲜草莓和薄荷，制成草莓绿茶鸡尾酒。

（五）药酒

❶ 药酒味型

（1）药酒通常具有中药材的特有香气和味道，可能带有苦味或草本味。

（2）药酒的酒精含量较高（白酒为基酒时），以便提取和保存中药成分的效果。

（3）药酒不仅作为饮品，还常被用作保健和治疗，其在传统中医中有着重要地位。

❷ 搭配建议

药酒成分复杂，难以提供统一的模式，以下是一些成分简单的药酒作为鸡尾酒基酒的建议。

（1）药酒与果汁搭配：药酒的草本味道可以与某些果汁（如苹果汁、梨汁或桃汁）很好地融合。这些果汁的天然甜味能够平衡药酒中可能带有的苦味或强烈草药味。

示例：将药酒与新鲜苹果汁混合，可调制成药酒苹果鸡尾酒，还可加入少许蜂蜜和柠檬汁以增加层次感。

（2）药酒与茶的搭配：茶与药酒都具有悠久的中医药文化背景，二者结合能够带来健康益处和口感享受。搭配药酒时，绿茶、普洱茶或花茶都是不错的选择。

示例：将冰镇的普洱茶与药酒混合，加入一些薄荷叶和柠檬片，可调制成普洱药酒冰茶，既清爽又具有中医的保健功能。

（3）药酒与苦艾酒或利口酒搭配：苦艾酒或其他利口酒的苦味与药酒中的草药成分相辅相成，可以创造出独特的复杂味道。

示例：混合药酒、苦艾酒和一点柠檬汁，可调制成药酒苦艾鸡尾酒，适合喜欢探索不同口味的饮品爱好者。

任务执行

实践任务三：选择一款基酒→根据主题和味道搭配方式选择制作方法以及辅料酒、辅料→根据端午节主题选择盛装鸡尾酒的器皿和装饰→制作自创中式鸡尾酒并进行调整→填写任务表 4-4-3。

任务表 4-4-3

任务编号	任务名称	负责人	具体任务内容
任务 4-4-3	端午节自创中式鸡尾酒设计		选择一款基酒
			根据主题和味道搭配方式选择制作方法以及辅料酒、辅料
			根据端午节主题选择盛装鸡尾酒的器皿和装饰
			制作自创中式鸡尾酒并进行调整
			填写任务表 4-4-3

同步检测

任务执行

模块五

餐厅信息服务

扫码看课件

模块描述

随着智能化普及的浪潮席卷当今世界,餐饮业作为传统行业受到了巨大影响。数字化转型是餐饮业转型的重要方向,智能化应用在餐饮业越发普及,助力现代餐饮业高效运作。本模块主要讲述了如何将智能化和数字化科学且合理地应用于餐饮业,探究智能化作为影响餐饮业发展的重要因素的原因。借助数字化推动餐饮产品创新优化、依托大数据提升效率与精准度、运用数字化渠道进行会员精细化管理,全方位对品牌经营起到关键作用。

模块目标

(1)了解餐饮信息服务的基本概念、内容及其在餐饮企业中的重要性。

(2)熟悉餐饮管理信息系统(catering management information system,CMIS)的组成部分和功能模块。

(3)了解智能化技术在餐饮厨房管理中的应用领域,如智能厨房设备、菜品加工监控系统等。

(4)了解智能化技术在餐饮服务和营销中的应用,如智能点餐系统、顾客管理系统等。

餐饮信息服务基础

　　餐饮业作为传统服务行业,在智能化浪潮中已经迎来了"餐饮4.0"智能整合的时代,智能化在餐饮企业的生产经营中发挥着越来越重要的作用。学生通过本项目的学习,需要掌握餐饮企业智能化的概念,探究如何将智能化合理、科学地应用,以发挥更大的作用。

项目引入

　　情景:小王所在的城市最近出现了一家无人餐厅,既没有服务员点餐、送餐,也没有纸质菜单,这勾起了小王的兴趣,于是他携家人一同前往。小王与家人到店落座后,用手机扫描了桌上的二维码进行点餐,一家人其乐融融地讨论菜单,不用担心服务员等待以及后面排队的人。点餐结束后,由送餐机器人将菜品呈递至餐桌,并且所有菜品都是按照小王在小程序里的要求烹饪的。用餐结束后,小王直接在手机上完成了支付,餐厅还根据支付金额赠送了相应礼券。
　　问题思考:
　　(1)该餐厅现有运营模式与传统模式有哪些不同?
　　(2)这样的运营模式将给餐厅和顾客带来哪些益处?

项目目标

　　(1)了解餐饮信息服务的概念。
　　(2)熟悉餐饮信息服务的原理与特点。
　　(3)掌握餐饮信息服务的应用场景。

任务　餐饮信息服务

知识精讲

一、餐饮信息服务的概念

　　餐饮信息服务是指基于互联网和云计算技术为餐饮企业量身打造的智能管理系统,是通过使用顾客自主点餐系统、服务呼叫系统、后厨智能系统、前台收银系统、预定排号系统等,显著减少用工数量、提升管理绩效的一种新型餐饮管理模式。我国正处于信息化时代,信息技术的应用有效促进了各行业的转型发展,所以为了实现我国餐饮业的进一步发展,就需要在餐饮业中引入大数据资源,通过科学合理的运营机制,有效提高餐饮企业的核心竞争力。随着技术的不断革新升级,餐饮信息服务目前已被越来越多的餐饮企业选择和使用。

二、餐饮信息服务的种类

❶ **自助售饭机**　餐饮信息服务可以为自助售饭机提供安全、健康、热腾腾的餐食,且支持手机扫码取餐,无接触配送。在顾客扫码操作之后,自助售饭机自行启动,开始进行无人工接触烹饪,直到取餐也一直保持无接触状态,既降低了工作人员受病原体交叉感染的风险,也为顾客提供了安全、卫生且健康的餐食;既能保证食材的新鲜,又能保证餐食的口感。自动售饭机是一种全自动的 24 小时销售的机器,由于无人操作,所以可以轻松实现 24 小时销售。

❷ **无人餐厅(智慧餐厅)**　无人餐厅是互联网大数据与人工智能的应用,不仅让顾客用餐流程变得方便自主,也大大降低了人工成本,而且可以通过顾客形成的大数据直接描绘出顾客画像,为未来新零售的发展提供数据支持。

❸ **智能化餐饮信息系统**　智能化餐饮信息系统通过对顾客资料的合理收集、存储及整理,免去顾客重复强调自身需求,仅需要在信息平台进行简单操作,系统终端将会通过互联网或物联网将信息传输至终端,以实现预订、点单、定制化服务、收款结账等功能。同时,该信息会按照餐饮企业的设置进行此类信息的存储、整理,以帮助餐饮企业更好地对用户的实际需求进行分析,帮助餐饮企业进行下一阶段的营销决策。

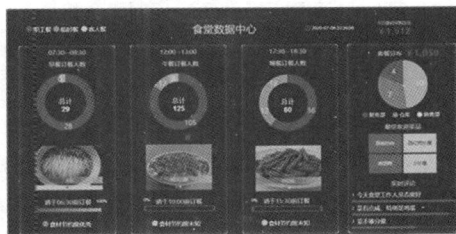

❹ **产品信息管理系统**　产品信息管理是使产品质量稳定、销售量提高、创新性提升的重要手段,它是一个比较复杂的体系,涉及原、辅料市场信息、菜品售卖信息、顾客反馈意见、竞争对手产品信息、库房信息和前厅销售信息等。任何一个大型餐饮连锁店都可能引进一套成熟的现代餐饮产品信息管理软件,因此在软件开发时可以向软件开发商提出菜品信息化管理的要求,协助他们有针对性地开发菜品信息管理软件,并让软件开发商设计系列表格,用于规范物料采买、原料保管、切配加工、成品传输等环节,以便于质量控制和成本监控。

❺ **收益管理系统**　收益管理的主要目的是通过合适的产品和服务给顾客提供更高质量的用餐体验;通过合适的价格以及合适的销售渠道,将产品销售给合适的顾客,进而实现收益的最大化。要实现收益管理的最大化目标主要包括三个重要环节,即需求预测、细分市场以及敏感度分析。由于当前公共平台的进步和发展,信息传递速度越来越快,餐饮业变化也越来越快。人们对餐饮的要求也在不断提升,餐饮需要具备口味突出、便捷、广泛的特点。此外,我国南北方在餐饮上的差异较为明显,所以企业在拓展时也需要结合此差异,对产品的重量及价格进行适当调整,在满足顾客当下需求的同时,尽可能减少资源浪费,同时加大对数据的挖掘和顾客需求预测工作。

❻ **餐饮企业防损管理**　利用大数据技术建立餐饮企业防损管理机制,防损管理机制的落实不

仅能够有效提高餐饮企业的管理效率、加强对内部的管理,而且有助于全面规范餐饮企业的服务行为,降低运营成本的同时还能够有效提高餐饮企业的收益。简单来说就是从节流的角度出发,通过对企业内部各种管理缺陷进行调整,从而最大限度地降低企业不必要的损失。企业需要利用当下先进的技术建立完善的异常预警机制。例如,通过对当天所销售的菜品数量进行分析,并结合损耗可以了解到当天所需要的原材料数量,通过对系统显示的库存原材料数量进行核对,就可以分析出当天原材料使用是否合理,从而提升餐饮企业内部的防损管理。

三、餐饮信息服务的特点

餐饮信息服务依靠现代技术将互联网与餐饮实体店相结合,利用线上与线下渠道共同进行的方式,对第三方入口的信息加以整合,使餐厅提高信息利用率,为餐厅提供营销、运营、管理的工具和服务,帮助商户优化用户体验、提高经营效率。

❶ **提升服务质量** 智能系统的使用不同于人工,在客流量较多的情况下亦不会出现人工服务时有可能发生的忘记落单、下单错误或厨房丢失订单导致顾客点好的菜迟上、错上、漏上等情况,智能系统拥有自动传单、计价等功能,服务员可节约单位时间,更专注于对客服务。系统自动计价缩短了顾客的等待时间,提升了顾客的消费体验。

❷ **促进营销** 通过智能系统可以记录餐饮企业以往的数据。例如节假日畅销或滞销的菜品、营业总额、翻台率、顾客资料档案等与运营相关的信息数据,对数据进行分析可反映出某一时间段餐饮企业的运营状况,进而使下一阶段的营销和运营决策更为科学精准。充分分析营运中收集到的信息数据,例如销售量、客流量、天气变化、顾客偏好等信息,进行科学决策以促进收益最大化。

❸ **提升运营效率** 智能系统对点单数据进行传送,具有实时性,顾客所关心的上菜时间大幅缩减,同时餐厅能够更专注于对客服务,顾客整体用餐时间缩减,提高了餐厅的翻台率和整体营收。餐前传单、分单、数据汇总、人工划菜的程序智能化,节约了人工成本;餐中服务员与厨房利用智能系统互联,提高了沟通的效率与准确性;餐后计算和审核价格智能化优化了消费体验,节约了人工复核的时间。

❹ **促进管理制度的标准化** 智能系统的应用,从侧面敦促所有工作人员必须按照统一标准进行操作,这要求餐饮企业必须制定合理、规范且高效的管理制度,并在智能系统上完成设置。这种制度的建立和执行能够促进餐饮企业管理方法的变革,提高餐饮企业管理水平的科学性、有效性,使餐饮企业的管理、运营水平提升。

❺ **避免管理纰漏** 智能系统通过预先的设置,控制产品(菜品)单价、折扣,管理人员在系统终端可更好地对运营状况进行监控,优化收银流程,避免了餐饮管理人员与一线服务员之间的误会与猜忌,有利于打造良好的工作环境与氛围。各部门(如厨房、收银、财务)对营业信息可通过智能系统进行共享,使工作更加高效透明,便于了解菜品的销售数量、原材料、配方、实际采购与消耗等信息,对每日运营的预测成本与实际成本进行比较,发现差异,及时发现问题并解决。

四、餐饮信息服务的基本原理

随着现代网络技术迅速发展,信息和网络与我们的生活紧密联系,也让一定范围内的资源和信息共享逐渐成为可能,这将改变消费模式,即线下转变为线上消费模式。随着互联网技术的逐渐成熟,智能手机已经遍布人们的生活中,手机软件的应用也在一步步普及。所有的这些变化都在很大程度上影响了我们的日常生产与生活,持续发展的社会与稳步提高的经济和生活水平,使人们无论何时何地都可以享受互联网服务。互联网服务及其应用已遍布于人们的工作和生活中,智能手机和互联网的普及改变了人们许多习惯的生活与工作模式,消费模式也从线下转变为线上。与我们的日常生活息息相关的饮食行为也应遵循信息化和网络化的发展趋势,以使餐饮企业在激烈的竞争中立于不败之地。因此,数字化发展势在必行。

餐饮业属于智能化融合产业。互联网、物联网、大数据、云计算、人工智能等与餐饮传统板块相结合,形成生产、管理、运营、服务、配送智能化。餐饮业中的智能化、数字化具体体现在智能系统、在线点餐、电子支付等餐前、餐中、餐后消费环节,将信息数据的收集与分析作为引擎,利用大数据、语音识别、行为分析等人工智能技术,结合云计算、物联网等智能化、数字化的技术对餐饮企业原有经营模式进行智能化改造,餐饮智能化与数字化餐饮的关系通过数字化、在线化、智能化得以体现。

五、餐饮信息服务在行业的应用

❶ **生产领域**　物联网智能管控平台,提供包含线下现场智慧改造、线上云端数据智能处理的整套 O2O 信息化解决方案,打造包含 5G 无线应用、人工智能、物联网应用、互联网＋、大数据分析等新兴技术的智能餐饮升级系统,实现对餐饮服务售前、售中和售后全生命周期的智能管理和应用,以提升餐饮企业信息化水平和管理效率。简而言之,整合智能服务机器人研发和物联网管理平台能力开发的资源,形成餐饮企业智能服务机器人与物联网管理平台相结合的创新型餐饮业信息化解决方案。针对政府部门(食品安全监督管理部门和安全生产监督管理部门)、餐厅及其管理者、餐饮联盟(如外卖)和顾客等不同应用对象,研发总结一套通用的餐饮业物联网解决建议,用于餐饮业物联网的应用场景,为迅速抢占餐饮业信息化市场提供有吸引力的产品保障。

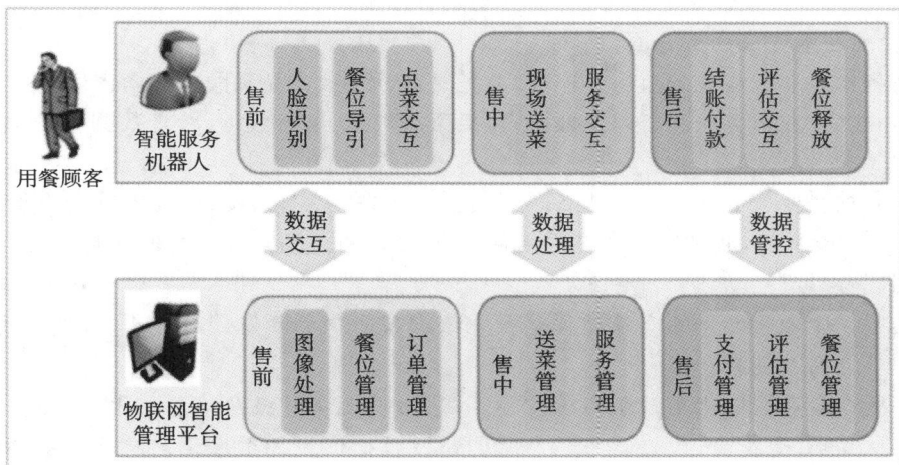

❷ **流通领域**

(1)前端智能服务机器人研发:研发餐饮智能服务机器人,实现餐厅现场人脸识别、餐位导引、点菜交互、现场送菜、服务交互、结账付款、评估交互及餐位释放等功能,使用智能服务机器人节约人力,降低人工成本,同时增强餐厅的趣味性,吸引更多的顾客,使餐厅更具个性化和品牌化。

(2)物联网基础能力平台研发:研发物联网智能管理平台,通过数据接入、处理、分析,实现智能餐厅的图像处理、餐位管理、订单管理、送菜管理、服务管理、支付管理、评估管理等功能,提升餐厅的管理效能和效率。

物联网技术的应用大大提升了效率,在目前的高质量发展阶段,餐饮企业一方面追求高质量产出,一方面需要降低成本、提高效率的措施。依靠智能化与产业的融合,推动了餐饮企业的升级换代。

六、餐饮信息服务的应用场景

❶ **单体餐厅**　单体餐厅逐渐意识到餐厅原有的重人工、重房租的运营模式抗风险能力弱,餐饮信息服务系统则能有效帮助餐厅维持经营并降低成本。一方面是餐厅用工难的问题日益突出,尤其

是对于品牌影响力较小的单体餐厅而言,人员流动性大给餐厅经营造成很大不确定性;另一方面则是由于目前外卖佣金不断提高,餐厅维持外卖经营就需要提升门店的产能,因此希望通过引进炒菜机器人的方式提升餐厅的外卖产能。

❷ **餐饮连锁企业**　对于餐饮连锁企业而言,每一家门店其实都是餐饮信息服务成果的"样板间",加大布局力度是他们未来利用餐饮信息服务打开面向企业或商业顾客市场(B端市场)的有力抓手。对于餐饮连锁企业来说,主要要解决的是顾客体验和成本效率问题。企业要借助智能化解决顾客的体验问题。另外,通过智能化解决空间成本、人力成本这两大问题,这是体现餐饮信息服务价值的地方,也是餐饮企业真正面临的问题。智能化领域包括供应链、抗风险能力、资金实力以及顾客定位等,企业在布局时需要根据自身的综合实力,并不是所有的企业都适合向智能化转型。

另外,餐饮连锁企业向智能化转型需要人力资源管理赋能,其具有以下几点优势:简化事务性工作、优化流程、丰富工作内容、释放人力效能;盘活餐饮企业原有数据资产,以支持未来的高效、准确的决策;满足餐饮企业业务发展需求,为现有的组织赋能。人力资源管理与业务的智能化,让餐饮企业实现全流程、全场景的升级。但若流程的设计不能执行到人力资源管理当中,则餐饮连锁企业所掌握的大量信息将会无效。

❸ **大型团餐**　由庞大的工作餐需求带热的团餐市场作为餐饮业一个炙手可热的"金元宝",已经开始引起业界的关注。业内专家指出,中国团餐市场机会巨大,团餐正向着社会化、市场化、企业化的方向发展,更加需要餐饮信息服务赋能,推动团餐逐步发展。

❹ **餐饮企业智能化应用五方面**

(1)互联:餐饮企业智能化的核心是连接,要把烹饪、服务、产品和顾客等紧密地联系在一起。

(2)数据:餐饮企业智能化的资源是数据,包括菜品数据、运营数据、管理数据、销售数据、顾客数据等。

(3)集成:餐饮企业智能化环境下将各种类传感器、智能控制系统、通信设施通过信息物理系统(CPS)构成一个智能网络,通过这个智能网络使厨房与顾客、厨房与前厅、前厅与财务,甚至是顾客与设备等之间能够形成互联。

(4)创新:餐饮企业智能化的实施过程是企业依靠智能化创新发展的过程,以实现烹饪技法、产品、模式、组织等方面的创新。

(5)转型:餐饮企业智能化相较于传统的模式,通过智能化升级及信息化手段,使整个业态更侧重顾客的个性化需求,更符合市场的需求,产品的研发及推广更加柔性化、个性化、定制化。智能化转型的模式包括以个性化营销为主的商业模式、以智能服务为主的服务模式、以流程优化和管理协同驱动的运营模式以及大数据分析和智能决策的决策模式。

智能化在餐饮企业菜品加工与管理（厨房）中的应用

项目描述

在餐饮智能化蓬勃发展的时代，有了新技术的加持，餐厅菜品加工和管理是否能够有更多发展的可能性？将大数据技术、智能技术与餐饮菜品加工管理和厨政管理深度融合，共同将智能化餐饮推进到一个新高度。

项目引入

情景：小王所在的学校组织了一场关于智能化厨房的参观，小王在参观后产生了以下几个疑问：智能机器人可以制作多少道菜？智能化厨房相比传统厨房，会有哪些新的设备？智能化厨房如何获知顾客点了什么菜？对于厨房的各种机器人如何进行数据传送？

问题思考：

(1)智能厨房与传统厨房的区别？

(2)智能厨房对于传统厨房的优势？

项目目标

(1)了解如何进行智能化菜品加工。

(2)了解如何进行智能化厨政管理。

(3)了解物联网技术在餐饮企业菜品加工与管理（厨房）中的应用。

任务　智能化菜品加工

→ 知识精讲

一、智能化原料处理

对原材料引进、原材料仓储、原材料使用、食料加工、订餐就餐、餐后废料处理等环节进行全程技术性监管和追溯，这是食品安全的最理想的状态。任何保障措施不到位、质量标准不严格，甚至任何形式的造假问题,都可追查得一清二楚,为食品安全创造良好的环境,变人为安全防范为技术防范,实现多角度、多元化的实时监管和环节追溯,实现保障食品安全卫生过程的公开透明,确保排除人为干预。这为广大顾客、餐厅的经营者和食品卫生监督管理部门对相关餐饮店食品卫生安全的监管提供了有力保障,实现了监管的便捷性。同时顾客可以通过该系统,清楚看到每一种菜品的实物图、价格、食材搭配信息,甚至所有食材的原产地信息、营养成分等直观数据,为他们的就餐选择提供了有效依据。

二、智能化设施设备

自动送餐机器人,环绕、立体投影,机械臂智能配菜,自动配锅机,自动炒菜机,流水线配锅,后厨信息管理系统等智能点餐、智能推荐、服务通知、自助取餐、自动代扣在内的全流程解决方案。

❶ 智能化加工工艺 随着科学技术的不断进步与发展,厨房加工工艺也取得了跨越式发展。智能炒菜机器人和厨师共同组成的人机一体化智能系统在制造过程中能进行智能操作,例如切配、加料、炒制、出餐等。人与智能机器的合作共事能扩大、延伸和部分地取代厨师在制造过程中的劳动。

❷ 智能化生产管理 智能化生产管理的成果主要体现在基于物联网的餐饮信息服务管理系统。通过在餐饮部门架构物联网设备,通过射频识别等节点数据获取和处理方法,达到对餐饮过程的有效监管,从而实现餐饮质量的提升。餐饮管理主要针对原材料采购、存储、使用等业务进行全过程监管,形成有效的物联网监管体系,从而提升餐饮管理者的管理效率。

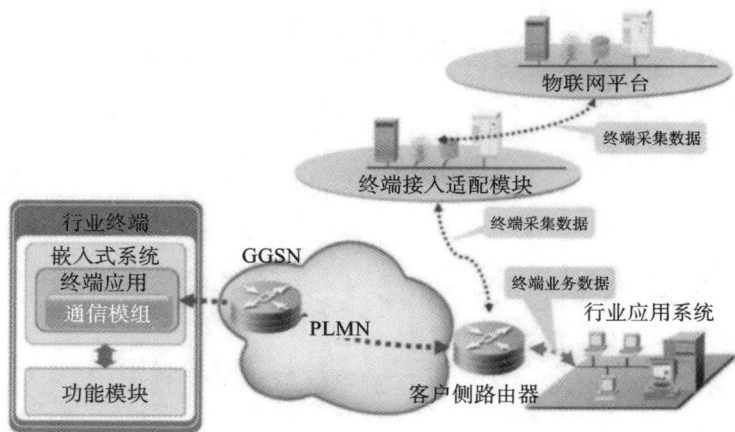

基于物联网的餐饮信息服务管理系统针对上述现象,以餐饮企业经营的全程进行考虑,在原有的几个独立模块研究的基础上进行了全面的整合,实现了全程监管,多端口接入,使得餐饮企业领导层能随时随地对餐饮企业运营情况有全面的了解,为进行餐饮企业发展决策提供有力依据。

基于物联网的餐饮信息服务管理系统通过全程技术性监管和追溯,消除偷工减料、造假仿制等情况,最终形成良好的市场环境。

智能化在餐饮企业服务营销中的应用

在智能化带来的变革当中,由于点餐和账户系统相结合,顾客的消费习惯、口味偏好等信息都将会被后台系统所记录,餐饮企业在掌握了一定的数据信息后,能够更有针对性地进行产品的研发与销售,并进行更为精准的营销。

项目引入

情景一:小王特别喜欢学校旁的某家餐厅,因为这家餐厅不仅可以通过手机 App 或小程序进行订餐和付款,还能够在进行菜品选购时根据喜好进行配套产品和折扣信息的推送,每次的消费体验都令他满意,因此小王成了这家餐厅的常客。

情景二:小王学校旁的餐厅紧随智能化浪潮,对餐厅进行了大刀阔斧的智能化改革,利用智能化手段进行更为精准的营销。当顾客在点餐时,后台系统将会合理记录其所在位置、点餐时间、点餐频率以及所点菜品,以便今后进行精准推送。餐厅还会根据不同的节日、气候等进行精准内容的营销,在拥有目标顾客后,餐厅的营收已经明显增长。

问题思考:

(1)小王为什么会成为该餐厅的忠实顾客?

(2)该餐厅相比传统餐饮,在营销上有哪些突破?

项目目标

(1)了解餐饮企业智能化服务。

(2)了解餐饮企业智能化营销的内容。

(3)了解餐饮企业如何进行智能化转型。

任务 智能化服务

→ 知识精讲

一、智能化服务

智能化服务实现的是一种按需和主动的智能,即通过捕捉顾客的原始信息,通过后台积累的数据,构建需求结构模型,进行商业数据挖掘和智能分析,除了可以分析顾客的习惯、喜好等显性需求外,还可以进一步挖掘与时空、身份、工作生活状态相关联的隐性需求,主动地给顾客提供精准、高效的服务。这里需要的不仅是传递和反馈数据,更需要系统进行多维度、多层次的感知和主动、深入的辨识,从而精准地满足顾客的服务需求。

二、餐饮智能化(数字化)营销

❶ **餐饮智能化营销的概念** 餐饮企业管理者为了使顾客满意或吸引更多的顾客,并实现餐饮经营目标而展开的一系列有计划、有组织的活动。餐饮智能化营销是一个完整的过程,而不是一些零碎的推销活动。

❷ **餐饮数据收集(人物画像、关键字捕捉)** 前后端联动,实现智能管理。智能服务机器人采集顾客的人脸数据,在基于物联网的餐饮信息服务管理系统存档,以人脸为辨识标签,建立顾客座位喜好、用餐喜好及其他服务信息的档案。当顾客再次光临时,智能服务机器人能够主动引导顾客到上一次的座位、调用上一次点餐的菜单,提升顾客的服务感知。

❸ **餐饮智能化指标体系建设** 为顾客和餐厅现场提供环境监测、入座、点餐、服务互动、支付、点评等功能,为餐饮企业管理者提供顾客满意度、顾客构成、用餐时长、原材料采购等统计分析功能。

❹ **餐饮智能化数据分析方法** 智能服务机器人收集服务点评,通过基于物联网的餐饮信息服务管理系统,从现场环境、菜品、服务员等方面进行数据处理和分析,从而便于餐厅的内部绩效考核,找出管理的短板,有针对性地提高餐厅的服务品质。

❺ **餐饮智能管理的数据可视化** 运营数据分析报告、数据分析系统都需要以更直观的方式输出分析结果或决策建议,指导业务决策。因此,需要了解数据可视化图表的应用原则、可视化产品设计理念,以及常用的可视化工具,如 Excel、Power BI、Python、SQL、SPSS 等软件。

三、餐饮企业营销转型

❶ **餐饮企业全渠道营销战略转型** 智能化时代的全渠道营销是指传统渠道＋电子商务＋移动互联网等多渠道与顾客互动整合的营销。餐饮业作为传统行业需要将营销智能化提升到战略高度,重视智能化与传统经营模式的协调统一发展,设立专门机构,对产品介绍及时更新(增添文化介绍、适宜人群、饮食禁忌、健康提示等);建立企业的 App、小程序以便顾客购买;增加官方微博互动;在第三方平台建设旗舰店等,增添"新零售"模式以及跨境电子商务、直播带货等新的分销模式。

❷ **基于大数据的外部环境刺激** 餐饮企业通过新技术与传统技术的选择机制,探寻智能化新技术的使用,以实现产品、服务、管理的升级;根据大数据分析顾客的购买意愿及行为,针对性开发新产品,加强或者改善菜品的出品及包装;通过制作、品尝美食等项目,增强顾客体验,开展定制化服务,支付方式多样化等,满足顾客更多的个性化需求;推进智能平台的使用,利用信息化功能从采购、库存、点菜、支付、服务、意见反馈等业务环节实行实时精细化管理,提升餐饮企业内部管理水平,使餐饮企业能够更为快速地对外部市场环境进行积极响应,促进顾客的购买意向以及购买行为。

❸ **加强餐饮企业数字化建设** 餐饮企业需要注重线上市场,打造更为全面的商业生态系统。充分利用自身产品特色,通过大数据信息挖掘,将线上线下市场相结合。改变传统经营模式,增加顾客品尝评比、学习互动空间、制作透明化和参与体验模式。餐饮企业应深挖智能技术的商业价值,使餐饮产品缩短中间渠道,使顾客更快捷地获取产品。

智能化在餐饮企业运营管理中的应用

项目描述

　　餐饮企业作为传统行业,有自身的管理痛点。如何通过智能化的手段,帮助餐饮企业实现对员工以及门店的运营管理?通过对项目四的学习,了解在目前智能化发展的趋势下,智能化如何助力餐饮企业实现整体管理的降本增效,为餐饮业开拓新型的智能化改革之路。

项目引入

　　情景:小王是一名连锁餐饮企业的准店长,他时常因为员工考勤、服务员的权限分配、员工工时的输出等方面头疼。自从公司引进了智能系统并对管理人员进行培训后,小王发现在移动端即能了解到员工的打卡情况,并且可以手动在移动端进行排班;通过智能化系统可以查看、赋予员工的管理权限,使员工对客服务更加灵活;通过智能系统的数据整合,可生成与营业相关的报表,帮助小王分析以及进行下一轮决策。
　　问题思考:
　　(1)小王所在餐饮企业有哪些管理上的痛点?
　　(2)试分析使用传统管理手段与智能化管理手段进行管理,有哪些不同效果?

项目目标

　　(1)了解智能化运营管理的概念。
　　(2)掌握如何进行餐饮智能化运营管理。
　　(3)掌握如何构建餐饮智能管理体系。

任务　智能化运营管理的概念

→ 知识精讲

一、智能化运营管理的概念

　　随着数字经济的不断发展,餐饮业由要素驱动转变为创新驱动,数字化发展在精细化管理、效率提升、服务升级等方面成效显著。例如,图像收银系统通过摄像头识别产品并自动计算金额,有效提升了收银速度,极大节约了人力成本,同时减少了排队时间,提升了消费体验;App到店换购功能允许顾客使用卡余额在线上兑换商品并到店提货,为顾客延伸了服务场景,提供了更多便利;AR、VR、全息投影灯技术帮助营造更加精致、梦幻的餐厅环境;大数据在后台通过分析顾客的累计信息,点对点解决服务和产品问题,并推出个性化、定制化服务,推动服务质量全面升级。综合行业跨界发展大趋势,未来的餐饮业将不再局限于单一餐饮服务,而是逐渐转化成为以数字化技术为依托的多元服务综合体。

智能化运营是通过数据化的工具、技术和方法,对运营过程中的各个环节进行科学的分析,为数据使用者提供专业、准确的解决方案,从而达到优化运营效果和效率、降低运营成本、提高效益的目的。

二、餐饮智能化运营管理的方法

餐厅以智能物联网机器人为载体,借助人脸识别、服务交互和语音互动等人工智能;后台借助云计算、大数据处理的物联网应用平台,实现顾客从入店、点餐、用餐、支付、服务评估等全生命周期流程的信息化处理。经过互联网和物联网技术改造的娱乐化、好玩和有趣的餐厅,有效节约人力成本,提升餐厅的信息化水平和管理效率,驱动顾客自传播。

三、餐饮智能管理体系的构建

连锁餐厅智能管理系统共分为四个子系统,分别是云端连锁餐饮智能管理系统、餐厅智能收银系统、Pad智能点餐系统、微信公众号智能订餐系统。

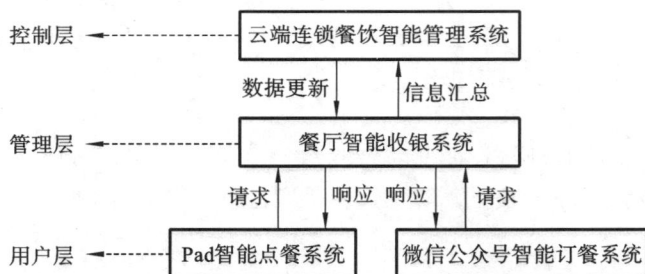

(1)云端连锁餐饮智能管理系统:对连锁餐饮企业进行总体上的管理,包括对连锁餐厅品牌信息的管理,对品牌下各子餐厅信息的管理,对餐厅菜单中菜系和菜品信息的管理,对企业其他营销策略的管理等。该系统同时兼有数据更新功能。该系统具有整体把控、全面管理的功能。

(2)餐厅智能收银系统:主要是针对餐厅收银端的业务处理,主要负责响应Pad端和微信端顾客的请求,然后进行餐厅的桌号管理、顾客预约、杂项管理、会员管理等工作。该系统同时具备汇总信息、传递信息的功能。该系统具有汇总响应、高效管理的功能。

(3)Pad智能点餐系统:以顾客为主体,满足顾客需求的系统。顾客使用该系统可实现桌号选择、菜品浏览、点餐加菜、呼叫服务、用户评价等。系统接收餐厅服务器传送的菜单信息呈现给顾客,包括菜品图片、菜品简介等,以便顾客了解菜品并进行点餐操作。同时发送订单请求到餐厅服务器,并可及时进行菜品追加、呼叫服务等。

(4)微信公众号智能订餐系统:通过微信公众号实现顾客提前对餐厅菜品、位置的预订。顾客在微信公众号里选择相应的菜品、就餐时间、就餐人数等信息,确认订单后向系统提交,在收到系统确认后表示订餐成功,最后顾客按照约定时间进店消费。

四个子系统协同工作,支撑起整个连锁餐厅的高速运转,并且在各系统间建立起有效的信息传送通道,实现了数据共享和信息汇总,有效提升餐厅工作效率。

云端连锁餐饮智能管理系统主要面向的群体主要有两类,一类是餐厅管理层,对餐厅业务流程的管理、对用户的请求进行响应;另一类是用户层,即连锁餐厅的服务对象,企业发展关注的核心。

智能化在餐饮企业中的应用前景

项目描述

　　智能化的发展将成为餐饮企业发展的重要因素。越来越多的餐饮企业依托智能化工具和手段,以提供线上、线下多场景融合的产品和服务,以构建以顾客为中心的全新的触达、交互、服务模式,本项目阐述了智能化在餐饮企业中的应用前景。

项目引入

　　情景:某家传统老字号餐厅依靠智能化升级,为顾客打造了绝佳的消费和服务体验;新开张的餐厅在菜品、硬件、点菜、服务流程等方面进行了重新的设计,重构了下单、支付、取餐、用餐的流程,做到了全程无员工的服务。通过炒菜机器人的现场制作,吸引顾客的注意力,优化上菜时间、严格按照流程标准,与以往把制作过程放在后厨的模式有很大区别,顾客也感觉到自己参与了制作过程,而餐厅节省了人工成本,提升了品控与效率。

　　问题思考:

　　(1)餐饮智能化如何为顾客提供更多的服务?

　　(2)实现案例中的场景需要哪些智能化手段的支持?

项目目标

　　(1)了解餐饮产品加工的智能化。

　　(2)了解餐饮企业服务营销的智能化。

　　(3)了解餐饮企业运营管理的智能化。

> **任务** 智能化在餐饮企业中的应用前景

➡ 知识精讲

一、菜品加工的智能化

　　在产品质量上必须关注安全与营养,不能有任何的偏差,特别是在运输及配送环节,应该将其作为产品的一部分进行重点监控;在产品设计上可以中西结合,也可以以某一系列为主打产品,但应该紧密围绕消费者需求,设计相应产品拼配,并定时进行产品更新与调整;在产品使用上,要突出快捷性与方便性,这也是目标顾客选择的结果。

二、餐饮服务营销的智能化

❶ **线上促销** 线上推广策略主要包含通过微信平台、微博平台、点评类平台进行推广。通过这三类平台不仅可以快速有效地进行推广,还可以根据平台建立顾客大数据信息,进行顾客管理。

❷ **广告推广** 微信平台推广以微信朋友圈广告的形式精准投放,并且设计微信小程序。微博平台推广相较于微信平台推广更具有开放式的优点,主要注重交互性和综合性,微博的每个使用者都是一个潜在的顾客。点评类平台推广,当下流量大的点评类平台主要有大众点评网、美团网、支付宝口碑和百度糯米。点评类第三方平台对顾客起到的主要作用是在消费前了解店铺或产品的基本信息和评价。餐饮企业与第三方平台合作,通过搜索关键词作为优质推荐。并且每天查看评论,及时回复与改正完善自身的不足。通过百度、360搜索等其他推广媒介对餐饮产品进行推广宣传。

三、餐饮运营管理的智能化

基本信息管理就是要对餐桌和相关人员进行各种维护和管理。基本信息管理的主要业务需求如下。

❶ **菜品信息的管理** 工作人员将可以提供的每道菜品的基本信息添加到系统中,包括菜品编号、菜名、菜品价格、菜品图片等。当某些菜品信息发生变化时,例如菜品价格发生变化时,需要更改菜品信息,或者由于业务需要而不再提供某些菜品时,需要删除菜品信息。

❷ **餐桌的管理** 工作人员需事先设定餐桌信息,当餐桌有顾客时,系统按照餐桌号进行管理,如果系统显示忙碌状态,则表示顾客正在用餐。

❸ **工作人员的管理** 餐厅有前台工作人员、传菜员和厨师等,为顾客提供良好的餐饮服务,系统需要对工作人员提供信息维护的操作。

❹ **业务智能化**

(1)点菜管理的优化业务分析:系统将按顺序显示每道菜品的信息,包括菜品价格、菜名和菜品图片等。当顾客看到喜欢的菜品时,可以点菜,并将菜单上传到系统,由系统通知厨师,厨师可以查看菜品的信息,前台工作人员还可以查看顾客的订单信息,然后菜单进入等待状态。

(2)订单管理优化的业务:当顾客点好菜品时,系统将播报新菜单信息。厨师需仔细查看菜单,包括餐桌号、顾客人数、订单时间和所点菜品等。根据厨房的繁忙程度,相关操作如下。

①取消订单的管理:顾客点好菜品后如果需要取消,则需要工作人员检查菜单的状态信息。如果厨师未接收到菜单,可以取消订单。否则,就无法取消订单。

②接收订单管理:提交顾客的菜单后,将菜单输入队列中等待。顾客的菜单经过处理后,厨师就可以收到顾客的菜单,随后系统将反馈信息发送给顾客,顾客可以看到菜单从初始状态到处理状态。

(3)菜品变更管理优化业务分析:当顾客选好菜品并完成提交时,由于各种原因,可能需要通过顾客需求更改订单信息,如需要添加菜品或更改菜品等。变更管理优化业务实现的具体业务需求如下。添加食品的管理:当顾客在等待中或在用餐期间需要临时添加菜品时,可以借助添加管理优化业务来完成。在确认添加菜品后,厨师将收到消息,如果还未结算,就会收到接收菜品的请求,并通知顾客请求已收到,前台服务员也可以接收到顾客的添加菜品信息。

(4)换餐的管理:当顾客要换餐时,如果队列中的厨师未收到该订单,则可以进行换餐操作。如果厨师已收到该订单,则无法更换菜品。

(5)退菜管理:当顾客提交菜单后需要更换菜品时,如果队列中的厨师未收到该订单,则可以将菜品退回。如果厨师已收到该订单,则无法退回菜品。

(6)评价管理优化业务分析:当顾客还未结账时,可以对本次的体验给出评价,包括对菜品和服务以及环境等方面进行评价,一旦结账,就无法评价。评价的管理包括查看评价、给出评价、评价的回复。

(7)结账管理优化业务分析:顾客结束用餐后,为了方便顾客,可以为顾客提供现金、刷卡或扫描二维码结账的付款方式,同时还要向顾客提供发票。

(8)折扣的管理:可以依据管理条例为顾客提供一定的折扣。例如,顾客采用推荐的付款方式,或顾客是店里的重要客户,或消费达到一定金额。折扣标准由餐厅管理者提前商议,同时还可以参考顾客在结账时的具体情况,在允许范围内给予稍大的折扣。

(9)支付的管理:顾客可以选择不同的付款方式,如现金或通过第三方支付平台付款(扫码支付)方式,顾客还可以通过餐桌上的二维码完成付款。灵活的付款方式极大地方便了顾客,也减少了餐厅工作人员的工作量。

四、展望餐饮智能化未来方向

随着 5G 时代的到来,新技术运用和消费升级,餐饮业在业态、产品、供给模式和服务方式上不断创新,一些餐饮企业开始运用智能科技开启多渠道并举、多资源并用的新型服务模式。线上点餐、到店即食,高科技代替人工制作,无人餐厅(智慧餐厅)、未来餐厅等逐渐普及;新技术、新体验、智慧化、数字化正在成为餐饮消费发展的方向;移动化、自助化、智能化消费也将成为餐饮业未来发展的重要趋势。

同步检测

模块六

餐饮产品营销与管理

扫码看课件

模块描述

　　本模块旨在全面探讨餐饮产品的销售与售后服务管理，涵盖从销售原理到实际操作的各个方面。随着餐饮业竞争加剧，如何有效地将产品推向市场并维持高水平的顾客满意度成为企业成功的关键因素。本模块将通过系统的学习与实践，帮助学生掌握从销售理论到实际应用的全流程知识与技能。

模块目标

　　(1)掌握餐饮产品销售原理。
　　(2)掌握餐饮产品线上营销内容制作以及线上工作标准。
　　(3)掌握餐饮社交平台口碑维护及顾客回访工作标准。

餐饮产品销售原理

项目描述

在餐饮业中,产品的销售能力直接影响企业的市场表现和盈利能力。为了在竞争激烈的市场中取得成功,餐饮企业必须深入理解销售原理,掌握有效的销售策略,并能够灵活应对市场变化。本项目将带领学生深入学习和应用餐饮产品销售的基本原理,帮助他们培养分析市场需求、制定销售策略及在实际操作中提升产品项目目标市场表现的能力。

项目引入

某餐饮企业的管理团队意识到,当前的市场环境变得更加复杂且多变,顾客需求和行为也在不断发生变化。尽管餐饮企业拥有丰富的餐饮资源和品牌优势,但在应对这些市场变化时,传统的销售方法还是显得力不从心。团队希望通过此次项目,利用销售原理和分析工具,帮助企业重新定位市场需求,优化产品销售策略,提升产品的市场竞争力。

问题思考:

(1)当前的市场需求对该餐饮企业的特色菜品销售产生了哪些影响?

(2)顾客的消费行为和偏好变化如何影响产品的销售表现?

(3)在面对这些市场挑战时,企业应如何调整其销售策略以提升产品销售?

项目目标

(1)学习并掌握餐饮产品销售的基本原理和核心概念,理解市场需求、顾客行为、价格策略、销售渠道和促销手段等因素对销售的影响。

(2)具备分析餐饮市场需求和顾客行为的能力,掌握如何根据不同的市场情况制订销售策略的技能。

(3)在实际情境中,能够准确识别影响餐饮产品销售的关键因素,运用所学知识制定合理的销售策略。

Note

项目实训

学生角色扮演任务单

项目	餐饮产品销售原理
实训名称	餐饮产品销售实践
实训日期	
实训地点	
实训目标	让学生学会改良并营销餐饮产品

实训任务

任务编号	任务名称	负责人	具体任务内容
任务1	餐饮产品销售原理		通过案例分析和模拟场景,学会如何在复杂的市场环境中灵活应用销售原理,提升产品的市场表现
任务2	餐饮产品销售实践		学生通过修改一道中餐菜品的表现形式与文化内涵,使其更符合产品营销的条件,并更好地满足市场需求或提升顾客满意度。通过这个过程,学生将练习如何根据市场反馈调整菜品,提升其吸引力,制订并实施有效的销售策略,确保最终销售目标的实现

任务　餐饮产品销售原理

知识精讲

餐饮营销不仅仅是餐厅营销部门的责任,更是整个企业运营的重要组成部分。服务员作为直接与顾客接触的一线员工,也需要掌握基本的产品销售原理。了解顾客需求,识别销售机会,并在服务过程中有效传达产品价值,这都是服务员必须具备的技能。

一、餐饮市场营销的概念

餐饮营销管理是指对餐厅的经营项目和营销活动进行计划、组织、执行和控制,以便能创造、建立和维持与餐厅目标市场的良好交换关系,实现餐厅总体目标。

与其他行业产品相比,餐饮企业的市场营销存在着许多特殊性,这些特殊性使餐厅的营销有别于其他行业的营销,同时这些特殊性又加大了餐厅营销的困难程度。

❶ **有形商品和无形商品的组合**　餐饮产品是组合型的,它包括有形产品和无形产品两大类。有形产品主要指餐厅设施、菜品等实体的东西;无形产品主要指服务、餐厅氛围等。餐厅在进行营销时,营销人员必须不断地与顾客进行交流,为其提供可靠、有效的产品信息,通过餐厅广告、宣传册等宣传资料来展示餐饮产品,使餐厅设施形象、服务水平以及餐饮产品能带给顾客的利益等充分地、真实可信地向顾客传达。

② 餐饮企业的产品不可储存性挑战

餐饮产品不像其他行业的产品可以长期储存,如果营销人员未把当日的产品推销出去,而是储存起来改日再卖,会影响餐厅食物的质量和口碑。另外,餐厅销售额因不同季节、不同日期和不同的营业时间可出现很大的波动。因此,餐饮产品的不可储存性和需求波动性一起向营销人员发起了挑战。营销人员必须通过创造性的定价、促销和有计划的营销活动来加强餐饮产品的销售。

③ 餐饮企业的产品标准化难度高的挑战

餐饮企业的工作人员——无论是厨师还是服务员——的素质、知识、技巧和态度各不相同,因此他们所提供服务产品的质量、水平很难达到完全标准化,这为餐厅营销工作带来了很大的不确定性。为此,餐厅管理者必须特别重视对餐厅人员的培训和激励工作,使产品标准化,同时通过各种检查制度来衡量顾客对产品的满意程度,降低产品不一致性和质量不稳定性。

二、餐饮营销技术的发展

在过去 50 年里,营销理论和营销技术发生了巨大的变化。营销理论把市场营销的导向分为生产阶段、产品阶段、推销阶段、销售阶段、营销阶段和社会营销阶段。在 2015 年东京的世界营销峰会的演讲中,现代营销学之父菲利普·科特勒将营销技术在不同时期中的方向分为产品导向、顾客导向、品牌导向、价值导向以及价值观与共创导向,在不同的阶段,都提出了重要的营销策略。

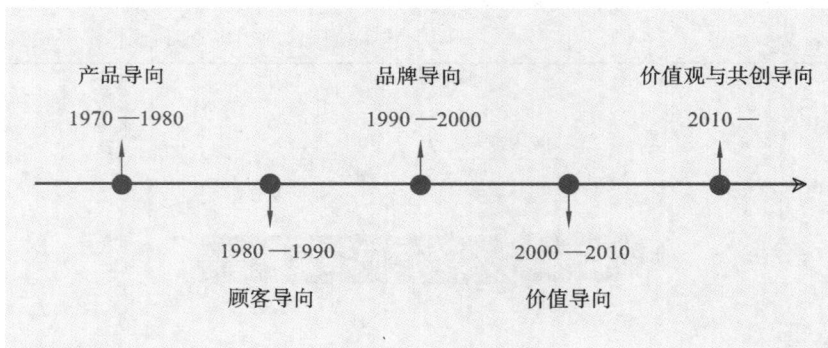

科特勒将营销分为了 1.0、2.0、3.0,以及未来社会的 4.0。

三、餐饮营销组合的概念

市场营销组合的概念由哈佛大学的尼尔·波顿教授于 20 世纪 50 年代提出。餐饮市场营销的成功与否直接取决于企业运用市场营销组合的能力,即如何有效组合使用各种市场营销因素,以实现将产品销售给目标顾客的目标。餐饮市场营销组合是一套用于在目标市场上实现预期营销目标的市场营销工具。

(一)市场营销组合在餐饮经营中的作用

① 经营理论指导作用

(1)科学化管理模式:营销组合策略提供了企业制订营销战略的基础,通过系统分析和应用营销手段,帮助企业达到整体营销效果。

(2)应对竞争的手段:餐饮企业需要分析自身的优势和劣势,以便扬长避短,增强市场竞争力。

(3)系统管理思路:营销组合策略为餐饮企业提供了系统的经营管理思路,帮助企业协调各部门的工作。

② 经营的实际作用

(1)发挥竞争优势:合理运用营销组合策略可以帮助企业扬长避短,增强竞争力。

（2）增强企业适应能力：营销组合策略能够增强企业应对市场变化的能力，使企业在激烈竞争中保持优势。

（二）营销组合策略

❶4P 营销组合策略（产品导向）

（1）产品（product）：餐饮企业需要通过提供具有竞争力的产品来满足市场需求。核心产品是菜品，菜品的改良与创新是关键。

（2）价格（price）：唯一能产生收益的营销变量。餐饮企业应根据顾客需求、成本费用、竞争价格等因素，制定合理的价格策略。

（3）渠道（place）：建立高效的销售渠道能有效促进产品的成长和延长产品的生命周期。

（4）促销（promotion）：促销是通过传递产品信息来影响顾客购买决策的重要手段。促销方式包括广告、公关、营业推广等。

❷4C 营销组合策略（顾客需求导向）

（1）顾客（consumer）：企业首先应以顾客需求为导向，满足顾客的多样化需求。

（2）成本（cost）：企业应通过降低顾客的购买成本（包括时间成本、体力成本、心理成本等），提高顾客的让渡价值。

（3）便利（convenience）：为顾客提供便利的服务，使便利原则贯穿于整个营销过程。

（4）沟通（communication）：强化企业与顾客的沟通，通过互动和沟通提升顾客的满意度和忠诚度。

❸4R 营销组合策略（竞争导向）

（1）顾客关联（relevancy）：企业应通过有效方式与顾客建立关联，增强顾客黏性，减少顾客流失。

（2）市场反应（reaction）：企业要对顾客需求的变化做出迅速反应，并及时提供相应的产品和服务。

（3）关系营销（relationship）：关系营销扩展到企业与供应商、竞争者、政府、社区等多个层面的关系。

（4）利益回报（reward）：通过优化营销方案和实施动态控制，企业可以实现最大化的利润回报。

❹4V 营销组合策略（差异化与功能化导向）

（1）差异化（variation）：企业通过技术和管理优势，生产出在市场上具有差异性的产品，以赢得顾客的青睐。

（2）功能弹性化（versatility）：根据顾客的不同需求，提供多样化的产品功能，以满足不同层次顾客的需求。

（3）附加价值化（value）：企业应注重产品的附加价值，通过技术、服务、品牌、社交等附加值来提升产品竞争力。

（4）共鸣（vibration）：在餐饮网络营销中，共鸣策略主要指通过情感沟通和价值共振，激发顾客的认同感，从而增强品牌吸引力和顾客黏性。

❺ 整体营销组合策略　整体营销组合策略强调将市场营销中的各种策略要素有机地结合起来，形成一个统一的整体，为企业的营销目标服务。整体营销组合策略是一种动态修正的系统化营销方法，旨在实现企业与顾客之间的价值增值。

整体营销组合策略在餐饮经营中的运用原则如下。

（1）目标性：整体营销组合策略应有明确的目标市场，各因素应围绕目标市场进行最优组合。

（2）协调性：整体营销组合策略中的各因素应协调一致，形成整体效果。

（3）经济性：整体营销组合策略应注重经济性，考虑各因素对销售的促进作用。

（4）反馈性：整体营销组合策略应根据市场变化及时调整，确保组合的适应性。

（5）整体性：使用整体营销组合策略时应有整体思考，避免片面使用某一策略。

任务执行

实践任务一：阅读顾客需求与市场调研报告→选取一道传统中餐菜品→进行产品创新设计→制定顾客关系营销策略→设计网络营销与推广计划→形成研究报告→填写任务表 6-1-1。

任务表 6-1-1

任务编号	任务名称	负责人	具体任务内容
任务 6-1-1	餐饮产品创新与营销		阅读顾客需求与市场调研报告
			选取一道传统中餐菜品
			进行产品创新设计
			制定顾客关系营销策略
			设计网络营销与推广计划
			形成研究报告

餐饮社交平台口碑维护及顾客回访

项目描述

在当今数字化信息时代,餐饮企业的声誉与市场表现越来越依赖于在线评价和顾客反馈。通过有效的评价管理和顾客回访机制,餐饮企业能够及时了解顾客的需求与反馈,优化服务质量,提升品牌形象。本项目旨在培养学生在餐饮社交平台上进行口碑维护和顾客回访的能力,从而帮助企业在竞争激烈的市场中赢得顾客的信赖与忠诚。

项目引入

广州某酒家是一家享誉全国的知名粤菜餐厅,以正宗的广式点心和传统粤菜而闻名。作为一家有着悠久历史的餐厅,它不仅吸引了大量本地食客,也成为游客来广州必去的美食打卡地。然而,随着数字化时代的到来,越来越多的顾客通过在线平台(如大众点评、美团等)对餐厅进行评价,这些评价直接影响着潜在顾客的选择,并在很大程度上决定了餐厅的市场表现。近年来,该餐厅注意到其在线评价的波动较大,特别是在用餐高峰期和节假日期间,顾客对服务速度和排队等候时间的负面反馈较多。

问题思考:

餐厅现有的评价管理机制缺乏系统性,部分差评未能及时处理,导致顾客流失。尽管该餐厅在老顾客中拥有较高的忠诚度,但在新兴的外卖平台和年轻顾客群体中的影响力较弱,尤其是在节假日期间,顾客流失率较高。餐厅员工对于如何有效使用餐饮社交平台和线上工具进行口碑维护和顾客回访缺乏足够的培训。你会如何实施这一计划?

项目目标

(1)认识餐饮社交平台以及平台机制。
(2)运用餐饮社交平台监测工具掌握顾客数据。
(3)掌握顾客回访技巧以及口碑维护策略。

Note

项目实训

学生角色扮演任务单

项目	认识餐饮社交平台以及平台机制
实训名称	认识餐饮社交平台以及平台机制
实训日期	
实训地点	
实训目标	本任务将通过角色扮演的方式,模拟餐饮企业在主流餐饮社交平台上的操作流程。学生将扮演餐饮企业的营销人员,学习并掌握如何在不同类型的餐饮社交平台上进行口碑维护和顾客回访

实训任务

任务编号	任务名称	负责人	具体任务内容
任务1	认识餐饮社交平台以及平台机制		1.研究不同餐饮社交平台(如大众点评、美团、饿了么等)的特点,包括顾客群体、使用场景和评价机制。 2.分析这些平台的顾客目的,探讨不同平台上顾客的主要关注点,如价格、服务、环境等。 3.制定一份平台操作指南,帮助餐饮企业更好地利用平台功能提升品牌曝光度和顾客参与度
任务2	运用餐饮社交平台监测工具掌握顾客数据		1.学习如何使用餐饮社交平台的监测工具,如实时评价监测、热度分析、关键词追踪等,监测顾客反馈的动态变化。 2.通过数据分析工具,生成顾客行为趋势报告,识别平台上可能影响企业口碑的负面评价或热点话题
任务3	顾客回访以及口碑维护		1.设计顾客回访计划,包括回访内容、时间节点和沟通方式,以确保提升顾客满意度。 2.实施回访任务,根据顾客反馈采取相应的措施进行口碑维护,特别是处理负面评价,以提升企业在餐饮社交平台上的形象。 3.制定长期口碑维护策略,利用平台功能和第三方工具,确保餐饮品牌在顾客中的良好形象,并持续增强市场竞争力

任务一 餐饮社交平台以及平台机制

知识精讲

一、餐饮社交平台类型及特点

在当前的餐饮业中,餐饮社交平台根据其功能和定位,大致可以分为以下几类,每类平台都有其特定的顾客群体、顾客目的和使用场景。

（一）评价类平台

❶ **顾客群体**　评价类平台的顾客主要是普通消费者,他们在外出就餐或使用外卖服务后,通常会在这些平台上分享自己的用餐体验。这些顾客年龄层次较为广泛,从年轻人到中老年人都有,特别是喜欢美食的年轻人和注重健康饮食的中老年群体。

❷ **顾客目的**　顾客在评价类平台上的主要目的是分享和获取餐厅的真实评价。通过阅读其他顾客的评价,他们可以了解餐厅的菜品质量、服务水平、环境氛围等,从而帮助他们做出用餐选择。此外,顾客也可通过平台上的打分系统对餐厅进行评分,从而影响餐厅的排名和口碑。

❸ **使用场景**

（1）前期选择:当顾客计划外出就餐或订购外卖时,通常会先在这些平台上查找评价,以筛选出符合自己需求的餐厅。例如,在广州的"粤式早茶"分类下,顾客可以通过查看大众点评或美团上的评价,选择一家评分较高、菜品特色鲜明的餐厅。

（2）用餐后反馈:用餐后,顾客会在平台上分享自己的体验,撰写详细的评价,并上传相关照片。这些评价不仅是对餐厅的一种反馈,也能帮助其他顾客做出选择。

❹ **平台示例**

（1）大众点评:顾客可以在平台上对餐厅的菜品、服务、环境进行评分和评论,并查看其他顾客上传的用餐照片。

（2）美团:除了评价功能,美团还结合了团购和外卖功能,顾客可以通过查看评价来决定是否下单。

（二）外卖类平台

❶ **顾客群体**　外卖类平台的顾客群体主要是追求便捷、高效服务的城市白领、学生和家庭顾客。特别是在大城市,工作节奏快的群体更倾向于通过外卖类平台解决日常用餐需求。

❷ **顾客目的**　顾客的主要目的是快速找到并订购符合自己口味的餐品,同时享受外卖类平台提供的各种优惠活动。他们通常会根据平台上的评价和评分,选择可靠的餐厅下单,并期待能够快速收到高质量的餐品。

❸ **使用场景**

（1）日常用餐:顾客在工作日午餐或晚餐时段,通常会打开外卖类平台 App,如饿了么或美团外卖,快速浏览周边的餐厅,查看评分和评价,选择符合自己口味和预算的餐品。

（2）应急解决:当顾客因为加班或其他原因无法外出就餐时,外卖类平台会成为他们的首选解决方案。此时,顾客更注重送餐的速度和餐品的可靠性。

❹ **平台示例**

（1）饿了么:提供丰富的外卖选择,并通过智能推荐帮助顾客快速找到心仪的餐厅。顾客可以根据餐厅的评分、配送速度等信息做出选择。

（2）美团外卖:与美团主站相结合,除了外卖功能,还可以查看餐厅的详细评价和照片,帮助顾客做出更为明智的选择。

（三）团购类平台

❶ **顾客群体**　团购类平台的顾客群体主要是价格敏感型消费者、学生和家庭顾客,他们倾向于寻找物美价廉的餐品。同时,喜欢尝试新餐厅的年轻人也经常使用这些平台。

❷ **顾客目的**　顾客的主要目的是通过团购类平台获取折扣和优惠,享受性价比更高的餐饮服务。他们通常会在平台上找到心仪的套餐或代金券,然后前往餐厅进行消费。

❸ **使用场景**

（1）聚会用餐:当一群朋友或家庭成员计划外出聚餐时,他们可能会在团购类平台上找到一家价格合适的餐厅,并通过购买套餐来享受优惠。

（2）尝新体验：对于那些喜欢尝试新餐厅的顾客，团购类平台提供了低成本尝新的机会，让他们可以通过较低的价格体验新的餐厅或新菜品。

④ 平台示例

（1）美团团购：顾客可以在平台上找到各类餐厅的团购套餐，从高档餐厅到街头小吃一应俱全。平台上通常会提供顾客评价和套餐详细介绍，方便顾客做出选择。

（2）糯米团购：主要提供餐饮、娱乐等生活服务的团购选项，顾客可以在平台中购买折扣套餐，并通过糯米评价系统查看其他顾客的反馈。

（四）社交分享类平台

① 顾客群体 社交分享类平台的顾客群体以年轻人为主，尤其是喜欢拍照、打卡的消费者。这些顾客不仅关心食物的味道，还非常注重用餐环境的拍照效果和整体用餐体验。

② 顾客目的 顾客在社交分享类平台上的主要目的是分享自己的用餐体验、打卡热门餐厅，并通过社交网络展示自己的生活品质。他们通常会拍摄精美的食物和餐厅环境照片，并附上个人的评论和感受。

③ 使用场景

（1）打卡热门餐厅：当某家餐厅在社交分享类平台上走红时，顾客往往会前往该餐厅打卡，并在自己的社交媒体上分享照片和评价。例如广州的"广州塔旋转餐厅"，许多年轻顾客会前来体验并在小红书上分享他们的用餐经历。

（2）美食推荐：顾客喜欢将自己发现的美食分享给好友或粉丝，并且希望通过这种方式获得社交认可。

④ 平台示例

（1）小红书：小红书是一个生活分享平台，顾客可以在平台上分享他们的美食体验，并通过照片和文字描述来吸引其他顾客的关注。

（2）微信朋友圈：顾客会将自己满意的用餐体验发布在微信朋友圈中，通过分享用餐照片和位置，让朋友们了解他们的美食新发现。

二、餐饮社交平台评价机制的运作

餐饮社交平台的评价机制是顾客与餐饮企业之间的重要互动方式。通过这些平台，顾客可以分享他们的用餐体验，而餐饮企业则可以根据顾客的反馈不断优化服务和菜品。评价机制的运作不仅影响着餐厅的口碑，还直接关系到餐厅的市场竞争力和顾客的回头率。

（一）评价机制的核心要素

① 顾客评分系统 平台通常允许顾客在用餐后为餐厅进行打分，这些分数反映了顾客对餐厅的整体满意度。评分通常分为多个维度，如菜品质量、服务态度、环境氛围等。不同平台的评分系统可能略有不同，但其核心目的都是通过顾客的打分为其他消费者提供参考。

案例：在大众点评平台上，餐厅的评分分为菜品、服务、环境三个维度。顾客用餐后，可以在每个维度打分并留下评论，这些分数会汇总成餐厅的总评分，并直接影响餐厅在搜索结果中的排名。

② 顾客评论和反馈 除评分外，顾客通常还会撰写文字评论，分享他们的具体用餐体验。这些评论可以包括对菜品的详细描述、服务的具体情况，以及对餐厅整体氛围的评价等。通过评论，顾客可以充分表达他们的满意或不满，为其他消费者提供更为全面的信息。

案例：在美团外卖平台上，顾客在完成订单后可以撰写评论，详细描述菜品的味道、配送速度和服务态度等细节。这些评论对其他顾客的点餐决策具有重要影响，尤其是在快节奏的城市生活中，顾客往往会依赖这些评论快速选择外卖餐厅。

③ 图片和视频上传 许多平台允许顾客上传图片和视频，以更直观地展示他们的用餐体验。

这些视觉内容不仅增加了评论的可信度,也为其他顾客提供了真实的用餐场景参考。通过观看图片或视频,潜在顾客可以更好地了解餐厅的菜品和环境,从而做出更加明智的选择。

案例:在小红书平台上,顾客可以通过图文并茂的方式记录他们的用餐过程,并上传高质量的照片和视频。这些视觉内容往往能够吸引更多的关注,并且在社交媒体上形成二次传播,提升餐厅的曝光度。

❹ **评价的审核与过滤机制**　为了保证评价的真实性和公正性,大多数平台都会设置审核和过滤机制。这些机制可以帮助平台过滤掉虚假评论、恶意攻击或广告内容,保障评价的质量和可信度。平台通常会利用人工审核与算法结合的方式,来判断评论的真实性,并对不合规内容进行处理。

案例:饿了么外卖平台会对顾客的评价进行自动筛选,剔除重复评论或疑似刷单的评论。对于举报的恶意评论,平台也会通过人工审核的方式进行处理,以确保评价系统的公平性。

❺ **餐饮企业的回应功能**　许多平台允许餐饮企业对顾客的评价进行回应。通过回应功能,餐饮企业可以直接与顾客进行互动,感谢好评、解释误会或处理投诉。这种互动不仅可以改善与顾客的关系,还能够提升餐厅的形象,展现出餐厅对顾客反馈的重视。

案例:在大众点评平台上,餐厅管理者可以对每条顾客评论进行回复,尤其是差评,及时回应可以展现出餐厅的诚意,也是尝试挽回顾客的一种方法。通过积极的沟通,餐厅可以缓解顾客的不满情绪,避免差评对餐厅形象造成的持续性负面影响。

(二)评价机制的运作流程

❶ **用餐后的反馈邀请**　顾客在完成用餐或下单后,平台通常会通过推送通知或短信的形式,邀请顾客进行评分和评论。这种提醒不仅提高了顾客的参与度,还保证了评价的及时性和真实性。

❷ **评价内容的提交与审核**　顾客提交评分、评论以及图片或视频后,平台会对其内容进行初步审核。这一过程可能会涉及关键词过滤、重复内容检测等,以确保评论的规范性和真实性。

❸ **评价的公开与展示**　通过审核的评价内容会被公开展示在餐厅的页面上,供其他顾客参考。平台通常会将最新的评价置顶,或者根据评价的相关性和重要性进行排序,以便于其他顾客查阅。

❹ **餐饮企业的反馈与处理**　餐饮企业可以在平台上查看所有顾客的评价,并通过管理后台进行回复和处理。企业应根据评价内容,及时调整服务和菜品,以改善顾客体验。

❺ **评价的影响与更新**　随着时间的推移和评价数量的增加,餐厅的评分和评论内容也会不断更新。这些数据不仅影响餐厅的线上排名和曝光度,还可能影响潜在顾客的选择。因此,餐饮企业需要持续关注评价机制的运作流程,保持与顾客的良好互动。

(三)不同类型平台的评价机制特点

❶ **评价类平台**　评价类平台如大众点评和美团,其评价机制的核心在于评分和文字评论的综合展示。这类平台的顾客高度依赖其他顾客的评价来做出选择,因此评分和评论的质量对于餐厅的口碑至关重要。

❷ **外卖类平台**　外卖类平台如饿了么和美团外卖,更加注重配送速度和服务质量的评价。这类平台通常会对每个订单进行详细评分,包括配送时间、餐品包装、食物温度等。餐饮企业在外卖类平台上的评价分数直接影响其订单量,因此餐饮企业需要特别注意外卖服务的优化。

❸ **团购类平台**　团购类平台的评价机制往往集中在性价比和套餐内容的评价上。消费者在团购平台上主要关注套餐的划算程度、实际体验与广告描述的一致性等方面。这类平台的评分不仅影响餐厅的团购销量,还关系到餐厅的品牌信誉。

❹ **社交分享类平台**　社交分享类平台如小红书,其评价内容更加个性化,顾客往往以图文并茂的方式分享他们的用餐体验。此类平台的评论更加注重情感表达和生活方式的展示,顾客通过评价来塑造个人形象,平台评价的作用更多在于促进社交互动而非仅仅帮助顾客做出选择。

❺ **综合性平台** 综合性平台如美团、大众点评,汇集了评价、外卖、团购等多种功能于一体。顾客在这类平台上可以获得全面的评价信息,从而做出更加全面的用餐选择。综合性平台的评价机制融合了多种评价方式,因此餐饮企业需要关注多维度的顾客反馈,以综合优化服务和产品。

案例:广州"陈记烧腊"餐厅的评价管理。

在广东广州,一家主打本地特色小吃的餐厅"陈记烧腊"通过积极管理大众点评和美团等平台上的评价,成功提升了线上口碑和顾客回头率。该餐厅不仅在平台上积极回应顾客的好评和差评,还通过拍摄高质量的菜品图片和环境照片,丰富了店铺的线上展示内容。同时,餐厅也在饿了么外卖平台上优化了外卖包装和配送速度,提升了顾客满意度。通过有效运用平台的评价机制,"陈记烧腊"在短时间内提高了店铺的评分,吸引了更多本地居民和外地游客的关注,营业额得到了显著提升。

三、餐饮企业如何利用餐饮社交平台评价机制进行营销

在当今的数字化时代,餐饮企业利用餐饮社交平台的评价机制进行营销已经成为一种重要的策略。通过有效运用评价机制,餐饮企业不仅可以提升自身的品牌形象,还能够吸引新顾客、增加回头客,并最终提升营业额。以下将详细探讨餐饮企业如何通过餐饮社交平台的评价机制进行营销。

(一)积极管理与回应顾客评价

❶ **及时回应顾客评价** 餐饮企业应该时刻关注平台上的顾客评价,尤其是差评。及时回应顾客评价,不仅能够展示企业的诚意,还可以防止负面评价对潜在顾客的影响。在回应中,餐饮企业应表现出对顾客意见的重视,并提供实际的解决方案,以示改进的决心。

案例:广州的"粤式小厨"餐厅经常收到顾客关于服务速度的反馈。餐厅管理者每次都会迅速在大众点评上回应这些评论,解释原因并承诺改进,赢得顾客的认可。

❷ **巧妙利用正面评价进行二次营销** 正面评价是最好的口碑宣传。餐饮企业可以将顾客的正面评价用于二次营销,比如在社交媒体上分享这些评论,或者将其印制在菜单、宣传单上,以此吸引更多潜在顾客。展示真实顾客的满意反馈有助于增强企业的可信度。

案例:深圳的"潮汕牛肉火锅"特色餐厅通过将顾客在美团上的五星好评截图分享到餐厅的微信公众号和朋友圈,吸引了更多顾客前来打卡用餐。

(二)通过顾客生成内容提升品牌影响力

❶ **鼓励顾客上传图片和视频** 视觉内容往往比文字更具有吸引力。餐饮企业可以通过提供小礼物或优惠券等方式,鼓励顾客在平台上上传菜品的照片或用餐的视频。这些内容可以为其他潜在顾客提供更加真实的参考信息,从而提升餐厅的吸引力。

案例:广州的"绿茶餐厅"在每次新菜品上线时,都会通过餐饮社交平台发布活动,鼓励顾客上传他们的用餐照片并标注餐厅的位置。每月评选出最受欢迎的照片,获奖顾客可以获得免费甜品。

❷ **利用顾客评论进行内容创作** 顾客的评论往往包含了大量的内容创意,餐饮企业可以将这些评论转化为营销素材。例如,通过汇总顾客的评价内容,创作成有趣的故事或视频,并在餐饮社交平台上分享,以吸引更多顾客的关注。

案例:珠海的"渔人码头"海鲜餐厅,在其微信公众号上推出了"顾客故事"系列文章。这些文章取材于顾客在大众点评上的评论,通过讲述顾客的用餐体验,展示餐厅的特色服务和菜品魅力,吸引了大量新老顾客的关注和参与。

(三)优化餐厅在线展示内容

❶ **丰富餐厅信息与内容** 餐饮企业应详尽地在平台上完善餐厅的各类信息,包括菜单、营业时间、地理位置、特色菜品等。同时,上传高质量的环境图片、菜品图片和员工风采照片,有助于顾客在

同步检测

做出选择时对餐厅有更加全面的了解。

案例：佛山的一家老字号餐厅"佛跳墙"在美团平台上发布了大量高清图片，包括招牌菜、餐厅包厢环境、厨师团队风采等。

❷ 利用平台的活动与优惠　利用平台的活动与优惠是吸引顾客的重要手段。餐饮企业可以不定期地推出限时折扣、满减优惠或会员专享福利，以此吸引新顾客并增加老顾客的回头率。

案例：广州的"岭南茶楼"通过美团平台推出了"早茶半价"活动，吸引了大量早茶爱好者。

（四）利用大数据分析提升营销效果

❶ 分析顾客评论数据　餐饮企业可以通过平台提供的数据分析工具，详细分析顾客的评价内容，找出顾客对餐厅最满意和最不满意的部分。通过对这些数据的深入分析，企业可以有针对性地优化服务和菜品，以提升顾客满意度。

案例：深圳的"湘菜馆"通过美团的数据分析工具，发现顾客对菜品的辣度满意度较低，于是餐厅调整了辣度的分级，增加了微辣、中辣和重辣三个选项。调整后，顾客的满意度明显提高，差评率也大幅下降。

❷ 定期监测平台评价趋势　餐饮企业应该定期监测平台上的评价趋势，以及时应对市场变化和竞争环境的变化。例如，通过分析评价数据了解竞争对手的动态，并调整自己的营销策略，以保持市场竞争力。

（五）通过评价机制打造品牌忠诚度

❶ 创建会员专属互动体验　餐饮企业可以通过评价机制为会员提供专属的互动体验和福利。例如，定期为评论活跃的会员提供折扣券或免费试吃机会，以此来增强顾客对品牌的忠诚度。

案例：中山的"客家酒楼"通过在美团平台上建立了会员互动专区，每个月为最活跃的会员提供折扣券或新品试吃机会。

❷ 打造个性化顾客体验　餐饮企业可以根据顾客的评价和反馈，定制打造个性化的顾客体验。例如，根据顾客的饮食偏好和习惯，推出个性化的菜品推荐和服务方案，以提升顾客的用餐满意度。

案例：佛山的"顺德大排档"根据顾客的饮食偏好，在美团平台上推出了"个性化推荐"功能。顾客在下单时，可以根据自己的口味偏好获得推荐的菜品，从而提升了用餐体验并增加了顾客的复购率。

同步检测

任务执行

实践任务一：识别并分析餐饮评价平台上的顾客评价→制订提升服务质量的行动计划→形成研究报告→填写任务表 6-2-1。

任务执行

任务表 6-2-1

任务编号	任务名称	负责人	具体任务内容
任务 6-2-1	提升餐厅服务质量和个性化服务的评价管理		识别并分析餐饮评价平台上的顾客评价
			制订提升服务质量的行动计划
			形成研究报告

Note

任务二　运用餐饮社交平台监测工具掌握顾客数据

知识精讲

在餐饮业中,通过餐饮社交平台的监测工具掌握顾客数据是提升服务质量和顾客满意度的重要方法。以下是详细的操作步骤和标准操作程序(SOP),并附有具体的案例以及最终表格设计,帮助理解如何将这些工具和步骤应用到餐厅管理中。

一、选择合适的餐饮社交平台监测工具

❶ 步骤

(1)调研并选择餐饮社交平台监测工具,如美团商家后台、饿了么商家中心。

(2)比较不同工具的功能,如实时评价监测、热度分析、关键词追踪等。

(3)试用工具并评估其实际效果,最终选择并购买最合适的工具。

❷ 案例应用　广州的"粤味轩"是一家中小型粤菜餐厅,选择了美团商家后台作为主要的监测工具。餐厅经理在试用后,发现该工具能够提供详细的顾客反馈数据,于是决定购买年度订阅服务,以便更好地管理顾客评价和服务质量。

❸ SOP

(1)调研工具:列出可选工具,通过市场调研和线上资源收集信息。

(2)工具试用:申请工具的试用版,安排管理人员进行测试。

(3)决策购买:评估试用效果,选择购买最符合餐厅需求的工具。

二、设立监测目标

❶ 步骤

(1)明确餐厅的核心监测内容,如新菜品反馈、服务质量评价等。

(2)设定监测的时间范围,如新菜品上市后的一个月或促销活动期间。

(3)制订监测计划,明确监测频率(如每日、每周)和负责人。

❷ 表格设计

监测内容	监测时间范围	监测频率	负责人	目标
新菜品反馈	8月1日—8月31日	每日	李经理	收集顾客反馈,优化菜品口味
服务质量评价	7月15日—8月15日	每周	王主管	提高服务响应速度,减少差评

❸ 案例应用　佛山的"和兴烧腊"餐厅在推出新菜品烧腊拼盘后,设定了一个月的监测期,主要收集顾客对新菜品的反馈。餐厅安排李经理负责每日监测美团和饿了么平台上的新评价,并每周进行一次反馈总结,以确保新菜品符合市场需求。

三、设置监测参数

❶ 步骤

(1)列出餐厅运营相关的关键词,如"味道""服务态度""环境"等。

（2）在监测工具中输入这些关键词,设定监测的地域范围和人群特征。

（3）配置通知功能,确保实时收到相关关键词的评价通知。

② **表格设计**

关键词	地域范围	目标顾客群	监测工具	通知频率
味道	广州天河区	白领、年轻人	美团商家后台	实时通知
服务态度	广州天河区	白领、家庭顾客	饿了么商家中心	每日汇总

③ **案例应用**　中山的"客家风味馆"通过美团商家后台,设置了"服务态度""环境干净"等关键词,针对年轻白领群体和家庭顾客的评价进行监测。每次出现相关评价时,系统会实时通知王主管,以便餐厅能够及时调整服务策略。

④ **SOP**

（1）关键词设定:确定关键词列表,输入至监测工具的关键词设定框中。

（2）通知设置:在工具的通知设置中,选择实时或每日汇总的通知方式。

四、开启实时监测

① **步骤**

（1）在平台工具中开启实时监测功能,设置通知选项为实时推送。

（2）定期查看系统的运行情况,确保数据监测无遗漏。

② **案例应用**　深圳的"粤东轩"餐厅在饿了么商家中心开启了实时监测功能,每次有新评价发布时,系统会通过短信和邮件的方式通知餐厅经理。经理每日早上查看前一天的顾客反馈,并在早会时向全体员工进行通报,确保每个问题都能得到及时处理。

③ **SOP**

（1）开启实时监测功能:登录监测工具后台,开启实时监测功能。

（2）设定通知选项:选择短信、邮件或应用内通知的方式,确保信息的及时传递。

五、数据收集与过滤

① **步骤**

（1）通过工具自动收集顾客评价和反馈数据,并定期导出数据文件。

（2）使用过滤功能,去除重复、无效和灌水评论,确保数据的准确性。

（3）将有效数据分类整理,并根据情感倾向标注为正面、负面或中性。

② **表格设计**

日期	顾客评价内容	分类	情感倾向	处理建议
2023-08-01	"服务态度很好,但上菜慢"	服务质量	中性	提高上菜速度
2023-08-02	"环境很好,菜品新鲜"	环境、菜品	正面	鼓励顾客上传更多图片

③ **案例应用**　广州的"老广味"酒楼每日通过美团商家后台自动收集前一天的顾客评价,导出后由数据分析员进行过滤。他们使用 Excel 的过滤功能去除重复评论,并按"服务态度""菜品质量"等进行分类整理,标注每条评价的情感倾向,最终整理出一个详细的顾客反馈表。

④ **SOP**

（1）数据导出:从平台工具中导出评价数据,保存为 Excel 文件。

（2）数据过滤:使用 Excel 或平台内置功能,去除无效数据,并按分类和情感倾向进行整理。

六、数据分析与报告撰写

1 步骤

(1)利用数据分析工具,进行关键词、情感和趋势分析,提取关键问题。

(2)设计报告结构,包括摘要、数据概览、问题分析和改进建议等。

(3)使用图表等可视化工具展示数据分析结果,确保报告清晰明了。

2 表格设计

分析项目	关键词	频率	情感分析	改进建议
菜品口味	"辣""咸"	20次	15次正面	考虑提供口味选择
服务态度	"慢""冷漠"	10次	5次负面	加强服务培训

3 案例应用　佛山的"金悦轩"餐厅运用关键词和情感分析工具,发现顾客对"辣味"菜品的接受度较高,但部分顾客对"咸味"有负面反馈。餐厅在报告中建议调整咸度,并为顾客提供多种口味选择。随后,这些调整在实际运营中得到了落实,显著提高了顾客满意度。

4 SOP

(1)关键词与情感分析:使用分析工具提取关键词频率和情感分析,制作图表展示。

(2)报告撰写:按照确定的结构撰写报告,重点强调问题和改进建议。

七、持续优化与监测

1 步骤

(1)根据报告建议实施改进措施,如调整服务流程或菜品质量。

(2)定期监测改进效果,通过新数据的收集和分析,评估改进措施的成效。

(3)调整监测计划,继续优化餐厅运营。

2 案例应用　深圳的"湘菜馆"在分析报告的基础上,决定调整菜品的咸度和服务流程,并在随后每月一次的监测中评估这些调整措施的效果。通过定期的数据分析,他们发现顾客对服务速度的满意度逐步提升,菜品质量的反馈也更加正面,从而帮助餐厅保持了市场竞争力。

3 SOP

(1)实施改进:按报告建议进行运营调整,明确责任人和完成期限。

(2)效果跟踪:设定定期的监测时间点,收集并分析调整后的顾客反馈数据。

任务执行

实践任务二:识别并分析平台上的顾客评价→制订提升服务质量的行动计划→形成研究报告→填写任务表 6-2-2。

任务表 6-2-2

任务编号	任务名称	负责人	具体任务内容
任务 6-2-2	利用餐饮社交平台提升顾客满意度和品牌忠诚度		识别并分析平台上的顾客评价
			制订提升服务质量的行动计划
			形成研究报告

任务执行

Note

任务三　顾客回访以及口碑维护

→ **知识精讲**

一、顾客回访

顾客回访是餐饮业中建立顾客忠诚度和维护品牌口碑的重要环节。通过顾客回访,企业可以了解顾客的真实需求与反馈,及时解决问题,提升顾客的满意度和忠诚度。

❶ 确定回访对象　确定需要回访的顾客群体,如首次用餐的新顾客、曾经给出差评的顾客或重要的常客。

❷ 明确回访目的　明确每次回访的目的,如了解顾客的用餐体验、收集反馈意见、解决顾客问题等。

(1)表格设计:回访目标设定表。

回访对象类别	具体回访对象	回访目的	预计回访时间	负责人员	备注
新顾客	第一次用餐的顾客	了解初次用餐体验	8月20日	王经理	—
差评顾客	上个月给出差评的顾客	收集不满意见并提出改进方案	8月21日	李主管	顾客在美团上提到服务问题
常客	每周光顾2次以上的顾客	维持良好关系并寻求反馈	8月22日	张助理	—

(2)案例:广州的"顺德味道"餐厅通过对上个月所有首次用餐的顾客进行电话回访,了解他们的初次用餐体验,并询问他们是否愿意再次光顾。该餐厅发现多数顾客对菜品表示满意,但对餐厅环境有些小意见。餐厅迅速调整了环境布置,并邀请这些顾客再度光临体验改进后的环境。

❸ 选择回访方式　根据不同顾客群体的特点和回访目标,选择最合适的回访方式,以保证沟通的有效性。

(1)电话回访:适用于需要详细了解顾客意见的情况,通过电话可以与顾客进行深度沟通。

(2)邮件/短信回访:适用于简短反馈或后续跟进,邮件和短信可以方便地传递信息和收集反馈。

(3)表格设计:回访方式选择表。

回访对象类别	回访方式	选择理由	预计回访时间	负责人员	备注
新顾客	电话回访	需要深入了解新顾客的初次体验,进行深度沟通	8月20日	王经理	—
差评顾客	电话回访	需直接沟通以了解详细问题,展示企业改进诚意	8月21日	李主管	—
常客	邮件回访	简单反馈和感谢信,维护关系,节省时间	8月22日	张助理	—

(4)案例:深圳的"潮汕牛肉火锅"餐厅选择通过电话回访方式与上个月对服务提出不满的顾客直接进行沟通。在电话回访中,客服人员详细了解了顾客的意见,并在之后的用餐中为其提供了特别的服务,使得该顾客最终在美团上修改了自己的评价。

❹ 制订回访计划　制订详细的回访计划,包括回访时间安排和内容准备,以确保回访流程高效且有序地进行。

(1)回访时间安排:确定回访的时间,尽量选择顾客方便的时间段进行回访。

(2)回访内容准备:准备好回访时需要了解的问题,如用餐体验、服务感受、改进建议等。

(3)表格设计:回访计划表。

回访对象类别	预计回访时间	回访方式	回访内容要点	负责人员	备注
新顾客	8月20日	电话回访	了解用餐体验、服务满意度、改进建议	王经理	—
差评顾客	8月21日	电话回访	了解不满原因、提出改进措施	李主管	—
常客	8月22日	邮件回访	表达感谢、收集回访意见	张助理	—

(4)案例:佛山的"顺德大排档"在回访工作启动前,精心设计回访计划表,详尽安排了每位顾客的回访时间和内容。餐厅特别关注了在晚餐时段光顾的顾客,确保回访时间不会打扰顾客的休息。最终,餐厅成功收集到有价值的反馈,并根据这些反馈调整了服务流程。

❺ 选择合适的沟通工具　选择和使用合适的沟通工具进行回访,可以提高回访的效率和效果。

(1)电话工具:选择高质量的电话系统,确保回访过程中的沟通顺畅。

(2)邮件和短信工具:使用顾客关系管理(CRM)系统或邮件管理工具,确保邮件和短信的发送及时且能有效追踪。

(3)表格设计:沟通工具选择表。

回访对象类别	回访方式	使用工具	工具特点	负责人员	备注
新顾客	电话回访	电话系统A	通话质量高,支持录音与追踪	王经理	—
差评顾客	电话回访	电话系统A	支持多方通话,适合问题跟进	李主管	—
常客	邮件回访	CRM系统B	支持批量发送与回执跟踪	张助理	—

(4)案例:中山的"客家酒楼"通过使用高质量的电话系统,确保了在回访差评顾客时能够清晰地听到顾客的反馈,并将回访内容进行了录音,以便后续改进。与此同时,邮件回访则通过CRM系统进行,确保每一封邮件都得到了及时的回复和跟进。

二、口碑维护

口碑维护是指通过各种手段保持和提升餐厅的声誉,使顾客愿意推荐餐厅,并持续光顾。最佳实践包括设立评价监控计划、引导正面评价以及通过附加价值提升顾客满意度。

❶ 设立评价监控计划　通过设立评价监控计划,餐饮企业可以及时掌握顾客的反馈和评价趋势,进行有针对性的调整。通过评价监控表,定期跟踪和记录平台上的评价动态,确保所有评价都得到妥善处理。

(1)表格设计:评价监控表。

日期	平台	新增评价数量	好评数	差评数	已回复数	负责人	备注
8月20日	大众点评	15	12	3	15	李主管	3条差评已跟进
8月21日	美团	10	8	2	10	张助理	—

(2)案例:佛山的"佛跳墙"餐厅设立了每日评价监控计划,通过定期跟踪大众点评和美团上的顾客评价,快速发现并处理了多条负面评价。通过积极的回应和跟进,该餐厅的整体评分在短时间内得到显著提升。

❷ 引导正面评价　餐饮企业可以通过鼓励顾客留下正面评价来增强品牌的口碑效应。

（1）设计正面评价引导表：通过合理的引导措施，鼓励顾客在平台上留下正面的用餐体验评价。

（2）表格设计：正面评价引导表。

日期	顾客名称	用餐日期	用餐体验概述	引导正面评价措施	引导结果	负责人	备注
8月20日	张先生	8月18日	满意	提供小礼品	已好评	王经理	免费赠送甜品
8月21日	李女士	8月19日	满意	发送感谢信	待反馈	张助理	—

（3）案例：广州的"粤式小厨"在顾客用餐后赠送小礼品，并鼓励他们在美团和大众点评上留下正面评价。在这些评价的支持下，餐厅吸引了更多的顾客前来体验，形成了良好的口碑效应。

❸ **通过附加价值提升顾客满意度**　通过提供额外的服务或福利，提升顾客的整体用餐体验，从而增强品牌忠诚度。

（1）设计附加价值计划表：规划并记录可以为顾客提供的附加价值内容，如免费甜品、会员专享活动等。

（2）表格设计：附加价值计划表。

日期	顾客类别	附加价值内容	实施时间	负责人	备注
8月20日	常客	免费甜品、会员优惠	8月21日	张助理	—
8月21日	新顾客	首次用餐优惠、赠送饮品	8月22日	王经理	—

（3）案例：深圳的"湘菜馆"通过为常客提供会员专属活动和优惠券，使得这些顾客愿意频繁光顾。尤其是在用餐后免费赠送的甜品和饮品，提升了顾客的整体满意度，形成了高忠诚度的顾客群体。

任务执行

实践任务三：回访计划制订→执行回访→效果评估→形成研究报告→填写任务表6-2-3。

任务表 6-2-3

任务编号	任务名称	负责人	具体任务内容
任务6-2-3	顾客回访以及口碑维护		回访计划制订
			执行回访
			效果评估
			形成研究报告

顾客回访具体操作以及注意事项

同步检测

任务执行

主要参考文献

[1]   Anderson E N. The food of China[M]. New Haven:Yale University Press, 1988.

[2]   Kotler K. Marketing Management[M]. 15th ed. Boston:Pearson Education,2016.

[3]   贝恩特·施密特. 顾客体验管理:实施体验经济的工具[M]. 冯玲,邱礼新,译. 北京:机械工业出版社,2004.

[4]   蔡万坤,刘捷,于铭泽. 餐饮企业市场营销管理[M]. 北京:北京大学出版社,2009.

[5]   曹运华.探究餐饮行业食品营养设计技术要点[J].食品安全导刊,2022(5):1-3.

[6]   陈燕.基于位置服务的餐饮移动营销探讨[J].商业时代,2014(33):55-57.

[7]   党春艳,王仕魁.西餐服务与管理[M].杭州:浙江大学出版社,2016.

[8]   邓英,李俊,刘贵朝.餐饮服务与管理[M].武汉:华中科技大学出版社,2019.

[9]   都大明.现代酒店管理[M].上海:复旦大学出版社,2008.

[10]   杜莉.西方饮食文化[M].2版.北京:中国轻工业出版社,2021.

[11]   国家旅游局人事劳动教育司.餐饮服务与管理[M].6版.北京:旅游教育出版社,2023.

[12]   国家中医药管理局《中华本草》编委会. 中华本草[M].上海:上海科学技术出版社.1999.

[13]   韩娟,曹增增,宋蕤曦.智能时代中国餐饮的未来发展模式探究[J].科技经济市场,2021(7):10-11,14.

[14]   何稼静.现代酒店餐饮产品系统开发思路与框架[J].四川烹饪高等专科学校学报,2007(1):28-31.

[15]   靳斓.服务礼仪与服务技巧[M].3版.北京:中国经济出版社,2018.

[16]   景菲.浅析食品营养成分影响因素与优化措施[J].现代食品,2024,30(8):133-135.

[17]   李建荣.基于物联网的智能餐饮信息化解决方案研究[J].电信工程技术与标准化,2017,30(5):7-11.

[18]   李楠,王昆仑,王起赫,等.餐饮食品营养成分影响因素分析[J].中国食品卫生杂志,2023,35(8):1192-1198.

[19]   李勇平.餐饮服务与管理[M].7版.大连:东北财经大学出版社,2024.

[20]   刘硕,武国栋,林苏钦.宴会设计与管理实务[M].武汉:华中科技大学出版社,2020.

[21]   刘正华,郭伟强.现代饭店餐饮服务与管理[M].北京:旅游教育出版社,2016.

[22]   罗华志.中国饮食文化[M].北京:首都经济贸易大学出版社,2024.

[23]   潘雅芳.鸡尾酒的调制与鉴赏[M].上海:复旦大学出版社,2021.

[24]   石永生.基于物联网的智能餐饮信息化解决方案研究[J].电子技术与软件工程,2021(13):154-155.

[25]   王芳.西餐文化与礼仪[M].北京:中国轻工业出版社,2016.

[26]   王学泰.中国饮食文化简史[M].北京:中华书局,2010.

[27]   王宇.大数据时代餐饮企业管理问题研究[J].商场现代化,2022(15):100-102.

[28]   韦柳春,潘毅.营养与膳食指导[M].西安:西安交通大学出版社,2018.

[29] 肖鑫,周佳敏,嘎玛群英,等.智能餐桌创新设计研究[J].科技创新导报,2017(3):62-63.

[30] 谢玉莲,陈衍怀.餐厅技能训练[M].广州:暨南大学出版社,2014.

[31] 忻忠,陈锦.中国酒文化[M].济南:山东教育出版社,2009.

[32] 杨铭铎,严祥和,刘俊新.餐饮概论[M].武汉:华中科技大学出版社,2023.

[33] 杨铭铎.饮食美学及其餐饮产品创新[M].北京:科学出版社,2007.

[34] 杨阳,徐淮东,刘柏君,等.互联网＋智能餐饮管理系统的实现[J].现代营销(经营版),2020(1):126-127.

[35] 张海英.中国传统节日与文化[M].太原:书海出版社,2006.

[36] 赵荣光.中国饮食文化史[M].上海:上海人民出版社,2006.

[37] 中国营养学会.中国居民膳食指南(2022)[M].北京:人民卫生出版社,2022.

[38] 王琰.2020年中国商业十大热点展望之三——服务消费需求快速提升,餐饮业繁荣兴旺渐入智能化时代[J].商业经济研究,2020(14):2.

[39] 朱希鹏.连锁餐厅智能管理系统的设计与实现[D].北京:北京交通大学,2016.